Guter Vater – Böser Vater

Horst Petri

Guter Vater – Böser Vater

Psychologie der männlichen Identität

Scherz

Inhalt

Einleitung

Die kurvenreiche Straße von den Bergen um Sassetta hinunter ans Meer. Marina di Castagneto. Ein kleiner Ferienort unter hohen Piniendächern. Meilenweiter Sandstrand, der sich sanft auslaufend im Wasser verliert. Ein Familienparadies im Frühsommer. Väter mit ihren Kindern. Sie stehen im Wasser, halten ihre Kleinen auf ausgestreckten Armen und lassen sie von den Wellen schaukeln; sie springen mit ihnen über die anrollenden Schaumkämme, bauen Burgen, spielen Ball, balgen sich herum, und abends duschen sie die Kinder ab, machen sich mit den Kleinsten im Kinderwagen auf den Heimweg, die Größeren an der Hand. Die Mütter liegen noch mit anderen Familien plaudernd in der frühen Abendsonne und erholen sich von der täglichen Kinderversorgung. Die rufenden Kinderstimmen «Papa, Papa», die noch eben über den Strand tönten, klingen ab. Ein Tag geht zu Ende. Die spielenden Väter. Das spielende Kind im Mann. Die Kinderliebe der Italiener.

Zurück aus dem Urlaub, mache ich einen Spaziergang an einem Kanal entlang, mitten im Herzen der Großstadt Berlin. Väter mit Kindern. Die Winzlinge in Tragesäcken auf dem Rücken oder dem Bauch, schieben sie die kleinen Kinder in Buggys vor sich her, fahren mit den größeren Fahrrad, spielen Fußball, füttern die Schwäne, trösten die weinenden Kinder, die vom Dreirad gefallen sind, liegen auf den Wiesen und spielen, mit Karten, mit Würfeln, mit Autos, mit Puppen und Knautschtieren. Schaukeln im Wind. Sie lachen miteinander, sie reden miteinander. Deutsche Väter heute. Der Unterschied zu Italien schwindet.

Bei der Beobachtung solcher Szenen holt mich meine Geschichte aus den frühen Vaterjahren mit zwei eigenen Kindern immer wieder mit einer sonderbaren Melancholie ein. Spielende Kinder, spielende Väter. Diese Zeit, in der die Kindheit Väter und Kinder in Glückseligkeit und in wechselseitiger Bewunderung und Hoffnung vereint. Gemessen an der Länge des Lebens ist dieser Zeitraum sehr kurz und unwiederbringlich. Aber hier wird die Vaterliebe Kindern und Vätern erst recht bewußt, hier wird sie real gestaltet. Später wird es häufig Momente geben, in denen sich Väter und Kinder an diese Leichtigkeit zurückerinnern. Die inneren Bilder, die sie hinterlassen hat, werden dann allen zum Trost und zur verläßlichen Stütze, um den Bestand der Liebe allen Anfechtungen zum Trotz zu sichern.

Szenenwechsel. In einer der ersten Supervisionssitzungen nach dem Urlaub in einem Zentrum für suizidgefährdete Kinder und Jugendliche berichtet eine Mitarbeiterin des Teams über Heike, ein neunzehnjähriges Mädchen, das nach einem schwerwiegenden Selbstmordversuch mit Tabletten und Alkohol zur Therapie überwiesen wurde. Die Verzweiflungstat erfolgte, als der Vater in Untersuchungshaft kam, weil Beweise vorlagen, daß er seine Tochter seit ihrem neunten Lebensjahr sexuell mißbraucht, seit ihrer Pubertät regelmäßig mit ihr geschlafen und in den letzten Jahren mit ihr und ihren Freundinnen zahlreiche Pornofilme gedreht hatte.

Väter zwischen Liebe und Gewalt, zwischen Zärtlichkeit und sexueller Begierde, zwischen Verantwortung und Vernachlässigung, zwischen Sorge und Teilnahmslosigkeit. Väter eingespannt in das Drama ihrer eigenen Vater- und Muttererfahrungen, in das komplizierte Beziehungsgeflecht zum anderen Geschlecht, in die Regeln des Systems von Beruf und Familie, in die gesellschaftlichen Umbrüche von Autoritätsverlust, Familienauflösung und feministischer Revolution. Väter heute. Was wissen wir über sie? Von den einen abgewertet, lächerlich gemacht als nie erwachsen gewordene Muttersöhnchen, verantwortungslose Gefühlsanalphabeten oder unverbesserliche Patriarchen, von den anderen hochstilisiert zu Garanten familiärer Stabilität und Verläßlichkeit, zu Helden im Schicksalsverlauf kindlicher Entwicklung oder zu unerläßlichen Vorbildern für die sexuelle Identitätsfindung ihrer Kinder. Die Klischees und Vorurteile scheinen sich mit der Literatur, die seit etwa zwanzig Jahren über Väter geschrieben wird, noch zu vermehren. Darin sind drei weitere mißliche Tendenzen verbreitet, gegen die sich das vorliegende Buch kritisch wendet. Die Kronzeugen heutiger Vaterbeschreibungen werden noch häufig dem verstaubten Arsenal patriarchaler Repräsentanten entliehen, wie sie die Kulturgeschichte des Abendlandes in Mythos, Religion, Politik und Literatur überliefert hat. Uranos, Kronos, Agamemnon, Laios, Theseus, Brutus der Ältere, Abraham, Soliman II., Philipp II. von Spanien und Peter der Große sind nur einige Beispiele für Väter, die ihre Kinder, meist die Söhne, verschlingen, aussetzen, opfern oder in anderer Weise töten, um ihre Macht im Staat und in der Familie oder in der Liebe zu sichern, oder um ihren Gott-Vätern Gehorsam zu erweisen. Auch wenn sich in vielen von ihnen archetypische, männlich-väterliche Wesenszüge ausdrücken mögen, eignen sie sich wenig für die aktuell zugespitzte Debatte über den Vater in der gegenwärtigen Gesellschaft, weil sie eher der Vorurteilsbildung Vorschub leisten, als zu einem konstruktiven Verständnis beitragen. Aus diesem Grund habe ich hier fast durchgehend auf die Darstellung exemplarischer Väter aus Kultur und Geschichte verzichtet, auch wenn es in manchen Zusammenhängen reizvoll gewesen wäre, an ihnen Grundmuster väterlicher Erfahrung zu veranschaulichen. Man kann aber nicht mehr so tun, als seien die vielen Epochen historischen Wandels am Urbild des Patriarchen spurlos vorbeigegangen, und als gäbe es nicht genügend Gegenbeispiele für den ewigen Aufstand der Söhne, der in der Kastration der Väter in Form ihrer Entmachtung, Vertreibung oder Ermordung endet.

In diesem Zusammenhang sei angemerkt, daß ich im Unterschied zu früheren Publikationen auch nur einen sparsamen Gebrauch von Beispielen aus der modernen Literatur oder von Fallbeispielen aus meiner langjährigen psychotherapeutischen Erfahrung gemacht habe. Im ersten Fall bezöge sich die Auseinandersetzung mit den Vätern auf solche, die vergangenen Generationen angehörten und deswegen mehr von literarischem

Interesse ohne größeren Erkenntnisgewinn für die heutigen Vatergenerationen sind. Im zweiten Fall erscheint mir der Aussagewert von Fallbeschreibungen in bezug auf generelle Konflikte gering; so sehr solche Fallgeschichten auch exemplarischen Charakter tragen mögen, so leicht machen sie sich individueller Pathologie verdächtig und schränken dadurch das Interesse an übergreifenden Zusammenhängen ein. Daß meine beruflichen Erfahrungen jedoch in verschiedener Form in die Darstellung eingeflossen sind, bedarf keiner besonderen Erwähnung.

Die zweite der genannten Tendenzen, die kritisch zu bedenken sind, betrifft sowohl die Literatur über Väter wie die über Mütter. «Väter und Söhne», «Väter und Töchter», «Mütter und Töchter», «Mütter und Söhne». Bücher mit solchen kategorischen Zuschreibungen deuten die statische Perspektive an, aus der Väter wie Mütter in der Regel beschrieben werden. Die Verzerrungen, die dabei auftreten, sind zum einen in der unhistorischen Herangehensweise begründet und zum anderen in der Vernachlässigung ganzheitlicher Zusammenhänge.

Alle Väter und Mütter haben ihre ganz individuelle Geschichte, die in einem bestimmten familiären und gesellschaftlichen Kontext gründet. Sie beginnt nicht erst mit der Geburt des ersten Kindes, sondern reicht bis zur eigenen Geburt zurück. Erst eine lebensgeschichtliche Betrachtung öffnet den Blick für die dynamische Genese des Vaterwerdens – von der Kindheit über die Pubertät zum Mannesalter. Mit der Übernahme der Vaterrolle entsteht nicht ein isoliertes «Vater-Wesen». Der Mann, der Vater wird, ist eingebettet in ein kompliziertes Netz verschiedener ineinandergreifender Systeme und Subsysteme wie Gesellschaft, Beruf und Familie. Dieser systembezogene ganzheitliche Ansatz wird in dem Buch gründlicher dargestellt.

Die dritte Tendenz, die kritisch zu reflektieren sein wird, besteht in der Romantisierung der kindlichen Natur. Die vorliegende Literatur über Väter geht ganz überwiegend von einem undialektischen Verständnis aus, bei dem kindliches Wohl und Wehe allein vom väterlichen Verhalten abhängt, so, als ob Kinder nicht ihre eigenen Anlagen, ihr Temperament und ihre Triebstruktur in die Beziehung einbrächten und diese entschei-

12

dend mitgestalteten. Die spätestens mit Beginn der Psychoanalyse überwundenen Ansichten Rousseaus über die heilige Unschuld des Kindes werden in der populären und pseudowissenschaftlichen Elternliteratur bis heute mit einer erstaunlichen Beharrungstendenz verteidigt. Logischerweise wird bei einer solchen Verleugnung anthropologischer Grundtatsachen das Kind in seinem Opferstatus fixiert. Wo Opfer sind, können die Täter nicht weit sein. Früher waren es die Mütter, die man an den Pranger stellte, um sie für alle Fehler und Versäumnisse an den Kindern zu bestrafen. Heute sind es die Väter. In einem tragischen Wiederholungszwang müssen jetzt sie die Alleinschuld tragen. Solche Spaltungen sind nicht nur unproduktiv, sondern wirken ausgesprochen destruktiv auf die Gestaltung familiärer Beziehungen. Daher ist es ein wichtiges Anliegen des Buches, etwas mehr Licht in das Dunkel menschlicher Antinomien im Vater-Kind-Verhältnis zu bringen.

Da die bisherige Literatur einseitig auf die Bedürfnislage des Kindes zentriert ist und den Vater zu einem quasi anonymen Objekt stempelt, das die «Anleitungen zum Glücklichsein der Kinder» ohne Rücksichtnahme auf eigene Interessen beherzigen soll, erschien mir ein Perspektivenwechsel notwendig. Den Vater aus dieser Schablone herauszulösen und ihn als denkendes, fühlendes und handelndes Subjekt erfahrbar zu machen ist ein weiteres Schwerpunktthema des Buches. Dieser Ansatz kann vielleicht zu einer sachlichen und gerechten Einschätzung des Vaterschicksals beitragen. Falsche Idealisierung auf der einen und ungerechtfertigte Schuldzuweisungen auf der anderen Seite verhindern einen konstruktiven Dialog. So möge das Buch zur schrittweisen Verständigung und Versöhnung der Geschlechter in ihrem eigenen und im Interesse der Kinder beitragen.

I. Die historische Kindheit
der heutigen Vatergenerationen

.

Die Faszination der Patriarchen, sie ist noch heute lebendig. Wie anders erklärt sich, daß die alten Vaterbilder weiterhin durch die wissenschaftliche, populäre und belletristische Literatur geistern? Man kann die Statuen mit Farbbeuteln und Eiern bewerfen, kann sie verachten, verhöhnen, angreifen und lächerlich machen, sie bleiben faszinierend in ihrer Majestät und Unnahbarkeit, in ihrem unbedingten Willen, ihrer Macht und strengen Güte. Padre padrone. Die mythischen Väter der Griechen, die Väter Roms, frei, über Tod und Leben ihrer Kinder zu entscheiden, die Väter des Alten Testaments, die Väter in den Dramen von Shakespeare und Schiller, die Vaterbilder Freuds im ausgehenden 19. Jahrhundert und natürlich, zum Ausklang patrilinearer Geschichte, die Väter im Nationalsozialismus. Sie alle geben noch immer Bilder ab für den Begriff «Vater». In 2000 Jahren Patriarchat und länger wurden sie Generation auf Generation eingebrannt und als verinnerlichte Vaterbilder verewigt. Zu diesem Umstand dürfte ganz wesentlich die Tatsache beitragen, daß die Vatergenerationen nach dem Zweiten Weltkrieg noch keine stabile Tradition ausbilden konnten, keine Gesamtidentität, die die patriarchalen Bilder hätte ablösen können. Dazu waren die historischen Umbrüche zu einschneidend und der Wandel zu schnell. Angesichts der Uneinheitlichkeit, Konturlosigkeit und Vielfalt des Vaterprismas wird verständlich, warum heutige Vaterdarstellungen sich immer wieder des Rückgriffs auf bewährte, wenn auch überholte Erklärungsmuster bedienen. Deswegen erscheint es an der Zeit zu versuchen, die Unbestimmtheit der heutigen

Vatergenerationen genauer zu verstehen, indem man sie im einzelnen differenziert und ihrer gesellschaftlichen und persönlichen Geschichte zurückgibt. Nur so lassen sich Profile zeichnen, in denen die Väter der Gegenwart in ihrer eigenen Identität erkennbar werden. Diese beginnt in ihrer Kindheit. Um dabei den Wandlungsprozessen seit dem Zweiten Weltkrieg Rechnung zu tragen, werden im folgenden fünf Generationen unterschieden. Zur Erleichterung des Überblicks sind diese in Tabelle 1 schematisch dargestellt. Der Leser möge sich durch sie nicht abschrecken lassen. Die weitere Lektüre wird ihren Sinn in überraschender Weise klären.

Die Aufstellung der Tabelle geht von folgenden Orientierungsdaten aus: Die Kindheit endet mit dem Jugendalter, das hier mit fünfzehn Jahren festgelegt ist; der Beginn der Vaterschaft liegt durchschnittlich bei zirka dreißig Jahren.

So trocken zunächst die Zahlenzusammenstellung wirken mag, so lebendig kann sie durch Fragen werden, die sich jedem Vater stellen: Wie war die historische Situation zum Zeitpunkt seiner Geburt? Wie sah die Erziehungsideologie der Elterngeneration aus, und wie schlug sie sich in der persönlichen Erfahrung nieder? Welche gesellschaftlichen Veränderungen prägten die Kindheit? Wie war ihr Einfluß auf die Eltern und die Beziehung zu den Kindern? Welche gesellschaftlich-historischen Umstände bestanden zum Zeitpunkt der ersten Vaterschaft? Wie haben sie das persönliche Leben und die Einstellung zum Kind beeinflußt?

Tab. 1: Zeiträume der Kindheit und Vaterschaft heutiger Vatergenerationen

Geburt	Kindheit bis	Beginn der Vaterschaft	Alter im Jahr 2000
1930	1945	1960	70
1940	1955	1970	60
1950	1965	1980	50
1960	1975	1990	40
1970	1985	2000	30

Die Antworten auf solche Fragen werden bei den fünf unterstellten Vatergenerationen aus folgenden Gründen unterschiedlich ausfallen. Bis noch zur Jahrhundertwende wurde die Gesellschaft lediglich in drei Generationen gegliedert: Großeltern-, Eltern- und Kindergeneration. Entsprechend existierte im allgemeinen Bewußtsein nur eine Vatergeneration, weil Zeit und Geschichte ein Kontinuum bildeten, in dem die Einstellungen zu Werten und Normen der Erziehung weitgehend altersunabhängig waren. In allen zurückliegenden Jahrhunderten änderte sich die Auffassung von Kindheit und Elternrolle nur in schrittweisem Tempo, darin der konservativen Tendenz gesellschaftlicher Transformationen folgend. Als Ausnahme von dieser Regel kennt die Geschichte einzelne Sprünge einer beschleunigten gesellschaftlichen Weiterentwicklung, meist im Zusammenhang mit revolutionären Umbrüchen, die auch die Kindheit in ein neues Licht rückten. Aber erst im 20. Jahrhundert, im Gefolge der industriellen Revolution, wurde das Gesetz eines kontinuierlichen Wandels umgeschrieben. Ab jetzt setzte unter dem Diktat technischer Errungenschaften eine rapide Umwälzung aller gesellschaftlichen und persönlichen Lebensbereiche ein. In den letzten Jahrzehnten erleben wir eine atemberaubende Beschleunigung dieser Entwicklung, deren Auswirkungen auf die seelische Struktur des einzelnen, auf seine sozialen Beziehungen und auf seine Einstellung zu Staat, Kirche und Familie tiefgreifender sein dürften, als bisher im öffentlichen Bewußtsein angenommen.

Dabei läßt die genauere Betrachtung des Wandels die Unterscheidung von fünf Vatergenerationen als sinnvoll erscheinen. Sie werden zunächst durch die Darstellung der gesellschaftlichen Rückbezüge verdeutlicht, die zu einschneidenden Veränderungen in den verschiedenen Kindheiten der heutigen Vatergenerationen geführt haben. Diese Zusammenhänge an den Anfang der Untersuchung über die Vater-Kind-Beziehung zu stellen ist zum Verständnis der uneinheitlichen Bilder notwendig, die die Väter der Gegenwart repräsentieren.

In einem zweiten Schritt werden die Kindheitsmuster durch die Beschreibung der gesellschaftlich strukturellen Veränderungen ergänzt, denen die einzelnen Vatergenerationen selbst unterworfen waren und weiterhin sind. Durch diese zweifache Differenzierung, so die Hoffnung des Untersuchungsansatzes, läßt sich ein genaueres Bild der heutigen Vater-Kind-Beziehung zeichnen und lassen sich hoffentlich präzisere Vorhersagen über künftige Entwicklungen machen. Eines wird daraus in jedem Fall erkennbar werden: den Einheitstopf «die Väter» gibt es heute weniger denn je. Damit empfiehlt sich auch «der Vater» keiner Pauschalisierung mehr, keinem Vorurteil und keiner Vorverurteilung, sondern dem genaueren Blick auf seine Geschichte und seine daraus erwachsene seelische Struktur.

Die folgende Beschreibung der einzelnen Zeitabschnitte strebt keine Vollständigkeit an; sie ist lediglich als Skizze von Einflußfaktoren gedacht, um die Unterschiede zwischen den Generationen zu verdeutlichen. Da die durchschnittliche Lebenserwartung von Männern bei zirka siebzig Jahren liegt, wurde nur dieser Zeitraum berücksichtigt. Alle Väter über siebzig Jahre lassen sich unschwer der ältesten Generation zuordnen.

1. Fünf Generationen der Kindheit

1.1. Geburt um 1930

Die Kindheit der heute ältesten Väter beginnt um 1930 und reicht bis 1945. Diese Männer repräsentieren die klassische Kriegsgeneration. In den prägendsten Jahren ihrer Entwicklung wurden viele dieser Kinder innerhalb und außerhalb der Familie mit nationalsozialistischem Gedankengut infiziert und besonders die Söhne im Geist der Herrenrasse militaristisch indoktriniert. Die meisten von ihnen erlebten am eigenen Leib die Schrecken und Entbehrungen des Zweiten Weltkrieges, erlitten Todesangst, Entsetzen, Flucht, Wohnungselend, Hunger und mußten massenweise den Kriegstod der Väter verarbeiten. Während deren Abwesenheit mußten die Söhne ihre Väter symbolisch oder real ersetzen, wobei ihr Verantwortungsbewußtsein besonders gefordert und gestärkt wurde.

1.2. Geburt um 1940

Die Kindheit der heute älteren Väter beginnt um 1940 und reicht bis 1955. Die prägenden Einflüsse des Faschismus hatten zu dem Zeitpunkt, an dem sie in die psychische Entwicklung der Kinder eingreifen konnten, entscheidend an Kraft verloren, da das Dritte Reich bereits im Untergang begriffen war. Dennoch gräbt die Erfahrung des Krieges auch in diese Kindergeneration noch tiefe Spuren. Verstärkt durch die Not der ersten Nachkriegsjahre und den definitiven Verlust vieler Väter ist sie durch das Bild einer vielfach traumatisierten Kindheit gezeichnet. Trotzdem dürfte im Unterschied zur Vorgeneration der Wegfall der eigenen Existenzbedrohung nach dem Kriegsende 1945 und die erwachende Hoffnung auf eine bessere Zukunft im Rahmen des Wiederaufbaus Deutschlands für die damals Jugendlichen grundsätzlich günstigere Voraussetzungen bei der Verarbeitung der Traumen und bei der Entwicklung hoffnungsstiftender Identität geschaffen haben. Für diese Generation bedeutet das Ende des Zweiten Weltkrieges einen fundamentalen Wandel innerhalb ihrer Kindheitsgeschichte.

1.3. Geburt um 1950

Die Kindheit der dritten Vatergeneration reicht von zirka 1950 bis 1965. Aus gesellschaftlich-historischer Sicht könnten die Unterschiede zwischen dieser und den beiden vorangehenden Generationen, bezogen auf den kurzen Zeitraum von nur zwanzig Jahren, nicht krasser sein. Es ist schwer zu sagen, ob es vergleichbare Umbrüche von solcher Dimension in der bisherigen Geschichte überhaupt gegeben hat. Auch die Teilung Deutschlands nach 1945 und der sie zementierende Mauerbau 1961 dürften diese Bewertung nicht grundsätzlich in Frage stellen. Die Kinder dieser Zeit blieben von allen Kriegserfahrungen und -traumatisierungen verschont. Die Kinder in Westdeutschland bilden die Generation der Wirtschaftswunderkinder, die unter gesicherten sozioökonomischen Bedingungen in einem neuen Wertekonservatismus heranwuchsen und im Geist der Demokratie erzogen wurden. Die Kinder Ostdeutschlands waren wirtschaftlich schlechter gestellt; ihre Erziehung erfolgte im Geist des Antifaschismus. Das für die psychische Strukturbildung Entscheidende aber war: Alle diese Kinder hatten Väter. Die Eltern lebten in noch weitgehend intakten Familienstrukturen mit einer traditionellen Rollenaufteilung.[1]

1.4. Geburt um 1960

Die Kindheit der vorletzten Vatergeneration zwischen 1960 und 1975 bedarf einer etwas ausführlicheren Darstellung. Die davor liegende Zeitspanne von einer vergleichsweise hohen politischen, wirtschaftlichen und kulturellen Stabilität auf nationaler wie internationaler Ebene schlägt plötzlich um. Die jetzige Kindergeneration wächst in eine Zeit rapider gesellschaftlicher Umbrüche hinein, die fortan das Gesicht der Welt in bedrohlicher Weise verändern werden. Auf eine kurze Zeitspanne zusammengedrängt, werden zahlreiche Ereignisse zu Markierungspunkten des Wandels, der direkt oder über die Eltern vermittelt das Lebensgefühl, die Weltsicht und die Identität der Kinder prägt.

Die Kubakrise vom Oktober 1962, bei der die Menschheit nur um Haaresbreite an einer nuklearen Konfrontation der Supermächte vorbeischlitterte, hielt unter den Vorzeichen der atomaren Abschreckung und des Kalten Krieges von diesem Zeitpunkt an bis Ende der achtziger Jahre das öffentliche Bewußtsein in Atem. Viele internationale Vergleichsstudien, die in der Folgezeit mit Kindern und Jugendlichen durchgeführt wurden, zeigten in allen untersuchten Ländern ein gleich hohes und erschreckendes Ausmaß an Ängsten durch die atomare Dauerbedrohung, deren negative Langzeitwirkungen auf die Entwicklung junger

Menschen von allen Wissenschaftlern als sehr ernst eingeschätzt wurden.

Nicht zuletzt aus militärischen Gründen begannen die Supermächte, den Weltraum zu erobern und damit die Grenzen der Technik in bisher ungekanntem Ausmaß aufzusprengen. Der Vorstoß in das Weltall bedeutete einen qualitativen wie quantitativen Sprung in der Beherrschung der Natur durch den Menschen. Der erste bemannte Raumflug durch Gagarin fand 1961, die Mondbeschreitung durch Armstrong 1969 statt.

Neben der militärischen Nutzung wird die Atomtechnik jetzt auch in den Dienst der Energiegewinnung gestellt. Mit Beginn der sechziger Jahre kommt es, bis in die Gegenwart reichend, weltweit zum Bau Hunderter von Kernreaktoren, die menschliches Leben seitdem mit unkalkulierbaren Risiken bedrohen. Ebenfalls mit Beginn der sechziger Jahre kommt es zu einem ungeahnten Siegeszug chemischer Synthesen, deren Produkte Eingang in nahezu alle Lebensbereiche bekommen, deren Giftpotential sich aber inzwischen zu einem ökologischen Sprengsatz von dramatischer Wirkung verdichtet hat. Auch über die seelischen Auswirkungen der Umweltzerstörung auf Kinder liegen inzwischen zahlreiche Studien vor.[2]

Eine weitere revolutionäre Errungenschaft der Technik stellte die Entwicklung des Fernsehens dar. Mit Beginn der sechziger Jahre setzte seine weltweite Verbreitung ein. 1969 besaßen bereits sechzehn Millionen Haushalte in der damaligen BRD und Westberlin ein Fernsehgerät. Die um 1960 geborenen Kinder bilden daher die erste Generation, die eine «Fernsehkindheit» erlebte.

In den Zeitraum von 1960 bis 1975 fällt außerdem der Vietnam-Krieg, der durch seine breite Medienöffentlichkeit und sein Entsetzen zum Menetekel der Zeit wurde. Der Protest gegen ihn war maßgeblich an der Entwicklung der «Studentenrevolution» der 68er Bewegung beteiligt. In engem Zusammenhang mit ihr bildete sich die erste Elterngeneration der Nachkriegszeit, die ihre Kinder im Geist «antiautoritärer Erziehung» zu früher Selbständigkeit, Solidarität und Widerstand gegen überholte gesellschaftliche Werte und Normen anleitete.

Die Generation der um 1960 Geborenen ist als zweite Nachkriegsgeneration diejenige, die, selbst im Frieden und Wohlstand lebend, abrupt aus dem Dornröschenschlaf im Wirtschaftswunderland herausgerissen wird. Sie erlebt neben allen genannten Veränderungen und in deren Gefolge den Zerfall konservativer Wertehierarchien, die durch die Antibabypille ermöglichte sexuelle Befreiung ihrer Eltern, die lawinenartig losgetretene Auflösung traditioneller Familienstrukturen, den ausbrechenden Konflikt der Geschlechter im Rahmen einer sich feministisch artikulierenden Frauenbewegung, den Abbau kirchlicher Macht durch einen zunehmenden Glaubensverlust und die revolutionäre Unruhe vieler Heranwachsender und junger Erwachsener, die auf eine demokratische Erneuerung der Gesellschaft drängen. Die Demonstrationen, die Musik, der veränderte Lebensstil dieser Zeit drücken der ganzen Gesellschaft einen neuen Stempel auf. Nichts wird mehr so sein wie früher, jeder muß seine Rolle umschreiben, besonders die Mütter, die Väter, aber auch die Kinder.

1.5. Geburt um 1970

Die jüngste Vatergeneration verbrachte ihre Kindheit zwischen 1970 und 1985. Dieser Zeitraum ist weniger durch neue Umbrüche als vielmehr durch einen Rückfall in restaurative Tendenzen gekennzeichnet. Sie können aber die Veränderungen nicht mehr aufhalten, die in den Jahren davor eingeleitet wurden. Viele der um 1970 Geborenen haben in ihren prägenden Kindheitsjahren noch die Aufbruchstimmung ihrer Eltern erlebt, aber für sie steht die Verarbeitung der eingetretenen Veränderungen im Vordergrund. Da die Wirtschaft weiterhin stabil blieb und ein hohes Beschäftigungsniveau erreichte, nahmen immer mehr Frauen und Mütter eine freiwillige Berufstätigkeit auf. Der Selbstverwirklichungsgedanke griff um sich und förderte einen Individualisierungsschub bei Frauen und Männern, der als Antwort auf die enttäuschenden Erfahrungen der 68er Bewegung in bezug auf Solidarität, Gemeinsinn und politische Verantwortung zu verstehen war.

Die Kinder wurden immer häufiger außerfamiliär betreut, Ehescheidungen und die Suche nach alternativen Familienmodellen nahmen weiter zu, während die Geburtenrate stetig sank und die Gesellschaft immer mehr zur Ein-Kind-Familie tendierte. Die wachsende Vereinzelung der damaligen Kindergeneration wurde durch den unaufhaltsamen Siegeszug der Technik verstärkt, die den Computer inzwischen als allgegenwärtigen Kommunikationspartner durchgesetzt hatte, ob am Arbeitsplatz oder im Kinderzimmer.

Als Gegenbewegung zur fortschreitenden Technisierung und Entfremdung der Lebenswelten gewann mit Beginn der siebziger Jahre die esoterisch-spirituelle Bewegung an Boden. Sie rief das «new age», das neue Zeitalter unter dem Sternzeichen des Wassermanns aus und versprach der ihr folgenden Masse durch magisch-mythische Suggestion, ihre geistige, seelische und körperliche Natur wieder zu einem ganzheitlichen Erleben zusammenzuführen und in der Einheit mit kosmischen Kräften neu zu verorten. Entpolitisierung und Weltflucht führten dabei viele auf Irrwege, die für die Kinder oftmals zu einer verhängnisvollen Falle wurden.

Es versteht sich, daß der kurze Abriß über die historischen Ereignisse und geistigen Strömungen im Zeitraum von 1930 bis 1985, der die Kindheit der heutigen Vatergenerationen umfaßt, nur in groben Linien das Bild nachzeichnen kann, das von dieser Epoche entworfen wurde. Auch wenn es sich dabei um eine Rohskizze handelt, dürfte durch sie klargeworden sein, daß für jede Analyse des sozialen Verhaltens und der psychischen Struktur der heutigen Vatergenerationen die Berücksichtigung des historischen Kontextes unerläßlich ist, der ihre Sozialisation in der Kindheit maßgeblich beeinflußt hat. Eine nur individualisierende, familiensystemisch angelegte oder eine von der Tradition vergangener Jahrhunderte abgeleitete Beschreibung der väterlichen Persönlichkeit kann daher nur zu stark verzerrten Entwürfen führen.

Um dem vorzubeugen, schließe ich hier zur unmittelbaren Ergänzung den zweiten Differenzierungsschritt an, die Beschreibung zeittypischer Einflußfaktoren und ihre psychologischen Auswirkungen auf den Beginn der Vaterschaft bei den fünf Vatergenerationen. Die Beschreibung ist etwas ausführlicher angelegt, weil sie die heutigen Vatergenerationen direkt betrifft und für das Verständnis ihrer Unterschiede unverzichtbar ist.

2. Fünf Vatergenerationen

2.1. Vaterschaft um 1960 (Geburt um 1930)

Die heute älteste Vatergeneration ist eine durch ihre Erfahrungen im Faschismus und ihre Kriegskindheit schwer traumatisierte Generation. Ihre im Autoritarismus des Preußentums, einer speziellen Variante patriarchalen Denkens, großgewordenen Väter gaben diese Haltung als unbefragte Autorität und Strenge an ihre Söhne weiter, jetzt angereichert durch eine faschistische Ideologie vom Herrenmenschen. Unter diesem Einfluß entwickelten die Söhne ein tyrannisches Über-Ich als Grundlage ihres eigenen autoritären Charakters. Dieser verfestigte sich durch die meist langjährige Abwesenheit der Väter während des Zweiten Weltkrieges und die Idealisierung des Vater-Ersatzes in Gestalt des Führers.

Der Bruch in dieser Identitätsbildung setzte 1945 ein. Die geschlagenen Väter kehrten zurück und hinterließen in der Gefolgschaft Hitlers 200 Millionen Tote. Das wahre Entsetzen für die heranwachsenden Söhne aber bildete die inzwischen bekanntgewordene Wahrheit über den Holocaust. Schuld und Scham über dieses Verbrechen der Vatergeneration konnten erst durch den abrupten Wechsel vom Faschismus zur Demokratie ab 1945 aufbrechen. Die Psychoanalytikerin Edith Jacobson erklärt Identitätsprobleme in der Adoleszens und darüber hinaus u. a. als Folge von Verinnerlichungen widersprüchlicher Wertehierarchien.

24

Sie schreibt: «In diesem Zusammenhang wären auch Wandlungen im Wertesystem einer Gesellschaft zu bedenken. Verschiedene ideologische Faktoren können auf das Über-Ich der Eltern und die Erziehungshaltungen der erwachsenen Umgebung einen verwirrenden Einfluß haben. Die daraus resultierenden widersprüchlichen Wertskalen werden dann von der Gesellschaft über Familie, Kindergarten und Schule an das Kind weitergegeben.»[3]

Die älteste Vatergeneration wird also dieses Identitätsproblem, die Spaltung in ein «böses» faschistisches Introjekt und in ein «gutes» demokratisches Ich-Ideal, als Stigma zeit ihres Lebens mit sich tragen. Durch die Leitbilder der Demokratie mußte sie neben ihrer alten, faschistisch geprägten Identität eine neue verinnerlichen, die in einen krassen Konflikt mit der ersten geriet. Die Elterngeneration dieser Söhne war nicht in der Lage, ihnen bei der Bewältigung des Konfliktes zu helfen, weil sie in aller Regel noch zu stark in den Nationalsozialismus und seine Bewältigung verstrickt war.

Schuld und Scham der Söhne über die Taten der Väter imprägnierten ihre zerrissene Identität und blieben für immer bestehen, weil sie im Dienste einer Wiedergutmachung standen, die niemals mehr zu leisten war.

Als diese Söhne um 1960 selbst die Vaterrolle übernehmen, geraten sie in eine ausgesprochen «verwirrende» Situation. Ihr Erziehungsstil schwankt entsprechend ihrem inneren Widerspruch zwischen autoritärem Gestus und liberaler Toleranz. Dieser oft abrupte Wechsel in der Erziehungshaltung und die sie bestimmenden Gefühle müssen zwangsläufig zu einer Orientierungslosigkeit der Kinder führen, die ihr Vaterbild in einen «guten» und einen «bösen» Vater aufspalten. Die Väter versuchen unbewußt, sich aus ihrer Hilflosigkeit und Unsicherheit zu befreien, indem sie sich auf eine der beiden Seiten ihres Selbstbildes schlagen. Die einen wählen entsprechend ihrer früheren Identifizierungen einen autoritären, wenn auch liberal aufgelockerten Erziehungsstil. Sie sehen sich dazu um so mehr berechtigt, als sie auf dem Hintergrund ihrer eigenen Kindheitserfahrungen von Verzicht, Verantwortung und Mangel erhebliche Ängste entwickelten, wie sich das permanente Wohlergehen und die konsumorientierte Haltung ihrer Kinder in einer reichen Wohlstandsgesellschaft langfristig auf deren späteres Sozialverhalten auswirken würde.

Daß solche Ängste durchaus berechtigt waren, zeigt sich an der Entwicklung vieler Kinder, deren Väter den anderen Weg gingen. Sie verbünden sich unbewußt mit ihrem «guten» Ich-Ideal und nutzen die Gegenidentifikation gegen die verhaßten Väter des Faschismus bei der Praktizierung einer «antiautoritären» Erziehung, die in großen Teilen dieser Vatergeneration schnell zu einer unangreifbaren Ideologie gerät. Die Kinder dürfen alles, klettern über Tische und Bänke, spucken ihren Spinat in großem Bogen aufs Parkett und beschimpfen Passanten als «liberale Scheißer». Die Väter stehen dabei und freuen sich klammheimlich. Aufstand ist angesagt, Widerstand und Revolte. Nie wieder Faschismus! Gewalt in der Erziehung ist streng verpönt, schon ein strenger Blick, ein lautes Wort verursachen Schuldgefühle und werden von der Gruppe geahndet.

Es dauerte lange, bis dieser verheerende Irrtum und seine unbewußten psychologischen Wurzeln erkannt wurden. Die Väter, und es waren vor allem die Väter, hatten ihre Kinder in Rollen gedrängt, die sie selbst in ihrer Kindheit, Jugend und Adoleszens nie einnehmen konnten. Die in ihnen angelegte autoritäre Struktur kannte nur die angstvolle Unterwerfung unter alle väterlichen Autoritäten. Unter dem Diktat eines früh verinnerlichten faschistischen Über-Ich war ihnen jede ödipale Auseinandersetzung versagt geblieben. Sie kannten nur den Gehorsam. Ihr berechtigter Kampf gegen die Herrschaftsstrukturen in Politik, Militär, Wirtschaft und kulturellen Einrichtungen, insbesondere den Universitäten, wurde an der Stelle blind, an der die Kinder zu eben diesem Zwecke instrumentalisiert wurden. Für diese Väter blieb lange Zeit unbemerkt, daß sie dabei über die Indoktrinierung der Kinder ihr eigenes faschistisches Introjekt zu bekämpfen versuchten, um auf diese Weise doch noch ihre Wiedergutmachungsschuld abtragen zu können. Diese Verlagerung des inneren Konfliktes nach außen und seine Übertragung auf die Kinder sollte vielen von ihnen später durch die gewährte Grenzenlosigkeit erhebliche Probleme bereiten.

2.2. Vaterschaft um 1970 (Geburt um 1940)

Die vorletzte Vatergeneration, die in ihrer Kindheit noch die Ausläufer des Zweiten Weltkrieges, die Nachkriegswirren, den Verlust vieler Väter und den Wiederaufbau Deutschlands erlebt hat, steht zu Beginn ihrer Vaterschaft vor einer gesellschaftlichen Situation, die durch die politischen und kulturellen Umbrüche des Jahrzehnts davor viele Risse zurückbehalten hat. Die zunehmende Pluralisierung der Gesellschaft bietet verschiedene Alternativen an, innerhalb derer man seine Orientierung und Rollenidentität finden muß. Teile dieser Vatergeneration haben noch den Studentenaufbruch miterlebt oder aktiv mitgestaltet und müssen jetzt dessen Scheitern, die Zerstörung einer Illusion, verarbeiten. Viele tun dies, indem sie ihre Vergangenheit verraten. Ihre Überlebensstrategien, in ihrer Kindheit früh eintrainiert, lassen sie den Weg der Anpassung wählen, indem sie ihre Karriere in den Dienst des vorher so verhaßten und bekämpften «Establishment» stellen. Andere behaupten ihren mühsam erstrittenen aufrechten Gang. Sie schließen sich einer oppositionellen Umweltpartei an, entwickeln alternative Lebensstile und Produktionsformen und engagieren sich in einer der neuen sozialen Basisbewegungen.

Der größte Teil der Vatergeneration jedoch hat aufgrund geringer gesellschaftlicher Privilegien die Regeln des Systems akzeptiert. Unter dem Konkurrenzprinzip sichern die Väter mit viel Arbeit und Fleiß den wachsenden Anspruch der Familie nach mehr Wohlstand. Im Rahmen ihres Wertekonservatismus hat sich bei ihnen ein liberaler Erziehungsstil durchgesetzt, der die notwendige Autorität mit freiheitlicher Orientierung verbindet. Dennoch bleibt auch dieser Teil der Väter nicht von den Rissen unbeeindruckt, die durch die Gesellschaft gehen. Die Scheidungsraten, die zuerst in den sechziger Jahren anstiegen, nehmen weiter sprunghaft zu. Immer mehr Frauen sind berufstätig. Ihre wachsende Unabhängigkeit und die Forderung nach mehr Gerechtigkeit und Ausgleich in der Versorgung der Kinder führt zu einer zunehmenden Auseinandersetzung der Geschlechter und einer Verunsicherung der Väter über ihre eigene Rolle.

Selbst oft ohne Vater aufgewachsen, die Frühkindheit voller Verlust, Trennungen, Vertreibung und materieller Not, leiden diese Väter nicht selten unter einem Mangel an männlicher Identität und Selbstbewußtsein. Sie reiben sich beruflich auf, nicht zuletzt, um ihre eigene zerstörte Kindheit an ihren Kindern wiedergutzumachen. Sie sollen es besser haben. Aber mit Wohlstand allein ist es nicht getan. Ängste ganz anderer Art bringen die Kinder in die Krise. Die Väter fühlen sich deswegen schuldig und werden schuldig gesprochen. Die ihnen in ihrer Kindheit antrainierte Härte, die Unterdrückung ihrer Gefühle rächt sich erneut an ihnen. Keiner fragt, woher diese Charaktereigenschaften stammen. Ihr früh verinnerlichtes Verantwortungsbewußtsein wird in Frage gestellt, besonders in Scheidungssituationen, in denen sie es, auch im Sinne einer Selbstheilung, ihren Kindern gegenüber zur Geltung bringen wollen.

Diese Vatergeneration ist nicht wie die vorangehende in ihrer Vateridentität gespalten, sondern in tiefster Weise verunsichert.

2.3. Vaterschaft um 1980 (Geburt um 1950)

Die mittlere Vatergeneration, die ihre Kindheit zwischen 1950 und 1965 in der stabilsten Phase der deutschen Nachkriegsgeschichte verbracht hat, unterscheidet sich in grundlegender Weise von den beiden Vorgenerationen. Diese Väter entstammen der Generation der Wirtschaftswunderkinder, kennen keinen Krieg, keine Not, keinen Vaterverlust oder lange Vaterentbehrung, sondern haben sich inzwischen eine Berufskarriere aufgebaut und ihren Besitz möglicherweise um das zum Teil reichlich angesammelte Erbe ihrer inzwischen verstorbenen Eltern vermehrt. Die konservativen Wertesysteme, die sie in ihrer Kindheit verinnerlicht haben, die Möglichkeit, sich mit weitgehend demokratisch gesinnten Vätern zu identifizieren, und ihr ungebrochenes Selbstbewußtsein in bezug auf Zielvorstellungen und Erfolg ihrer Leistungen läßt sie ein freiheitlich orientiertes und seelisch derart gefestigtes Vaterbild entwickeln, wie es die Geschichte nach Überwindung des Patriarchats in dieser Form vielleicht noch nie hervorgebracht hat. Die Voraussetzungen dafür liegen in der Gunst zweier Zeiträume, die durch ein bisher nicht gekanntes Maß an innerer und äußerer gesellschaftlicher Sicherheit und Wohlstand gekennzeichnet sind und die sowohl die Kindheit als auch die Anfänge der Vaterschaft dieser Generation begleiten. Ein Glücksfall der Geschichte, der sich möglicherweise so nie wiederholen wird. Natürlich sind die Ehen auch dieser Väter durch Umbrüche gekennzeichnet, und der Kampf der Frauenbewegung hält unvermindert an. Wenn der Eindruck nicht täuscht, hat aber die Mehrheit dieser Väter, durch ihre Vorerfahrungen in den siebziger Jahren und ihr besseres Selbstbewußtsein gestärkt, humanere Formen des Umgangs mit diesen Konflikten entwickelt, insbesondere im Fall von Trennungen und Scheidungen und der dann notwendig werdenden Umstrukturierung der Kinderbetreuung. Es ist nicht zufällig die Generation der Väter, die am bereitwilligsten die Forderungen der Frauenbewegung zu erfüllen versucht. Bei ihnen wächst die Freude an der Vaterschaft, indem sie sich zunehmend mehr an der Geburtsvorbereitung, an der Geburt und schließlich der Babypflege und der Versorgung der Kleinkinder beteiligen. Die Gestaltung alternativer Familienformen und die Verständigung mit ihren ehemaligen Partnerinnen über Fragen der Kinderbetreuung gelingen in der Regel konfliktfreier als bei den vorangehenden Vatergenerationen mit ihren gespaltenen bzw. verunsicherten Vaterbildern. Daher läßt sich von der mittleren Generation annehmen, daß sie ihre Vateridentität am stabilsten entwickeln konnte.

2.4. Vaterschaft um 1990 und später
(Geburt um 1960 und um 1970)

Die beiden jüngsten Vatergenerationen lassen sich hier zusammenfassen, weil der zeitliche Abstand zu gering ist, um plausible Annahmen über mögliche Differenzen zu wagen, zumal die letzte Generation noch wenig repräsentiert ist. Außerdem fällt die Vaterschaft wie auch die Kindheit beider Generationen in einen Zeitraum eines zunächst forciert einsetzenden, dann aber kontinuierlich verlaufenden Wandels.

Beide Generationen unterscheiden sich von den früheren durch grundlegend neue Erfahrungen, die ihre Kindheit geprägt haben. Es sind die Generationen der Fernseh- und Computerkindheit, deren emotionale und kognitive Lernprozesse von frühestem Alter an durch den Umgang mit technischen Medien geprägt wurden. Die Widersprüche zwischen den produktiven Fortschritten der Technik und ihren destruktiven Schattenseiten werden bewußt oder unbewußt von den damaligen Kindern über die Medien wahrgenommen und innerlich zu widersprüchlichen Objektbildern von der Welt umgebaut. Diesen Kindern ist auch nicht verborgen geblieben, daß diese Welt im wesentlichen eine von Männern und Vätern gemachte ist. So schwanken sie zwischen Idealisierung und Abwertung der Väter, deren «böser» Aspekt, die Bedrohung durch die Technik, mit großen Ängsten besetzt ist. Große Teile dieser Generation erleben außerdem den wachsenden Zerfall der Familie mit für immer abwesenden Vätern oder solchen, die nur stunden- oder tageweise zur Verfügung stehen. Durch die Zerfallsprozesse in den zwischenmenschlichen Beziehungen und bei den kulturellen Werten wurden die Kinder immer zwanghafter auf die Benutzung der Medien verwiesen. Ihre visuellen Erfahrungen und Sehgewohnheiten bestätigten ihnen das Bild einer Welt der Zerstörung, der Gewalt und der Fremdheit.

Mit diesen frühen Entfremdungserfahrungen, mit ihren gebrochenen Vaterbildern, den Trennungs- und Vereinzelungserlebnissen stehen diese jüngsten Vatergenerationen vor einer Welt, deren grundsätzlich gewalttätiger Charakter immer offener zutage tritt. Jetzt sind sie die unmittelbar Betroffenen des Molochs Technik, der mit beängstigender Geschwindigkeit Millionen von Arbeitsplätzen verschlingt. Als sich oftmals selbst Entfremdete wissen sie nicht mehr, was sie als Väter ihren Kindern für eine Welt vermitteln sollen, eine Welt mit verdüsterter Perspektive, eine von Arbeitslosigkeit, Ozonzerstörung und Klimakatastrophe gezeichnete Zukunft.

Die Vatergenerationen der jüngsten Zeit haben, verglichen

mit den vorangehenden, ihre Sicherheit verloren. Sie können ihre Kinder nicht mehr beschützen. Als Techniker, Chemiker, Physiker, Wissenschaftler, Politiker oder als Arbeiter und Angestellte im anonymen Apparat der «Megamaschine Technik» basteln sie, wie ihre Väter, täglich weiter mit an den wachsenden Gefahren für die nachfolgenden Kindergenerationen. Während die älteren Väter noch weitgehend für die Schattenseiten des Fortschritts blind waren, können die jüngeren die Augen vor ihnen nicht mehr verschließen. Die Krisen der Welt kommen hinzu: Übervölkerung, Völkerwanderungen, verheerende Kriege, Flüchtlingsströme, Hunger und Armut in der Dritten Welt – ein Globus, zu einem Vulkan verwandelt, der zu tanzen beginnt, von dem man nicht weiß, nur ahnen kann, wann er stürzen wird.

Durch all diese scheinbar unlösbaren Probleme fühlen sich die jüngsten Vatergenerationen in ihrer Identität fremd, schwach und hilflos.

Der Überblick über die historischen und gesellschaftlichen Hintergründe für die Vatergenerationen von 1960 bis heute und die Nachzeichnung ihrer Kindheiten beansprucht nicht, die komplexen Strukturen dieses von vielen Umbrüchen gekennzeichneten Zeitraums ausreichend erfaßt zu haben. Zum Beispiel wurde dabei nicht die schichtspezifische Heterogenität der Vätergruppen innerhalb einer Generation berücksichtigt, die durch ihre Zugehörigkeit zu verschiedenen Sozialschichten mit jeweils anderen Zugangsbedingungen zu Bildung, Berufsstatus, Geldmitteln, öffentlichem Einfluß und Macht zustande kommt. Außerdem müssen bei jedem Modell, das vordringlich didaktische Ziele verfolgt, die Verschiebungen und Überlappungen berücksichtigt werden, die zwischen den Generationen bestehen. Eine letzte nicht unwesentliche Einschränkung soll nicht unerwähnt bleiben: Da zu allen bisherigen Überlegungen über den Zusammenhang von gesellschaftlicher Entwicklung, Kindheitserfahrung und Vaterrolle bisher kein empirisches Material vorliegt, haben die Ausführungen des vorliegenden Kapitels nicht nur einen hypothetischen Charakter, sondern sind zweifellos in ihrer

Selektivität auch von einer subjektiven Perspektive bestimmt, auch wenn diese durch eine Reihe eigener Forschungen und jahrzehntelange Berufserfahrung abgestützt ist.

Unter Berücksichtigung dieser Einschränkungen wird aber der Überblick deutlich gemacht haben, daß Vaterbilder nicht aus ihrem jeweiligen historischen Kontext herausgelöst werden können und daß sie außerdem hinsichtlich ihrer psychologischen Determinanten um so mehr untereinander differieren, je dramatischer und schneller sich gesellschaftliche Wandlungen vollziehen.

So dürften die vier unterschiedenen Vateridentitäten, die gespaltene, die verunsicherte, die stabile und die durch Entfremdung schwach und hilflos gemachte Vateridentität, eine bessere Orientierung über das breite Spektrum heutiger Vaterbilder ermöglichen.

Was hier als kollektives Modell entwickelt wurde, entspricht weitgehend der biographischen Rekonstruktion im Einzelfall. Einen Vater in der Beratung oder Therapie wird man in seinen vaterspezifischen Problemen kaum verstehen und ihm wenig Hilfe leisten können, wenn man seine Kindheitsgeschichte nicht aus ihrem familiären wie historischen Zusammenhang erschließt und seine aktuelle Situation nicht nur auf seine Familie, sondern auch auf sein gesamtes sozialstrukturelles Umfeld bezieht, einschließlich zeittypischer Ideologien und Konfliktfelder.

Der Leser wird im Verlauf der weiteren Lektüre häufigere Rückbezüge auf die hier differenzierten Vatergenerationen vermissen. Auch wenn sie mir zum Gesamtentwurf heutiger Vaterrealitäten unverzichtbar erscheinen, würde es bei der psychologischen Darstellung männlicher und väterlicher Wesensmerkmale zu einem methodischen Problem, hierbei immer wieder nach Generationen zu unterscheiden. Da die Beschreibung aber nicht von statischen Modellen ausgeht, sondern den dynamischen Wandel betont, dürfte es nicht schwerfallen, beim Lesen die jeweiligen historischen Komponenten und die eigenen Erfahrungen in bestätigendem oder korrigierendem Sinne mitzudenken.

Ferner sei an dieser Stelle bereits angemerkt, daß der Leser in den Kapiteln «Väter und Söhne» und «Väter und Töchter» häufig versucht sein wird, sich an seine eigenen Vatererfahrungen zu erinnern und mit ihnen zu vergleichen. Dabei ist besonders für ältere Leser zu bedenken, daß ihre Väter noch einer stark patriarchal oder autoritär geprägten Epoche entstammten und sich daher, wie der Überblick gezeigt hat, in vielen Punkten von den heutigen Vatergenerationen unterschieden haben.

II. Väter als Söhne:
Zur Psychologie des «kleinen Mannes»

Das erste Kapitel hat uns für die Tatsache sensibilisiert, daß ebensowenig, wie es «die Väter» gibt, man von «den Söhnen» sprechen kann. Die Söhne wandeln sich von Generation zu Generation. Jeder Sohn hat seine unverwechselbare Geschichte in seiner Familie und in seinem gesellschaftlichen Umfeld in einer bestimmten historischen Konstellation. Jeder psychologische Entwurf hat diese Zusammenhänge zu berücksichtigen. Die Psychologie des idealtypischen Sohnes gibt es nicht.

Dennoch muß man von einigen Grundtatsachen in der psychosozialen Entwicklung von Söhnen ausgehen, die für die Entstehungsgeschichte der späteren Väter von Bedeutung sind. Das vorliegende Kapitel faßt einige zu verallgemeinernde Gesichtspunkte zusammen.

«Ein Sohn, ein Sohn, es ist ein Sohn!» Wer kennt nicht diesen dramatischen Jubelschrei der Väter, wie er im Film und in der Literatur durch die Jahrhunderte überliefert ist. Taumelnd vor Freude fallen sich Männer in die Arme und ziehen den jungen Vater zum großen Besäufnis. Zu Recht ahnt man nichts Gutes, denn der furiose Auftakt wird am Schluß der Inszenierung in einem oft tödlichen Zweikampf zwischen Vater und Sohn enden.

Fthenakis verdanken wir die wissenschaftlich fundierteste Darstellung über Väter. In ihr hat der Autor die internationalen Ergebnisse aus der Verhaltensforschung, Anthropologie, Psychologie und den Sozialwissenschaften seit Beginn der systematischen Vaterforschung Mitte der siebziger Jahre kritisch zusammengefaßt. Zur Frage des Geschlechts des zu erwartenden Kindes referiert er neuere Untersuchungsbefunde, die für Europa das überlieferte Bild weitgehend korrigieren, während es sich in anderen Teilen der Erde dafür um so hartnäckiger hält. In den westeuropäischen Ländern bekunden heute die weitaus meisten Mütter, aber auch die Väter, keine Präferenz für ein bestimmtes Geschlecht des Nachwuchses.[4] Der archaische Jubel ist einer mehr sachlichen Einstellung gewichen. Das Vorurteil, auch bei uns seien in der Tradition patriarchalen Denkens Söhne noch immer beliebter als Töchter, kann man also getrost ad acta legen.

Leider kommt der Trost für die zwei älteren, im vorigen Kapitel beschriebenen Vatergenerationen jedoch zu spät. Diese Väter waren als Söhne tatsächlich in besonderer Weise bevorzugt. Das Dritte Reich, das ein tausendjähriges werden wollte, brauchte unzählige Söhne für die vielen Kriege, die es zu führen gedachte. Alle zwischen 1933 und 1945 geborenen Söhne wurden als potentielle Soldaten für das Vater-Land geboren. Dieses Erbe ihrer Kindheit haben die beiden älteren Vatergenerationen von heute gemeinsam.

Wie wird aus einem männlichen Säugling ein Krieger? Jede Kultur hat über die Jahrtausende bei Söhnen unterschiedliche Erziehungstechniken von der Geburt bis zur Pubertät angewandt, um ihren Charakter aggressionsfähig und kriegsbereit zu machen. Während der Zeit des Nationalsozialismus wurden Jungen ausgesprochen autoritär erzogen, mit Strenge, Verboten, Bestrafungen, körperlichen Züchtigungen, Demütigungen und Lächerlichmachen bei allen Zeichen vermeintlicher Weichheit und Schwäche. «Jungen weinen nicht.» Anwandlungen von Gefühlen wie Zärtlichkeitsbedürfnis, Ängste oder Traurigkeit wurden tabuiert: «Sei doch ein Mann», «Du bist ein Waschlappen», «Schlappschwanz, du.» Diese psychische Militarisierung zu Härte, Stärke und Gefühlsverdrängung wurde durch ein entsprechendes Spielzeugangebot ergänzt, das ausschließlich kriegerischen Zwecken diente. Die organisierte Hitlerjugend tat dann den Rest an Dressur zu Gehorsam und Unterwerfung.

Die Identifizierungen waren ausschließlich männlich orientiert, an den Vätern, an den «tapferen Soldaten» im Feld und vor allem am «größten aller Feldherren», an Adolf Hitler. «Heil Hitler!» gehörte nach «Mama» und «Papa» zu den ersten Worten bei der Sprachfindung. Die Ideologie war faschistisch. Sie wurde von Müttern gleichermaßen wie von Vätern, von Kindermädchen, Erziehern und Lehrern täglich mit der Muttermilch oder dem Grießbrei, mit Spielen, Sprüchen, Fahnen und Liedern wie süßes Gift eingeträufelt: «Deutschland, Deutschland über alles», «Wir sind das auserlesene Volk», «Uns gehört die Welt», «Die Feinde müssen vernichtet werden», «Jude verrecke!» Die Propaganda zur Produktion von Feindbildern lief auf Hochtouren.

Erziehung, Identifizierungen und Ideologie flossen zusammen in den unbewußten Erwartungen und Haltungen der Eltern, mit denen sie ihre Söhne zu «richtigen Männern» machen wollten, willensstark, durchsetzungsfähig, tapfer, immer nur dem einen verpflichtet, der Verteidigung des Vater-Landes. Schon der kleinste Junge lernte, von morgens bis abends einen «schönen Diener» zu machen, sich zu neigen vor der Autorität, und so ein williges Werkzeug zu werden im Dienst einer großen Idee. Erst wenn sein eigener Wille gebrochen und mit dem kollektiven Über-Ich verschmolzen war, verwandelte sich der formbare Sohn in einen «deutschen Jungen», den Stolz der deutschen Mütter und Väter.

Diese Sozialisationsgeschichte im Dritten Reich ist hinlänglich bekannt. Allerdings gerät dabei leicht in Vergessenheit, daß sie in den Köpfen der beiden älteren Vatergenerationen in vielfach gebrochener Form als gespaltene oder verunsicherte Identität noch heute existiert. Besonders ihnen wird in der Vaterdebatte häufig patriarchales Verhalten unterstellt. Dabei bedient sich der Vorwurf eines unbrauchbar gewordenen Klischees, denn es waren nicht patriarchale, sondern faschistische Doktrinen, die dem Jungen seine Rolle in der Gesellschaft zuwiesen. Ihr Einfluß auf die innerseelische Entwicklung seiner Selbst- und Objektbilder und seines tyrannischen Über-Ich war mächtiger als alle anderen individuellen und familiären Einwirkungen. Die Familie hatte im Rahmen ihrer kollektiven und wahnhaft anmutenden Selbstenteignung und Verschmelzung mit dem Faschismus ihre Aufgabe zur inneren Strukturbildung ihrer Söhne weitgehend an die staatstragende Ideologie abgetreten. Nur so konnten die Söhne zu ebenso befehlswilligen wie tapferen Soldaten heranwachsen.

Die späteren Vatergenerationen der ab 1950 geborenen Väter sind von diesem Schicksal verschont geblieben. Der radikale Umbruch vom Faschismus zur Demokratie wirkte sich auch in einem grundsätzlichen Wandel der frühkindlichen Sozialisation aus. Die gesellschaftlichen Veränderungen schufen ab jetzt wesentlich günstigere Voraussetzungen für das, was man unter einer durchschnittlich zu erwartenden «Normalität» in der psychischen Entwicklung von Kindern verstehen kann. Wie sieht diese aus?

Die psychoanalytische Entwicklungspsychologie war lange Zeit von einer einzigen Theorie beherrscht, nämlich der Annahme des Ödipuskonfliktes als Grundlage für die psychosexuelle Reifung des Kindes. Da sie heute noch einige Gültigkeit beansprucht und im Verlauf der weiteren Darstellung des öfteren auf sie Bezug genommen wird, soll eine kurze Skizze unter Beschränkung auf die Entwicklung von Jungen das spätere Verständnis vorbereiten. Diese Theorie wurde von Freud in Anlehnung an den griechischen Ödipusmythos entwickelt.

Ödipus wurde als Säugling von seinem Vater Jason wegen eines bösen Orakels ausgesetzt und in der Fremde erzogen. Bei seiner Heimkehr erschlägt er während eines Streites einen älteren Mann, ohne zu ahnen, daß dieser sein Vater ist. Kurze Zeit später heiratet er, ebenfalls ohne Kenntnis der Hintergründe, dessen Witwe Jokaste, seine leibliche Mutter. Aus dieser Tragödie leitete Freud die Theorie des Ödipuskomplexes ab. In der «ödipalen Phase» der kindlichen Entwicklung (4. bis 5. Lebensjahr) richtet der Junge, so die Theorie, seine erwachenden sexuellen Wünsche auf das erste Liebesobjekt, die Mutter, und gerät dadurch in eine gefährliche Rivalität mit dem Vater. Der unbewußte Wunsch, diesem die Mutter zu entreißen, löst heftige Bestrafungsängste, die sogenannte Kastrationsangst, aus. Um ihr zu entgehen, wird der Wunsch verdrängt und statt dessen eine Gewissensinstanz, das Über-Ich, entwickelt, das über die Einhaltung des Inzesttabus wacht. Erst nach Überwindung des Inzestwunsches kann der Sohn die Rivalität mit dem Vater aufgeben und sich mit dessen Männlichkeit identifizieren. Dieser Entwicklungsschritt leitet seine eigene psychosexuelle Identitätsfindung ein.

Die Theorie vom Ödipuskomplex, dessen Bedeutung Freud «zum Kern der Neurose» erhob, ist, wie das Auftreten ödipaler Konflikte in vielen Familien zeigt, ebenso bestechend, wie ihr Anspruch auf Allgemeingültigkeit einseitig ist. Dies wurde spätestens mit Beginn der siebziger Jahre durch die Einführung der Theorie von der Triangulierung deutlich.[5] Bis zu dieser Zeit war die Untersuchung der präödipalen Entwicklungsphasen von der Geburt bis zum vierten bis fünften Lebensjahr, von wenigen Ausnahmen abgesehen, auf die frühe Mutter-Kind-Beziehung konzentriert. Nach den damals vorherrschenden Theorien erlangten Väter erst im Vorschulalter eine zentrale Bedeutung für die psychische Strukturbildung des Kindes, und zwar unter dem Primat der ödipalen Konstellation.

Die Beschränkung der Forschung auf die frühe Mutter-Kind-Dyade bedeutete nicht nur eine erhebliche Verzögerung in der Vaterforschung, sondern leistete in verhängnisvoller Weise einem ganzen System von Vorurteilen und einseitigen Schuldzuschreibungen Vorschub, das Generationen von Müttern auf das Prokrustesbett einer pathogenen Mütterlichkeit spannte. Nicht zu Unrecht leiten sich aus dieser Wissenschaftstradition die vehementen Reaktionen der Frauenbewegung ab, deren Auswüchse allerdings oft als pauschale Vaterschelte in Erscheinung treten.

Was besagt die Theorie von der Triangulierung? Vorläufer dieser These existierten vereinzelt seit Mitte der vierziger Jahre, als einige Analytiker die emotionale Bedeutung des Vaters auch für die präödipale Entwicklung des Kindes erkannten, insbesondere die Notwendigkeit der frühen Identifizierung des Jungen mit dem Vater vor Eintritt in die phallisch-ödipale Phase. Auch wenn der Ödipuskomplex weiterhin die Auffassungen von der psychosexuellen Reifung sowohl bei Mädchen wie bei Jungen beherrschte, setzte sich langsam der Begriff der Triade durch. Die Meinung darüber schwankte, ab welchem Zeitpunkt die nachgeburtliche Symbiose zwischen Mutter und Kind durch die Einführung eines Dritten, des Vaters, aufgelöst und die Dyade zur Triade umgewandelt wird.

Erst Anfang der sechziger Jahre gelang ein erster Durchbruch im Verständnis der komplexen Zusammenhänge durch die Erkenntnisse der Arbeitsgruppe um Margaret Mahler.[6] Die Autoren gingen von der faszinierenden Frage aus, wie es dem Kinde gelänge, sich aus der frühen Symbiose mit der Mutter zu befreien und seine eigene Individuation einzuleiten. In langjährigen Direktbeobachtungen von Kindern in den ersten drei Lebensjahren und ihren Müttern gelang es ihnen, die einzelnen Phasen dieses subtilen Ablösungsprozesses detailliert zu beschreiben. Von entscheidender Bedeutung für den späteren Entwurf der Theorie von der Triangulierung wurde die dritte und vierte Phase, die auf die beiden ersten, die autistische und die symbiotische Phase, folgen. Die dritte, die «Separationsphase», liegt zwischen dem neunten und vierzehnten Lebensmonat. In ihr beginnt sich das Kind schrittweise von der Mutter zu lösen und die Außenwelt, zu der jetzt auch der Vater gehört, zu erkunden. Das Organisationsniveau in der Persönlichkeitsentwicklung ist aber zu diesem Zeitpunkt noch zu instabil, um die Trennung von der Mutter gradlinig fortzusetzen. Vielmehr kommt es durch angstauslösende Faktoren bei der Außenwelterfahrung zu einer «Wiederannäherung» an die Mutter. Diese vierte Phase reicht etwa vom fünfzehnten bis zum vierundzwanzigsten Monat. Dabei gerät das Kind in eine «Wiederannäherungskrise», weil jetzt der zentrale Konflikt aufbricht, entweder erneut mit der Mutter symbiotisch zu verschmelzen oder den endgültigen Schritt zur Separation und Individuation zu tun. Es handelt sich hierbei um den grundlegenden Konflikt zwischen Regression und Progression, der als existentielles Prinzip das gesamte Leben durchzieht und von jedem einzelnen im Sinne einer ausgewogenen Balance beider Strebungen immer wieder gelöst werden muß. Für das Kind lösen die widersprüchlichen Bedürfnisse einen schweren Ambivalenzkonflikt aus. Dem unbedingten Verlangen nach dem primären Liebesobjekt (die «gute» Mutter) steht ein zerstörerischer Haß auf die Mutter entgegen, die angeblich oder real die Ablösung verhindert (die «böse» Mutter).[7]

An dieser Weiche für die Lösung des existentiellen Lebenskonfliktes setzt die Theorie von der Triangulierung an. Auch wenn das Kind den Vater schon vor der Wiederannäherungsphase, also bereits im ersten Lebensjahr, als eigenes, von der Mutter und sich selbst getrenntes Objekt wahrnimmt und mit Gefühlsbindungen besetzt, kommt er erst in dieser Phase zu seiner eigentlichen Geltung. Zur Überwindung der Ambivalenzspannung braucht das Kind eine weitere Person. Da der Vater in geringerem Maß von der kindlichen Ambivalenz betroffen ist, eignet er sich leichter als gutes und schutzbietendes Objekt, an das sich das Kind anlehnen kann. Dadurch hilft er ihm, seine symbiotischen Wünsche an die Mutter aufzugeben und sich aus der engen Bindung an sie zu lösen. Mit diesem Schritt wird auch der kindliche Haß auf die Mutter neutralisiert, wodurch sie ebenfalls als überwiegend gutes Objekt angenommen und verinnerlicht werden kann.

Nichtfachleute sprechen in diesem Zusammenhang gerne von einer «Pufferfunktion» des Vaters, die dem Kind die Überwindung seiner Ambivalenz und seiner Trennungsangst erleichtert und eine zu starke Bindung an die Mutter verhindert. Das ist zu einfach. Das Entscheidende im Triangulierungsprozeß ist die Möglichkeit des Kindes, zwei voneinander getrennte Objekte zur Verfügung zu haben, ein Mutterbild und ein Vaterbild, die ihm gemeinsam die Überwindung der Symbiose ermöglichen. Erst im Kontrast zu beiden Objekten kann es jetzt ein eigenes Selbstbild aufbauen, das heißt, sich als getrenntes und eigenständiges Wesen erfahren. Dieser Reifungsschritt ist die notwendige Voraussetzung zur weiteren Individuation.

Viele Forscher betonen, wie wichtig die Triangulierung speziell für den Jungen ist. Er braucht mehr als das Mädchen die Identifizierungsmöglichkeit mit dem Vater und seine Hilfe, sich aus der Verschmelzung mit der Mutter zu lösen.

Die theoretischen Überlegungen bilden wichtige Grundlagen zum Verständnis der Psychologie des Sohnes wie der des späteren Vaters. Besonders für den Sohn entscheidet die Triangulierung schon lange vor der ödipalen Auseinandersetzung über die psychosexuelle Identitätsfindung als Mann. Außerdem ist einleuchtend, daß der spätere Ödipuskonflikt besonders dann aufbrechen wird oder überhaupt erst in Erscheinung tritt, wenn die Vater-

Sohn-Beziehung bereits in der Frühphase, also schon vor dem zweiten Lebensjahr, stärkeren Störungen unterworfen war.

Etwas Entscheidendes muß noch ergänzt werden. Das Konzept der Triangulierung erklärt plausibler als frühere Annahmen ein Entwicklungsphänomen, das als «Über-Kreuz-Identifikation» bezeichnet wird. Erst wenn das Kind beide Eltern als selbständige Objekte verinnerlicht hat, besteht die Möglichkeit, sich nicht nur mit dem gleichgeschlechtlichen, sondern auch mit dem gegengeschlechtlichen Elternteil zu identifizieren. Neben dem Faktor einer angeborenen Androgynität beider Geschlechter bewirkt die Über-Kreuz-Identifikation eine psychische Verankerung dieses Prinzips. Das Mädchen wird durch Identifikation mit dem Vater auch männliche Anteile in sich entwickeln, wie der Junge umgekehrt durch Identifikation mit der Mutter weibliche Strukturen ausbauen kann. Eine gesunde psychosexuelle Identität, ob als Frau oder Mann, setzt eine optimale Verteilung beider Identifikationsmuster voraus, die zu inneren Selbstanteilen, sogenannten Repräsentanzen weiblicher und männlicher Art, umgebaut werden.

Die Bedeutung des Triangulierungskonzeptes wurde durch die Einführung der Systemtheorie in die Familienforschung unterstrichen, die im gleichen Zeitraum, etwa seit zwei Jahrzehnten, viele psychoanalytische Annahmen revolutioniert hat. Diese gingen ursprünglich von den innerseelischen Prozessen im Individuum aus und erweiterten dieses Konzept später um die Beziehung, die der einzelne zur Welt seiner Objekte aufbaut. Die Systemtheorie brachte insofern eine entscheidende Ergänzung zu den Objektbeziehungstheorien, als sie durch das gründliche Studium von Familien Regeln und Gesetze formulieren konnte, nach denen die Familie als in sich geschlossenes System funktioniert.

Auf das Triangulierungskonzept angewandt, bedeutet das zum Beispiel, daß Mutter, Vater und Kind oder Kinder als Teile einer Einheit aufgefaßt werden können, in der jedes Teil in seinem Verhalten möglichst harmonisch auf die anderen Teile bezogen sein muß, um das Gleichgewicht des Systems in einer ausgewogenen Balance zu halten. Konkret würde dies voraussetzen, daß die Mutter eine «good enough mother», eine «ausreichend gute Mutter», wie Winnicott es nennt, ist, die sich emphatisch auf die Bedürfnisse des Kindes einstellt und mit Einfühlung, Verständnis und Förderung die schwierigen Entwicklungsschritte zwischen Symbiose, Separation und Wiederannäherung begleitet. Ähnliche Bedingungen müßte der Vater in seiner emotionalen Bezogenheit auf das Kind erfüllen, um ihm die Loslösung von der Mutter zu erleichtern. Entscheidend im Sinne der Systemregeln ist aber auch die Beziehung der Eltern untereinander. Nur wenn der Mann seiner Frau das Gefühl der Zuneigung und der Akzeptanz ihrer Mutterrolle vermittelt, befindet sich diese in einem inneren Gleichgewicht und wird das Kind umso weniger als Ersatzobjekt an sich binden. Wenn die Frau ihrerseits ihrem Mann die Liebe nicht entzieht, indem sie sie zum Beispiel auf das Kind verlagert, und ihn in seiner Vaterschaft bestätigt, wird er seine Rolle konfliktfreier übernehmen können. Idealtypisch handelt es sich also um einen Kreislauf wechselseitig positiver Bezogenheit, der das System funktionsfähig erhält.

Bei allen Theorien im Bereich menschlicher Beziehungen muß man sich dessen bewußt bleiben, daß sie einen Normalitätsbegriff zu formulieren versuchen, den es nur in der Abstraktion geben kann. Damit folgt auch die Wissenschaft dem Wunschtraum der Menschheit von einem harmonischen Leben, der in allen Kulturepochen beschworen wurde, ob im Ritus, in der Magie, im Aberglauben, in der Religion, im Beobachtungslabor oder auf der Couch. Die Suche nach Glück war immer ein Nein, ein Widerstand, ein Aufbegehren gegen die Realität des Unglücks, eine Verleugnung der Schattenseiten menschlicher Existenz. Der Stein der Weisen wurde nie gefunden. Der Mensch ist mehr als nur physikalische Materie, die sich nach bestimmbaren Gesetzen verhält. Die idealtypische Entwicklung gibt es weder für den einzelnen noch für die soziale Gruppe.

Die hier zitierten Theorien beziehen sich vor allem auf das frühe Kindesalter. Dabei gehen sie von der Annahme der Psychoanalyse aus, daß der Charakter des Menschen im wesentlichen durch Umwelteinflüsse in den ersten fünf Lebensjahren festgelegt wird, die sein späteres Lebensschicksal bestimmen.

Entsprechend spärlich sind die entwicklungspsychologischen Forschungen über die späte Kindheit, über Pubertät, Adoleszens und das Erwachsenenalter. Die Exklusivität der Annahme wird erst zögernd unter der Beweislast von Untersuchungen aufgegeben, die nicht etwa die Bedeutung der frühen Kindheit leugnen, aber zwei wichtige Ergänzungen bzw. Korrekturen enthalten: Erstens ist die psychische und psychosoziale Entwicklung eines Kindes nicht das ausschließliche Produkt emotionaler und sozialer Umwelteinflüsse; vielmehr werden diese erst auf der Matrize konstitutioneller Anlagefaktoren wirksam, die jedes Kind von der Geburt an in den Schmelztiegel seiner Charakterformung selbst einbringt. Dieser Faktor ist im Bereich der Psychologie bisher weit unterschätzt worden. Der heutige Streit über die Verteilung zwischen angeborenen und erworbenen Eigenschaften, ob 30 zu 70, 40 zu 60 oder 50 zu 50 Prozent, scheint mehr einem akademischen Rechtfertigungszwang geschuldet als dem Eingeständnis, daß es bei der Komplexität der Mischung kaum jemals verläßliche Aussagen darüber geben wird. Jedes Einzelschicksal ist beiden Einflüssen in schwer zu differenzierender Weise unterworfen.

Zweitens liegen inzwischen zahlreiche Untersuchungen an Erwachsenen vor, die durch biographische Rekonstruktionen nachweisen konnten, daß selbst eine schwer traumatisierte Kindheit nicht zwangsläufig in dauerhaftes psychisches Leiden einmündet, sondern durch späterhin günstige Einflüsse zwischenmenschlicher und sozialer Art zu einer stabilen Entwicklung hin korrigiert werden kann. In solchen Verläufen dürften positive, sich erst unter fördernden Bedingungen durchsetzende Anlagefaktoren eine wesentliche Rolle spielen.

Wie wichtig die Relativierung der Bedeutung früher Kindheitserfahrungen für eine lebensgeschichtliche Perspektive ist, wird im Verlauf des Buches noch mehrfach deutlich. Ebenfalls sollen erst im Verlauf der folgenden Kapitel die verschiedenen Faktoren genauer bestimmt werden, die die wünschenswerte «Normalität» der psychischen Entwicklung, speziell in der männlichen Identitätsfindung, behindern können.

Die bisherige Darstellung konnte nur einige Grundlagen zur

Psychologie des «kleinen Mannes» vermitteln, die zum Verständnis des Vaterthemas von Bedeutung sind. Die Unterschiede zwischen Jungen und Mädchen, wie sie unter besonderen gesellschaftlichen Voraussetzungen, hier am Beispiel des Faschismus beschrieben, schon in früher Kindheit in Erscheinung treten, werden in Zeiten weitgehend gleicher Entwicklungs- und Sozialisationsbedingungen erst durch den Sprung in die Pubertät mit der sexuellen Ausdifferenzierung der Geschlechter entscheidend.

III. Männliche Pubertät und das Problem der Aggression

Entwicklungsgesetze, so sahen wir, die Lebensverläufe generalisierbar und vorhersagbar machen könnten, gibt es nicht. Dazu ist die Vielfalt der Möglichkeiten, die einer Biographie die eine oder andere Richtung geben, zu groß. Die Lebenslaufforschung kann nur retrospektiv die wichtigsten Faktoren aufspüren, die mit einiger Wahrscheinlichkeit eine Entwicklung in bestimmte Bahnen lenkten.

Aber es gibt Entwicklungsaufgaben, die jeder Mensch unabhängig von unvorhersehbaren Ereignissen schrittweise bewältigen muß, um sein Leben durch Beruf, Freundschaften, Partnerschaften und soziale Integration zu organisieren. Die Entwicklung der Kindheit stellt dafür wichtige Bausteine zur Verfügung. Aber erst Pubertät und Adoleszenz werden zum Prüfstein, ob der Übergang ins Erwachsenenalter ausreichend sicher gelingt. In diese Zeit fällt der wohl gewaltigste Umbruch in den Lebenszyklen zwischen Geburt und Tod. Dabei kommt es zum Zusammenprall tiefgreifender innerer Veränderungen mit grundlegend neuen Anforderungen der äußeren Realität. Die inneren Veränderungen sind in erster Linie durch den enormen Triebschub in diesen Entwicklungsphasen bedingt, der die Geschlechtsreife einleitet. Damit wird die Kindheit endgültig verabschiedet, und der Jugendliche betritt ein unbekanntes Gelände, über das er unausweichlich in die Welt der Erwachsenen hinüberwechseln muß.

In der frühesten Kindheit hatten wir die ersten Schritte zur Individuation und zu einem eigenen Selbst beobachtet. Sie waren durch emotionale Bindungen an die ersten Liebesobjekte und vor allem durch Identifikationen mit ihnen zustande gekommen. Solche Identifikationen begleiten jeden Menschen weit über die Kindheit hinaus, aber in ihr differenziert sich bereits aus der Summe dieser Erfahrungen das Gefühl für die eigene Identität. In der Pubertät kommt es nun, wie Erikson es am treffendsten beschrieben hat, durch den enormen Triebschub und die völlig neuen Außenanforderungen regelrecht zu einer Identitätskrise.[8] Sie ist das Ergebnis zahlreicher Veränderungen. Das Körperwachstum nimmt in dieser Zeit sprunghaft zu; gleichzeitig differenzieren sich die Geschlechtsorgane und nehmen ihre Funktion auf; damit wandelt sich die Wahrnehmung für den eigenen Körper, das Körper-Ich wird umstrukturiert. Ab jetzt überfluten sexuelle Impulse das sinnliche Erleben, und der Aggressionspegel bei Jungen steigt bedrohlich an. Auf diese Veränderungen ist das Ich nicht vorbereitet; es hat noch nicht die notwendigen Abwehr- und Anpassungsmechanismen entwickelt, um diesen Triebaufbruch und die ihn begleitenden Gefühle unter Kontrolle zu bekommen.

In dieser Situation ist der Junge zusätzlich mit radikalen Forderungen der Außenwelt konfrontiert. Da seine kognitiven Fähigkeiten gewachsen sind und sein Weltverständnis erweitert haben, soll er sich jetzt «erwachsen» und «männlich» verhalten, soll Werte und Normen der Gesellschaft verinnerlichen, sich für einen Beruf entscheiden, Verantwortung zu übernehmen lernen und schließlich heterosexuelle Bindungen eingehen, die ihn zum erstenmal mit Fragen der Sexualität konfrontieren. Solchen ausgesprochenen oder unausgesprochenen Anforderungen fühlt er sich häufig noch nicht gewachsen. Er verliert die Orientierung, weiß nicht mehr, wer er ist, wo der Sinn des Lebens liegt, welchen Beruf er ergreifen soll und wie sich die Zukunft gestaltet. Alles gerät durcheinander. Im Rahmen dieser Identitätskrise kann es zur zeitweiligen Auflösung der Ich-Grenzen kommen, zu einer Identitätsdiffusion. Diese macht die starken sexuellen und aggressiven Triebkräfte um so gefährlicher.

Literarisch sind diese Umbrüche der Pubertät mit subtiler psychologischer Einfühlung und Präzision von Musil in seiner Erzählung «Die Verwirrungen des Zöglings Törless» beschrieben worden.[9] In der Geschichte von vier Internatsschülern stößt man auf das innere und äußere Inferno der pubertären und adoleszenten Reifungskrise. In ihr gerät die Welt aus den Fugen. Man versteht die Menschen nicht mehr und fühlt sich nicht verstanden. Philosophische Spekulationen, Rätsel, Fragen, Zweifel und mystische Glaubenssysteme sollen dem Zerfall vorbeugen. Ersatzphantasien über das Hohe, Heilige und Hehre wechseln mit dem Angezogensein durch das Niedrige, Gemeine und Gewöhnliche. Die innere Zerrissenheit nimmt unter dem Anprall widerstreitender Kräfte zu: Geist oder heftig entfachte Sinnlichkeit, Askese oder ausschweifende Phantasien und Praktiken im Rahmen hetero- und homosexueller Obsessionen. Schuld- und Schamgefühle treiben den Jugendlichen um. Fremdheit und Einsamkeit verwandeln sich in Haß, und der aus Sexualität und Aggression gemischte Selbsthaß entlädt sich in sadistischen Phantasien oder Handlungen an schwachen Opfern. Die Perversion der Macht. Auf dem Höhepunkt solcher «Verwirrungen» löst sich das Gefühl für die eigene Identität auf. Die Diffusion der Ich-Struktur hinterläßt tiefe Ratlosigkeit und Hoffnungslosigkeit darüber, wie man seinen Ort in dieser Welt finden soll.

Musil macht nicht zufällig die unheilvolle Legierung von Sexualität und Aggression in der männlichen Pubertät und Adoleszenz zum Hauptthema seiner Erzählung. Hier dürfte der entscheidende Unterschied in der psychosexuellen Identitätsfindung zwischen Jungen und Mädchen liegen. Damit ist auch die zentrale Entwicklungsaufgabe benannt, vor der Jungen in diesen Lebensabschnitten stehen. Die Verabschiedung der Kindheit bedeutet den Verlust der Unschuld, das Land der Erwachsenen zu betreten bedeutet die Akzeptanz eigener Sexualität und Aggression.

Besonders das Thema Aggression macht einen breiteren Exkurs notwendig, zumal dieses Problem in der Vaterforschung nahezu vollständig ausgeblendet wird. Ohne dessen Berücksichtigung muß aber jede Analyse zur Psychologie des Vaters fehlgehen. Ausgangspunkt soll die Frage sein, wie sich die Aggression von Jungen und Mädchen, von Männern und Frauen unterscheidet. Um in die Fragestellung einzuführen, benutze ich ein längeres (hier leicht gekürztes) Zitat aus einem Aufsatz von Margarete Mitscherlich zum Thema «Aggression und Geschlecht».[10]

«Gibt es überhaupt eine männliche und eine weibliche Aggression? Die Antwort meiner mit der psychoanalytischen Theorie identifizierten Kollegen müßte meines Erachtens lauten: ‹Ja, es gibt einen Unterschied (. . .) Die Aggression der Frauen ist (. . .) mehr nach innen gewendet, mehr masochistisch als sadistisch, indirekter. Ihr Über-Ich ist ‹schwächer›, leichter beeinflußbar, aber auch weniger zu Projektionen neigend; Neid pflegt ihr Selbstgefühl tiefer zu unterminieren als das des Mannes, Eifersucht spielt bei ihr eine besondere Rolle, aber sie ist weniger mit Rivalitätsaggression verbunden als die des Mannes, sondern ist verborgener, geht häufiger mit Vorwürfen einher. Ihr ‹schwaches› Über-Ich prädestiniert sie weniger zu Sublimierungen ihrer Triebe, das heißt weniger zu wissenschaftlichen und kulturellen Leistungen. Ihre Moral und Sittlichkeit richten sich nach äußeren Geboten, also nach den Vorschriften der Männer und der von ihnen dominierten Gesellschaft. Aber wegen der Affektnähe ihres ‹schwachen› Über-Ich kann es bei Frauen zu plötzlichen, ungehemmten Aggressionen kommen› (. . .).»

Das Zitat enthält die gängige Begrifflichkeit, mit der die Psychoanalyse die unterschiedlichen Aggressionen zwischen den Geschlechtern beschreibt.

Wie wir an früherer Stelle gesehen haben, klammern psychologische, insbesondere psychoanalytische Theorien den historischen Kontext und die jeweiligen gesellschaftlichen Bedingungen als formende Kräfte der psychischen Struktur weitgehend aus. In dem Zitat von Margarete Mitscherlich stoßen wir auf die Tatsache, daß in der Theorienbildung auch biologische Faktoren kaum berücksichtigt werden. Da der Mensch aber nicht nur ein psychosoziales, sondern auch ein biologisches Wesen ist, seien den folgenden Überlegungen einige Grundtatsachen biologisch-konstitutioneller Wachstumsgesetze vorangestellt.

Es ist bekannt, daß der Dimorphismus der beiden Geschlechter bereits mit der Geburt festgelegt wird. Erst die Pubertät treibt aber die Geschlechtlichkeit zu ihrer Blüte. Die Kräfte für das Herausbrechen aus dem Knospenstadium bilden die Sexualhormone: die Östrogene beim Mädchen, die Androgene, hauptsächlich das Testosteron, beim Jungen. Sie sorgen für die Funktionsfähigkeit der primären Geschlechtsorgane, die der direkten Fortpflanzung dienen (Eierstöcke, Gebärmutter, Scheide; Hoden, Nebenhoden, Samenwege, Penis). Zweitens leiten sie die Differenzierung der sekundären Geschlechtsmerkmale ein, wie Brustwachstum, Behaarungstyp, Stimmgebung u. a. Entscheidend aber für den hiesigen Zusammenhang sind die tertiären Geschlechtsmerkmale, die auffallenderweise bei der Diskussion der Geschlechtsunterschiede in der Regel unbenannt bleiben. Zu ihnen zählen als wichtigste: Größe, Gewicht, Muskelstatus, Knochenbau und Energieverbrauch.

Auch wenn Tabellen für den Fluß der Lektüre oft hinderlich sind, habe ich mich an dieser Stelle zu einer zweiten entschlossen, weil der Überblick über die Daten eine hohe Evidenz für den dargestellten Zusammenhang vermittelt.

Wie Tabelle 2 zeigt, bestehen bis zum Beginn der Pubertät keine Unterschiede zwischen Jungen und Mädchen in bezug auf Größe, Gewicht, Kalorien- und Proteinbedarf. Zwischen dem dreizehnten und fünfzehnten Lebensjahr zeichnen sich die ersten

Tab. 2: Tertiäre Geschlechtsmerkmale: Körperwachstum und Energieverbrauch bei Jungen und Mädchen zwischen dem 10. und 20. Lebensjahr

Alter in Jahren	Größe in cm		Gewicht in kg		Kalorien- bedarf /d		Protein- bedarf in g/d	
	♂	♀	♂	♀	♂	♀	♂	♀
10–12	144	144	35	36	2500	2300	70	70
13–15	163	160	49	49	3200	2500	85	80
16–20	175	162	63	54	3800	2400	100	75

Quelle: zusammengestellt aus: «Documenta Geigy. Wissenschaftliche Tabellen», 6. Aufl. 1962; «Wissenschaftliche Tabellen Geigy», 1982

Verschiebungen ab, die dann jenseits des fünfzehnten Lebensjahrs bis zur Ausreifung des Organismus kontinuierlich zunehmen. Danach sind ausgewachsene Männer durchschnittlich 13 Zentimeter größer als Frauen, wiegen knapp 10 Kilogramm mehr und haben einen weitaus höheren Kalorien- und Proteinbedarf. Proteine (Eiweiß) sind die wichtigsten Baustoffträger des Organismus, insbesondere für den Knochen-, Muskel- und Gewebeaufbau. Männer besitzen eine wesentlich größere Muskelmasse und ein festeres Knochengerüst als Frauen. Diese Unterschiede sind stark durch den Einfluß des Testosterons bedingt. Neben seiner wichtigen Funktion zur Libidosteigerung besitzt dieses Hormon ausgeprägte Eigenschaften zur Anregung des Stoffwechsels und zum Aufbau von Eiweißkörpern. Außerdem hat es eine erhebliche aktivitätssteigernde Wirkung. Das weibliche Sexualhormon Östrogen dient ebenfalls der Libidosteigerung; sein Einfluß auf das allgemeine motorische Aktivitätsniveau wirkt dagegen eher passivierend.

Diese Unterschiede in den anatomischen und physiologischen Voraussetzungen zwischen Männern und Frauen sind von eminenter Bedeutung für das Verständnis männlichen Verhaltens, für Aktivität, Sexualität und Aggression.

Der Anthropologin Doris F. Jonas verdanken wir einen Essay über die «biologischen Faktoren» beim «Aufstieg und Niedergang weiblicher Macht», so der Titel. Darin geht sie der Frage nach, wodurch es zu den charakteristischen Unterschieden zwischen weiblicher und männlicher Größe und Kraft bei den Primaten gekommen ist. Aus zahlreichen anthropologischen Forschungsergebnissen gelangt sie zu dem Schluß, daß sich im Laufe vieler Millionen Jahre das Gesetz der Stärke bei Männchen durch deren ständige Konkurrenz- und Rivalitätskämpfe um die Gunst der Weibchen herausgemendelt hätte. Auch bei den frühen Homo-Populationen seien die Rangkämpfe um Dominanz hauptsächlich wegen der Begattungsrechte geführt worden.[11]

Wie kann man die geschilderten biologischen Grundtatsachen, auf unsere heutige Situation übertragen, am besten veranschaulichen? Auf das Moment des Spielerischen sollte keine Wissenschaft verzichten. Deswegen stellte ich folgendes Experiment an. Seine Ausgangsfrage lautete: Wie würde die Weltranglisten-Erste im Damentennis, Steffi Graf, abschneiden, wenn sie gegen die Weltrangliste der Männer antreten müßte? Auf welchen Platz käme sie? (Zum Mitspielen empfehle ich der Leserin und dem Leser, die Frage vor der weiteren Lektüre für sich zu beantworten.) Die Frage geht von der zweifelsfreien Tatsache aus, daß Tennis ein Kampfsport ist, bei dem es um Kraft, Schnelligkeit und Ausdauer geht und bei dem Konkurrenz und Rivalität in hohem Maße beteiligt sind. Dabei wird die motorische Muskelkraft in den Dienst der Aggression gestellt. Anders als beim Boxen und Ringen, bei denen die Aggression in direktem körperlichen Kräftemessen ausgetragen wird, benutzt der elegantere Tennissport einen Neuerwerb des Menschen im Kampf – die Waffe. Der Schlag-Abtausch mit dem Tennis-Schläger ist eine sublimierte Form des Kampfes, wie ihn der Höhlenmensch mit der Keule ausgeführt hat. Jedem Tennisspieler ist der Doppelsinn dieses Instrumentes geläufig. Auch die «Rangliste» erinnert noch treffend genau an die Rangordnungskämpfe bei der ursprünglichen Gruppenbildung höherer Säugetiere und früher Menschengruppen. Diese Kämpfe wurden nur zwischen Männern ausgetragen, während die Frauen den heimischen Herd und die Kinder hüteten. Deswegen ist die Ausgangsfrage eigentlich abwegig und rechtfertigt sich nur als Spiel, von dem man aber vielleicht einigen Aufschluß für spätere Überlegungen gewinnen kann. Steffi Graf gegen die Rangliste der Männer. Wie sähe ein solcher Vergleich aus? Da es solche Kämpfe glücklicherweise nie gegeben hat, ist man nur auf fiktive Schätzungen angewiesen. Sie dienen allein dem Zweck, das Verhältnis an motorischer Verfügbarkeit, Kraft und Stärke zu beleuchten.

Die ernstere These hinter dem Spiel ging von der Vermutung aus, daß Frauen ihr körperliches Kraftpotential im Vergleich zu Männern überschätzen, während Männer eine genauere Ahnung über das Ausmaß ihrer verfügbaren Aggression besitzen.

Für das kleine Experiment befragte ich je zwanzig Frauen und Männer, die wenigstens über einige persönliche Tenniserfahrungen verfügen mußten, ohne Profis zu sein. Ergebnis: Der Schätzwert der Frauen lag zwischen dem 5. und 300. Rangplatz auf der

Männerliste (Mittelwert: 76); die Männer schätzten zwischen dem 5. und 1000. Platz (Mittelwert: 239). Trotz der großen Streubreite der Angaben in beiden Gruppen ist der Unterschied in den Mittelwerten auch im statistischen Sinne signifikant. Zur Kontrolle befragte ich einen Fachmann vom Deutschen Tennisbund und den Bundestrainer der deutschen Damenmannschaft im Tennis, Klaus Hofsäss. Der erste schätzte «ganz grob etwa auf Platz 250». Klaus Hofsäss faßte seine Einschätzung etwa mit folgenden Worten zusammen: «Es läßt sich nicht vergleichen; in der Rangliste der Männer könnten mehr als 250 Steffi schlagen, vielleicht 300 bis 400; insgesamt sicher mehr als 1000 Männer, wenn sie die Übung und die speziellen Nerven hätten entwickeln können, die für ein Match in einem Grand-Slam-Turnier mit riesigen Zuschauerzahlen und Fernsehübertragungen notwendig sind. Aber so weit haben es die meisten nicht gebracht. Die Überlegenheit an motorischer Kraft und Schnelligkeit der Männer ist einfach enorm, obwohl Steffi in diesen Qualitäten schon eine einsame Ausnahme unter den Frauen bildet.»[12]

Wenn man eine vorsichtige Auswertung des Experimentes wagen wollte, so scheint sich zumindest die Ausgangsthese zu bestätigen. Danach scheinen Frauen dazu zu tendieren, ihre körperliche Kraft zu überschätzen bzw. im Vergleich mit Männern deren Kraftpotential zu unterschätzen. Dagegen spricht der hohe Mittelwert bei den Männern eher für eine realistischere Einschätzung ihrer körperlichen Möglichkeiten. Zu der These war ich hauptsächlich durch Berufserfahrungen im Zusammenhang mit dem Problem der Gewalt von Männern gegen Frauen und von Aggressionsängsten bei Männern gelangt. Ohne die Themen hier vertiefen zu wollen, sind folgende Eindrücke für mich immer wieder auffällig geworden: Viele der betroffenen Frauen scheinen oft keine Vorstellung davon zu besitzen, welches Gewaltpotential ihnen von Männern im Streitfall entgegenschlagen kann. Erst im nachhinein macht sie ihre absolute Wehrlosigkeit und Ohnmacht gegen die Kraft des Mannes fassungslos. In solchen Situationen können Männer, obwohl sie ahnen, wieviel Kraft in ihnen steckt, nach dem Kontrollverlust in tiefer Weise verstört und erschrocken über das Ausmaß der zugefügten Verletzungen sein. Männer, die nicht zu Gewaltausbrüchen neigen, leiden dagegen häufig in aggressiv aufgeladenen Konfliktsituationen unter Angstanfällen, deren Heftigkeit in direkter Beziehung zu der Intensität der Aggression steht, die sie abwehren müssen. In der Befürchtung «Wo ich hinschlage, wächst kein Gras mehr» spüren sie das mörderische Gewaltpotential in sich aufsteigen. Die Angst vor seinen schrecklichen Folgen ist eine Signalangst, die das Schlimmste zu verhindern vermag.

Ausgangspunkt für den spielerischen «Steffi-Test» war die Beschreibung einiger anatomisch-physiologischer Geschlechtsunterschiede und die dahinterliegende Frage der verschiedenen Verarbeitung des aggressiven Triebschicksals bei Jungen und Mädchen, Männern und Frauen. Es ist hier nicht beabsichtigt, die seit Jahrzehnten geführte Debatte über die Ursachen der Aggression zu rekapitulieren.[13] Die Alternative, ob angeboren oder durch Umwelteinflüsse erworben, läßt sich heute nach allen vorliegenden Forschungsergebnissen dahingehend auflösen, daß es ein angeborenes, aggressiv-motorisches Potential gibt, das unter dem Einfluß positiver oder negativer emotionaler Erfahrungen, Vorbilder und Lernprozesse in verschiedene Richtungen gelenkt werden kann. Der Begriff Aggression leitet sich von dem lateinischen Verb ad-gredere ab, das im wertneutralen Sinne «an eine Sache herangehen, auf etwas zugehen, etwas in Angriff nehmen» bedeutet. In diesem Sinne ist für jede normale Handlung Aggression notwendig. Zur genaueren Bestimmung hat sich die Unterscheidung zwischen konstruktiver und destruktiver Aggression durchgesetzt. In jedem Fall ist Aggression in ihrer ursprünglichen Aufgabe an motorische Körperfunktionen gebunden; ihr Hauptträger ist der Bewegungsapparat mit Muskulatur, Knochen und Gelenken. Die Aggression mittels der Sprache schwächt den motorischen Impuls lediglich ab; sie entspricht einem Sublimierungsvorgang, der aber in seinen Begleitphänomenen von Mimik, Gestik, Lautstärke und vegetativen Reaktionen seine Herkunft aus der Motorik noch unschwer erkennen läßt.

An dieser Stelle können wir an den Ausgangspunkt unseres Exkurses über Fragen zur Aggression zurückkehren und ihre unterschiedliche Bedeutung für Jungen und Mädchen in der Pubertät genauer ins Auge fassen. Es ist wohl deutlich geworden, daß es neben der aufkeimenden Sexualität hauptsächlich das sprunghafte Wachstum der Körpergröße, der Körperkraft und damit der Aggressionsfähigkeit ist, das beim Jungen die Turbulenzen der Pubertäts- und Identitätskrise mitbestimmt. Körperveränderungen von ähnlich radikaler Tragweite finden bei Mädchen trotz der einschneidenden Veränderungen durch Menstruation, Busenwachstum und Östrogeneinflüsse nicht statt. Daher dürfte die Pubertätskrise bei ihnen durchschnittlich milder verlaufen. Zum Beispiel bezieht sich die geläufige Sprachwendung «nicht wissen, wohin mit der Kraft» in aller Regel auf Jungen. So harmlos die Formulierung klingt, bekommt sie im Rahmen ihrer Entwicklungsaufgaben in dieser Zeit ein besonderes Gewicht. Wohin mit der Kraft? Es gibt zahlreiche Möglichkeiten, die «unbändige» und «überschüssige» Kraft zu «stählen». Sport, ob als Kraftsport, Leistungssport oder Freizeitsport oder Abenteuer bis an die Grenze vitaler Lebensgefährdung, bietet konstruktive Möglichkeiten, die Kraft zu kanalisieren und ihr aggressives Potential in «friedliche» Bahnen zu lenken.

Aber die Selbstzweifel, Kränkungen, Verletzungen, Enttäuschungen und die Orientierungslosigkeit in dieser Zeit summieren sich zu einem Frustrationspegel, der die konstruktive Energie leicht in destruktive Aggression umschlagen läßt. Kriminalität und Gewalt steigen bei Jungen, besonders unter dem Druck zusätzlicher gesellschaftlicher Krisen, ab der Pubertät sprunghaft an. Männliche Jugendliche unterscheiden sich in der psychotherapeutischen Praxis stark von Mädchen in der Pubertät. Während bei letzteren seelische und psychosomatische Symptome vorherrschen, die auf unbewältigte, nach innen verlagerte Konflikte hinweisen, dominieren bei Jungen dissoziale Störungen. Verhaltens- und Kontaktprobleme, Schwierigkeiten in der sozialen Gemeinschaft, Schuleschwänzen, Weglaufen und andere Zeichen einer beginnenden Verwahrlosung sind meistens Ausdruck unverarbeiteter, nach außen gerichteter Konflikte, die den unverkennbaren Stempel von Aufruhr, Widerstand und Verweigerung als Zeichen nicht integrierter Aggression tragen.

Die direkte Gewalt, die körperliche Brutalität und die Tötungslust waren schon immer und werden immer eine Domäne des Mannes sein, ob in der Familie, in der Gesellschaft oder im Krieg. Das ist seine Natur. Das Fatale daran ist, daß im Laufe der Geschichte sein körperliches Primat auch kulturell festgezurrt wurde. Es ist diese ganze Last des phylogenetischen Erbes und seiner kulturellen Ausformungen, mit der bereits der Junge durch den Triebschub der Pubertät konfrontiert wird. Er muß in dieser Zeit ein immenses Aggressionspotential verarbeiten und in seine Person integrieren. Hierin scheint mir eine wichtige Akzentverschiebung gegenüber der psychoanalytischen Theorie notwendig. Nach ihr datiert die Bewältigung des aggressiven Triebschicksals hauptsächlich in der sogenannten «analen Entwicklungsphase» (2. bis 3. Lebensjahr). In dieser Phase kommt es zum erstenmal zu einem sprunghaften Anstieg der motorisch-aggressiven Fähigkeiten, die auf der psychischen Ebene mit der Entwicklung von Trotz, Widerstand, Machtgefühlen, Autonomie und eigenem Willen korrespondieren. Die Entwicklungsaufgabe in dieser Zeit besteht darin, die expansiven, willkürlichen und aggressiven Triebstrebungen schrittweise in die sich noch festigenden Ich-Strukturen einzubauen, die jetzt die steuernden Funktionen für die Triebkräfte übernehmen und sie als konstruktive Energie in sozial akzeptierte Bahnen lenken. Diese Entwicklungsaufgabe besteht jedoch für Jungen und Mädchen in gleicher Weise, da sie sich in der analen Phase hinsichtlich Triebstärke und ihren seelischen Korrelaten nicht unterscheiden.

Demgegenüber schafft die Pubertät besonders für Jungen völlig neue Anforderungen an das Ich, seine Herrschaft über die aufbrechenden Naturkräfte zu sichern. Denn in dieser Phase muß nicht nur die gewaltige Zunahme der Aggression bewältigt werden, sondern, wie wir gesehen haben, ebenso die Sexualität, die erst unter dem Diktat der Geschlechtsreife ihre gefährliche Macht zu behaupten beginnt. Die Aggression und die Sexualität, diese beiden eng verschwisterten Kräfte der Natur, wissen sich einig in ihrem Widerstand gegen jede kulturelle Unterjochung. Erst in der Pubertät tritt dieser lebenslange Kampf zwischen Natur und Kultur in seine eigentliche und dramatische Phase.

Psychoanalytisch gesehen läßt sich der Sachverhalt etwa so zusammenfassen: Der Junge hat seine schwierige Entwicklungsaufgabe in der Pubertät und Adoleszenz dann gelöst, wenn er die «Verwirrungen» in dieser Phase überwunden hat und es seinem Ich mit Hilfe des kulturell geformten Über-Ich gelungen ist, die beiden Triebkräfte so weit zu zügeln und miteinander zu versöhnen (die sogenannte «Triebmischung» bei Freud), daß sein Eintritt in das Mannesalter auf einem möglichst niedrigen Konfliktniveau möglich ist. Nur so wird er den dort wartenden Entwicklungsaufgaben gewachsen sein.

IV. Zur Berufsidentität des Mannes

Pubertät und Adoleszenz waren nicht nur Krise und Verwirrung. Aus der neugewonnenen Kraft entsprang ein revolutionärer Geist, wie er für jede junge Generation typisch ist. Er wurde in den Dienst von Protest und Widerstand gegen die Werte und Normen von Familie und Gesellschaft gestellt. Auf der Suche nach eigenen Regeln und Zielen entstanden kühne Entwürfe, das Leben in einer von Freiheit und Selbstbestimmung geprägten Zukunft zu gestalten. Dieses romantische Ideal einer geglückten Synthese von Natur und Geist, von Ungebundenheit und Geborgenheit in der sozialen Gemeinschaft mußte zwangsläufig an den Grenzen scheitern, die jedes gesellschaftliche System dem jugendlichen Eigensinn entgegenstellt. Die Initiation, der Übergang von der Jugend ins Erwachsenenalter, muß mit dem Verlust vieler Ideale und Illusionen erkauft werden. Vor allem aber fordert sie die Beherrschung der beiden Naturkräfte aus Sexualität und Aggression in dem von jeder Kultur vorgeschriebenen Rahmen. Die damit verbundenen Verzichte werden trotz aller Verdrängungsleistungen und Anpassungsbemühungen nicht ohne Folgen bleiben, wenn die Triebkräfte nicht durch Sublimierung auf nützliche Ziele gelenkt werden können.

Irgendwann hat der Heranwachsende den Erwachsenenstatus erreicht. Als Mann kann er sich erst fühlen und wird als solcher anerkannt, wenn er seine Berufsfindung abgeschlossen und die Rolle übernommen hat, die ihm nach seinen sozialen Voraussetzungen, seinen individuellen Begabungen und Interessen und den jeweiligen gesellschaftlichen Bedingungen zugewiesen wurde. Mit einigem Glück hat er aus den zahlreichen Alternativen den Beruf erlernen können, mit dem er sich für die Dauer seines Lebens identifizieren kann. Die Berufsidentität des Mannes als von Kindheit an verinnerlichter Lebensauftrag war, ist und wird immer das Zentrum sein, auf das er seine Hauptidentität gründet. Um sie herum baut er seine anderen Teilidentitäten auf. Daß berufliche Arbeit auf der materiellen Ebene in erster Linie der lebensnotwendigen Selbsterhaltung dient, ist zu selbstverständlich, um diese Tatsache im Zusammenhang mit den hier angestellten psychologischen Überlegungen weiter zu vertiefen.

Die Anthropologin Jonas beschreibt die Anfänge sozialer Bindungen beim Mann aus der Urgeschichte menschlicher Gemeinschaften. Nach ihrer Auffassung stand im Mittelpunkt der matriarchal organisierten Gruppe die Mutter als Gebärende und als Hüterin des Nachwuchses. Wie bei den Primaten war am Beginn der Hominisation die Mutter in einer reichhaltigen Natur noch selbst in der Lage, durch Sammeln von Pflanzen und Kleingetier die notwendige Nahrung für sich und die Kinder herbeizuschaffen. Da die wichtigste Aufgabe jeder Gruppe in der Sicherung des Überlebens durch die Erzeugung von Nachwuchs besteht, wäre die Funktion des Mannes lediglich auf den Begattungsakt reduziert geblieben, wenn er sich nicht andere Aufgaben gesucht hätte. Dies war notwendig, weil eine Gruppe aus systemischer Sicht die Tendenz hat, Mitglieder ohne dauerhafte Funktion innerhalb des Systems auszuschließen. Daher waren die Männer gezwungen, sich Funktionen zu suchen, um wenigstens an der Peripherie des matriarchalen Systems überleben zu können. Dort genau wurden sie gebraucht, um die Gruppe vor den Gefahren der Außenwelt zu schützen. Indem sie sich auf diese Weise unentbehrlich machten und mit den Gruppeninteressen zu identifizieren lernten, entstanden die ersten sozialen Bindungen.[14]

Dieses Modell erscheint bei aller Ungewißheit über die Richtigkeit solcher Rekonstruktionen urzeitlicher Sozialisation für die Erklärung des sozialen Rollenverständnisses des Mannes und seiner Berufsidentität recht bestechend. Gruppe im ursprünglichen Sinne war nicht eine Groß- oder Kleinfamilie, sondern die Horde. Beschützerfunktionen und das über Identifikationen entstandene Gefühl der sozialen Verantwortung entwickelten sich in bezug auf die Gesamtgruppe. Der mütterliche Zuständigkeitsbereich galt dagegen dem Subsystem der Kinder.

Diese Wurzeln mögen noch einen wichtigen Bestandteil der inneren Gesetze repräsentieren, an denen der Mann seine Berufsidentität ausrichtet. Wenn er einer sozialen Gemeinschaft angehören will und mit ihr identifiziert ist, muß er eine Funktion ausüben, die ihren Systemregeln entspricht. Dabei dient die Funktion in erster Linie dem Erhalt des Gesamtsystems. Schon von Kindheit an verinnerlicht der Junge den kategorischen Imperativ, «ein nützliches Mitglied der Gesellschaft» werden zu müssen. Nützlich sein kann er nur durch einen Beruf, der allen hilft. Daraus speist er seine Identität und sein Selbstgefühl, daraus zieht er seine soziale Anerkennung. Auf die selbststabilisierende Funktion des Berufs verzichten zu müssen oder zu sollen würde zwangsläufig zu einer Identitätskrise führen.

Der verbreitete Vorwurf von Frauen an Männer: «Erst kommt dein Beruf, dann kommen die Kinder, und erst dann komme ich» erlaubt daher nur die volle Bestätigung. Alle Ausreden, Vertröstungen und Leugnungen wären Lüge. Zuerst kommt der Beruf. Er ist der Grundpfeiler männlicher Identität. Durch den Beruf befolgt der Mann die verinnerlichten Normen von gemeinsamer Verantwortung und Schutz der Gemeinschaft durch fachliche und soziale Kompetenz. Die Erfüllung seiner Aufgaben verankern ihn als Teil in einem Gesamtsystem und begründen seinen sozialen Status, der auf der psychischen Ebene sein soziales Ich repräsentiert.

An zweiter Stelle kommen die Kinder. Sie bilden ein Subsystem der Gesellschaft und sind in besonderer Weise vom Schutz des Mannes abhängig. In der Verantwortung für sie erfüllt der Mann sowohl seine gesamtgesellschaftliche Funktion als auch seine private Rolle als Vater; wie auch die Mutter im Gebären und Ernähren des Nachwuchses diesem Doppelaspekt von öffentlichem und privatem Rollenauftrag folgt.

An dritter Stelle kommt die Frau. Sie gehört am ehesten zur Privatsphäre des Mannes und benötigt als autonome und gleichberechtigte Partnerin, zumal dann, wenn sie selbst berufstätig ist, in geringerem Maße als die Kinder seine Schutz- und Versorgungsfunktionen.

Das oft traurige Mißverständnis zwischen Frauen und Männern beruht darauf, daß Frauen diese kulturell angeeigneten Normen und Werte in der Regel weniger stark verinnerlicht haben und sie deswegen nicht so streng von ihren privaten Interessen und emotionalen Bedürfnissen trennen müssen. Das stärkste emotionale Bedürfnis ist die Liebe. Berufstätigkeit und Liebe schließen sich für den Mann nicht aus. Aber durch die unterschiedliche Wertung deuten Frauen das berufliche Engagement des Mannes häufig als Mangel an Liebe, erleben es leicht als Liebesverlust. Nur nach der Liebe gefragt, würde sich die Reihenfolge umkehren: zuerst die Frau, dann die Kinder, dann der Beruf. Bei dieser Gefühlswertung kommt man aber nicht um die Tatsache herum, daß der Ehe- und der Vaterstatus für den Mann nur Teilidentitäten stiften. Sie gehören zu den wichtigsten und sind für seine Gesamtidentität unentbehrlich; aber seine Berufsidentität ist auch ohne sie möglich. Auf sie kann er nicht verzichten, ohne sein inneres Gleichgewicht ernsthaft zu gefährden. Diese inneren Diktate, wie immer man sie bewerten mag, sind so zwingend, daß sie auch durch alle Konzessionen nicht grundsätzlich in Frage gestellt werden, die der Mann freiwillig und aus Interesse und Liebe für die Familie und die Kinder bereit ist, einzugehen (Erziehungsurlaub, Teilzeitarbeit, geteilter Aufgabenbereich in der Familie u. a.).

Der Junge wird auch heute noch stärker als das Mädchen von Kindheit an darin sozialisiert, «später mal einen ordentlichen Beruf zu ergreifen». Er weiß, daß er vom Abschluß seiner Ausbildung bis ins Rentenalter berufstätig sein wird und sein muß. Von der Familie und der Gesellschaft wird der Mann über seine Berufstätigkeit definiert. Er verinnerlicht sehr früh diese Rollendelegation und schreibt sie in seinem System von Selbstdefinitionen als lebenslange Pflicht fest. Für die Gründung einer Familie und die Übernahme der Vaterrolle bleibt ihm dagegen ein viel größerer Entscheidungsspielraum. «Das hat Zeit», heißt es da. Bei Frauen stellt sich dieser Zusammenhang anders dar. Die meisten von ihnen «wissen» viel früher als Männer, daß sie «heiraten und Kinder bekommen werden». Das ist der tradierte Rollenauftrag für sie, der zu einem zentralen Bestandteil ihrer Selbstdefinitionen wird. Für diejenigen, die den Auftrag ablehnen und sich zunächst oder für immer über den Beruf definieren, bleibt die Entscheidung für ein Kind bis zur Lebensmitte als mögliche Option offen. Aber: «Ob sie Mutter werden will oder nicht, die Natur zwingt sie unter das Joch des unerbittlichen, unwandelbaren Rhythmus der Fortpflanzung. Der Menstruationszyklus ist eine Unruhe stiftende Uhr, die erst stillsteht, wenn es der Natur paßt.»[15] Trotzdem bleibt der Frau eine Wahlmöglichkeit zwischen zwei Alternativen, wobei sie freier über die eine oder andere entscheiden kann.

Es handelt sich bei dieser Beschreibung um innere Bilder und Entwürfe, die zwischen Männern und Frauen differieren. Daß die soziale Realität solche Entwürfe häufig überrollt und dann speziell für berufstätige und alleinerziehende Mütter besondere Härtesituationen schafft, ist bekannt.

Der gesellschaftliche Rollenauftrag könnte jedoch die Berufsidentität des Mannes nicht auf Dauer stützen, wenn sie nicht durch zwei wesentliche innere Quellen gespeist würde – die sexuellen und aggressiven Energien.

Wir erinnern uns an die wichtigste Lebensaufgabe des Jungen in der Pubertät und Adoleszenz, die in ihm aufbrechenden Naturgewalten von Sexualität und Aggression in sozial nützliche Ziele einzubinden. Die Schiene, über die ihm die Aneignung seiner primären Natur und ihre Umwandlung in kulturelle Leistungen gelingt, ist der Beruf. Er schafft die idealen Voraussetzungen für die Transformation und Sublimierung seiner Triebwelt. Das ist der Nebengewinn, den die Gesellschaft daraus zieht, indem sie dem Mann den Beruf als Lebensaufgabe diktiert. In keiner anderen gesellschaftlichen Einrichtung und Funktion lassen sich diese Kräfte besser unter Kontrolle bringen.

Wie kann man sich diesen Transformationsvorgang vorstellen? Wenn wir uns das Modell von Jonas über die soziale Einbindung des Mannes in die matriarchal organisierte Gruppe durch die Übernahme wichtiger sozialer Funktionen noch einmal vergegenwärtigen, so ergeben sich folgende Anhaltspunkte für das Kulturstreben, oder hier für die Berufsmotivation des Mannes: Er war ein aus dem matriarchalen Zentrum an die Peripherie «Verbannter». Seine sexuellen Bedürfnisse wurden von der Frau nur sporadisch befriedigt, da sie während ihrer langen Schwangerschaftszeiten und während ihrer Menstruation heilig und unberührbar war. Wenn eine Schwangerschaft der anderen folgte und die kurzen Zwischenräume von Regelblutungen unterbrochen waren, mußte der Mann einen Ausweg aus seiner «Notsituation» suchen. Da seine soziale Funktion der Schutz der Gemeinschaft war, lud er sie mit seinen überschüssigen Triebenergien auf. Vielleicht war dies im Laufe der Evolution des Mannes die Geburtsstunde für seine Fähigkeit zur Transformation und Sublimierung der Triebkräfte zur Beherrschung der inneren wie äußeren Natur: Um sich von seiner «Qual» zu befreien, stellte er seine sexuellen Energien in den Dienst seiner sozialen Aufgaben, indem er diese libidinös besetzte. Camille Paglia beschreibt diesen Zusammenhang unabhängig von bestimmten Zeitepochen so: «Die Männer befinden sich in einem ständigen Zustand sexueller Unruhe, sie müssen mit dem Kribbeln der Hormone leben (. . .) Die Männer wissen, daß sie sexuell Verbannte sind (. . .) An dieser qualvollen Hektik ist nichts, worauf die Frau neidisch sein müßte (. . .) Die Frauen werden nicht durch den eigenen aufsässigen Leib über sich hinausgetrieben. Die Männer hingegen sind aus dem Gleichgewicht. Sie müssen streben, verfolgen, werben oder erringen . . . Männliche Aggressivität und Lustsuche sind die energieerzeugenden Kulturfaktoren. Mit ihrer Hilfe überleben die Männer in der gottlosen Unermeßlichkeit der weiblichen Natur.»[16]

Abgesehen von der überspitzten Zeichnung trifft die Autorin im Kern den Sachverhalt: Die permanente sexuelle Spannung des Mannes wurde, ob früher oder heute, zu einer wichtigen Voraussetzung und zum Antrieb seiner kulturellen Weiterentwicklung. Sie erst machte ihn zum Erfinder neuer Entdeckungen. Er baute einen Zaun um das Clanwesen, erfand den Gebrauch von Waffen, schmiedete Werkzeug, ging auf die Jagd und beackerte den Erdboden. So wurde der Beruf zum Zentrum seines Lebens. Darin konnte er die ihm gesellschaftlich zugewiesenen Aufgaben erfüllen und gleichzeitig sein intrapsychisches Gleichgewicht durch eine sublimierte Triebabfuhr sichern.

Die Tragweite dieser Doppelfunktion des Berufs für die Identitätsbildung des Mannes läßt sich in vielen Verzweigungen verfolgen. Alle großen Erfindungen, alle «Eroberungen», alle philosophischen Systeme, viele bedeutende Kunstwerke wurden von Männern geschaffen.

Eine solche modellhaft aus der Sozialfunktion des Mannes in der Urhorde begründete und sexuell deterministisch anmutende Ableitung könnte den Eindruck erwecken, als wolle sie alle Einflüsse ausschließen, die die Kulturleistungen des Mannes mitbedingt haben. Das ist nicht ihre Absicht. Sie dient vielmehr der Wiedereinführung einer Dimension menschlicher Existenz, die in der Tradition abendländischen Denkens in vielen Humanwissenschaften bis heute als verpönt gilt und aus dem Diskurs ausgeschlossen bleibt. Daß der Mensch über alle Kulturen hinweg und entgegen jeder religiösen Ethik in seinem Verhalten qualvoll an seine innere Natur geschmiedet bleibt und diese sich jedem Versuch der endgültigen Domestizierung verweigert, bedeutet eine tiefe Kränkung des Menschenbildes, das aus den Illusionen einer dem Geist verpflichteten Zeitepoche erwachsen ist. Deswegen mußte die Biologie als Ausdruck des Niederen, Schmutzigen, Bösen und Ekelerregenden verbannt werden. Die kollektive Heuchelei überantwortet selbst die schlimmste Barbarei dem schnellen Vergessen. Am Ende unseres Jahrtausends werden wir jedoch Zeugen eines zunehmenden Zerfalls dieser Projektionen und des Durchbruchs anarchistischer Triebkräfte, wie sie sich bildhaft in der zeitgenössischen Kunst und Medienkultur widerspiegeln. Diese Entwicklungen machen uns bewußt: Der Mensch ist als ganzheitliches Wesen nur zu verstehen, wenn man seine Einheit aus biologischen, seelischen, geistigen und sozialen Kreisläufen anerkennt und nicht in Einzelteile aufspaltet, um einzelne von ihnen eliminieren zu können. Solange der biologische Faktor unter dem Überbau psychologischer, sozialwissenschaftlicher und politischer Theorien und Argumente begraben wird, stehen auch für das Verständnis der Geschlechterbeziehungen die Chancen für Verständigung, wechselseitige Akzeptanz und Versöhnung mit dem bestehenden Dualismus schlecht. Mit dieser Position ist, wie bereits betont, keine Absage an die vielen anderen Einflüsse verbunden, die die Evolution des Menschen und seine Kulturleistungen vorangetrieben haben. Die «Urhorde» ist auch in diesem Zusammenhang nur als modellhafte Vorstellung zu werten, da ihre Geschichte noch dunkel und nicht frei von spekulativen Theorien ist. Statt des archaisierenden Begriffs eignet sich vielleicht die Formulierung «Anfänge der Menschheit» besser, weil sie eher die Zweifel behebt, ob unsere Wurzeln bis zu ihnen zurückreichen. Hier ist nicht beabsichtigt, eine Kulturgeschichte der Menschheit nachzuzeichnen. Aber um Mißverständnisse auszuschließen, seien ein paar Stichworte zu den weiteren Einflüssen bei der Kulturaneignung genannt. Dabei ist in erster Linie im Hinblick auf den Mann die Rolle des Patriarchats zu nennen. Unter seiner Herrschaft wurden das Wissen, die Begabungen, Fähigkeiten und der Intellekt des Mannes über Jahrtausende systematisch gefördert und zu sozialer Anerkennung und Ruhm gebracht, während entsprechende Anlagen der Frau noch bis in die jüngste Vergangenheit behindert und unterdrückt wurden. Diese Tatsache ist hinlänglich bekannt und muß hier nicht vertieft werden.

Der Streit über die Frage, ob Frauen unter gleichberechtigten gesellschaftlichen Bedingungen die gleichen, ähnliche oder ganz andere Kulturleistungen hervorgebracht hätten, erscheint weitgehend spekulativ, weil sich der männlich dominierte Zivilisationsprozeß tief in die psychischen Strukturen jedes einzelnen verankert und, soweit heute erkennbar, zur Ausbildung unterschiedlicher Wahrnehmungen, Fertigkeiten und Interessenschwerpunkte geführt hat, wobei die Gewichtung von Rationalität und Emotionalität noch immer starke geschlechtsspezifische Unterschiede aufweist.

Neben diesem gesellschaftlich bedingten Faktor ist die Entwicklung des homo sapiens ohne seine spezifischen und triebunabhängigen Merkmale wie Sprache, Intelligenz, Gedächtnis, Abstraktionsvermögen und Denken nicht vorstellbar. Unter all diesen Voraussetzungen gilt dennoch als gesichert, daß das menschliche Triebreservoir einen notwendigen energetischen Anteil bei der Herstellung von Kulturleistungen bereitstellt. Für diesen Vorgang hat sich der Begriff der «Sublimierung» bzw. der «Sublimation» durchgesetzt. In der Chemie bezeichnet Sublimation den direkten Übergang eines Festkörpers in seinen gasförmigen Zustand. Das verwandte Wort Sublimierung bedeutet dagegen in seiner Übersetzung «Verfeinerung», «Veredelung». Freud führte diesen Begriff in der Psychoanalyse ein und faßte den Sexualtrieb als die eigentlich treibende Kraft kultureller Leistungen auf: «Er stellt der Kulturarbeit außerordentlich große Kraftmengen zur Verfügung, und dies zwar infolge der bei ihm besonders ausgeprägten Eigentümlichkeit, sein Ziel verschieben zu können, ohne wesentlich an Intensität abzunehmen. Man nennt diese Fähigkeit, das ursprünglich sexuelle Ziel gegen ein anderes, nicht mehr sexuelles, aber psychisch mit ihm verwandtes, zu vertauschen, die Fähigkeit zur Sublimierung.»[17]

Es muß allerdings eingeräumt werden, daß bis heute unklar ist, wie diese Umwandlung im einzelnen erfolgt, auch wie groß ihr Anteil an der «Kulturarbeit» ist und von welchen individuellen Schwankungsbreiten sie abhängt. Ein inzwischen hundertjähriges tiefenpsychologisches Erfahrungswissen läßt jedoch an der Erkenntnis keinen Zweifel, daß ohne den Triebfaktor und seine Sublimierung die genannten triebunabhängigen menschlichen Merkmale allein nicht in der Lage wären, Kultur zu schaffen. Umgekehrt bedeutet dies, daß der Kampf zwischen kulturleistendem Ich und Triebwelt ein dauerhaftes und vom Prinzip her unveränderliches menschliches Schicksal bleibt. Dabei hängt es von der Stärke des Ich und des unterstützenden Über-Ich ab, wieviel Kraft sie den Triebbedürfnissen abringen und zur Sublimierung einsetzen können.

Was für die Sexualität zutrifft, gilt auch für die Aggression. Welche Rolle spielt sie in der Berufsidentität des Mannes? Dieser «liebt» nicht nur seinen Beruf und ist mit ihm «verheiratet», um in der libidinösen oder gar erotischen Besetzung seiner Arbeit den Überschuß an sexueller Energie zu sublimieren, sondern er besetzt ihn auch aggressiv. Am augenfälligsten ist dieser Zusammenhang in allen Berufen, die körperliche Kraft, Geschwindigkeit, Ausdauer und Geschicklichkeit verlangen. Handwerker bohren Löcher in Holz, Stein, Beton und Stahl, sie hämmern, schrauben, fräsen, hobeln, benutzen Brecheisen und Sägen, baggern die Erde auf und verrichten viele andere Tätigkeiten, die von der Psychoanalyse oftmals als sexuell-symbolische Ersatzhandlungen gedeutet werden, die in jedem Fall aber ein unverkennbar lustvolles Element an destruktiver Aggression enthalten, die sich über die Arbeit kanalisieren läßt. Der destruktive Impuls wird dadurch ungefährlich und ungeschehen gemacht, daß er nach den beschriebenen Vorbereitungen in eine konstruktive Handlung einmündet. Handwerker stellen Verbindungen her: elektrische Leitungen, Gasrohre, Wasserrohre, Kanalsysteme, Straßen und Brücken; sie bauen auf: sie mauern, verputzen, streichen, tapezieren, fliesen, setzen Fenster und Türen ein, verlegen Fußböden, errichten Dachstühle. Die beliebig zu erweiternden Tätigkeiten verbinden ein hohes Maß an destruktiver und konstruktiver Aggression zu einer befriedigenden motorischen Handlungseinheit. Der Lustgewinn liegt nicht nur in der kontrollierten Abfuhr aggressiver Triebanteile, sondern in dem Triumph über das sichtbare und greifbare Produkt der Arbeit. Dieser Triumph drückt die libidinöse Besetzung des Objektes aus. Männer genießen das erotische Element einer gelungenen handwerklichen Arbeit, die Ästhetik von Material und Form.

Neben der engen Verschmelzung libidinöser und aggressiver Impulse kommt ein dritter Faktor hinzu, der weit unterschätzt und kaum jemals im Zusammenhang mit männlicher Berufsidentität gesehen wird. Ich werde an späterer Stelle ausführlicher auf den väterlichen Gebärneid eingehen. Hier ist aber bereits auf die wichtige Rolle hinzuweisen, die die symbolische Funktion des Gebärens im Rahmen männlicher Berufstätigkeit spielt. Die Herstellung eines eigenen Produktes, in welcher Form auch immer, schafft in der Phantasie ein Äquivalent für das Defizit, das der Mann gegenüber der Frau erlebt. Gebräuchliche Redewendungen unter Männern vermitteln eine Ahnung von dem inneren Konflikt, den der Verzicht auf diese Urform menschlicher Produktivität mit sich bringt: «Das war eine schwierige Geburt»,

«Wir werden das Baby schon schaukeln»; ein Gedanke wirkt «befruchtend», Mann geht mit Plänen «schwanger», eine Idee wird «geboren»; der Stolz auf ein gelungenes handwerkliches, künstlerisches oder geistiges Produkt gipfelt in der Formulierung: «Das ist mein jüngstes Kind.»

Die symbolische Funktion des Gebärens dürfte also in viele männliche Schöpfungen einfließen, zum Beispiel in den Wunsch, «etwas ganz Neues», «etwas noch nie Dagewesenes» zu schaffen. Somit könnte der «Gebärakt» ein Urmotiv in der Erfindungskunst und im Schöpfungswillen des Mannes darstellen. Damit wäre seine höhere Produktivität nicht Ausdruck seiner Dominanzwünsche über die Frau, sondern das Ergebnis eines natürlichen Verteilungsmusters an produktiven Antriebskräften zwischen den Geschlechtern. Diese beim Mann allein von seinem Neid auf die Frau abzuleiten würde allerdings den Sachverhalt nur sehr unvollkommen treffen, da der Mensch grundsätzlich im Unterschied zur höher entwickelten Tierwelt über ein ausgeprägtes Gestaltungsbedürfnis verfügt, das ständig nach einem kreativen Ausdruck verlangt.

Nach dem Beruf des Handwerkers möchte ich noch ein besonders anschauliches und die gesamte Männerwelt immer wieder faszinierendes Beispiel für die enge Einbindung von Aggression und Sexualität erwähnen – den Kampfsport, insbesondere den Fußball. Grundsätzlich geht es beim Berufssport um einen nach festen Regeln ausgeführten Kampf nach dem Muster Mann gegen Mann, Mannschaft gegen Mannschaft oder jeder gegen jeden. Den Fußballsport mit der höchsten Popularität in den europäischen Ländern verdanken wir einem Ritual, das den Krieg zwischen Städten, Gemeinden, Provinzen und Ländern vom Schlachtfeld auf das Fußballfeld verlagert und die Schwerter durch einen Ball ersetzt hat. Daß es sich dabei um ein sublimiertes Kriegsgeschehen handelt, verrät nicht nur sein Ablauf, sondern auch das militärisch entlehnte Vokabular. Stellvertretend für eine ganze Männergeneration werden von jeder Partei nur elf Spieler ins «Feld» geschickt, die für die Ehre und das Geld des Vereins, der Stadt oder der Nation kämpfen müssen. Der Sinn des Spiels besteht in Angriff und Verteidigung. Männer rennen, rasen, stürzen, jagen und verfolgen einander, es wird gerempelt und gefoult, man brüllt sich an, beschimpft sich, Verletzte werden vom Feld getragen. Den Ball ins Tor des Gegners zu schießen ist höchster Triumph. Auf diesen Treffer, auf diesen Schuß kommt es an. Ausdauer, Geschwindigkeit und Kraft müssen mit Kampfgeist und Mut gepaart sein, um den Sieg zu erringen. Der Bundestrainer der deutschen Fußballmannschaft, Berti Vogts, ermuntert seine Jungs: «Ihr müßt dahin gehen, wo es weh tut.» Tausende, vorwiegend Männer, schauen zu, Millionen verfolgen den Kampf am Bildschirm, der Puls geht schneller, das Herz klopft, die Muskeln beben; sie fuchteln mit den Armen, springen auf, heulen und schreien, was die Lungen hergeben. Die Sieger werden als Helden triumphal gefeiert. Nach dem Spiel gibt es Randale, Hunderte, Tausende junger Männer ziehen grölend durch die Straßen, der Vandalismus kehrt ein, Flaschen fliegen, Scheiben klirren, und Blut fließt in Strömen.[18]

Fußball und andere besonders bei Männern beliebte Sportarten wie Auto- und Motorradrennen, Boxen und Ringen sind eindrucksvoll inszenierte Schauspiele, die die bändigende Macht des Rituals über die ungesteuerte Aggression feiern. Die gelegentlichen Durchbrüche von Gewalt beweisen nur die hohe Kunst, ihre kollektive Entfesselung in Grenzen zu halten.

Aber Fußball verrät nicht nur seine aggressiven, sondern auch seine libidinösen Ursprünge. Die erotische Beimischung beschreibt Sloterdijk so: «Man frage sich nur, in welchem Kontext wir zu Zeugen der heftigsten Lustäußerungen werden, die von menschlichen Wesen zu vernehmen sind. Die Gipfelpantomimen unserer Pornoköniginnen sind flache Komödien im Vergleich mit den Torschützenorgasmen, die im Zentrum aller Berichterstattungen über große Fußball-Turniere stehen. Es genügt, die Gesten der Helden auf dem Rasen nach erfolgreichen Torschüssen ernsthaft anzuschauen, um zu begreifen, daß hier Wildformen ekstatischer Genugtuungen durchbrechen, für die es im gesamten Spektrum zivilisatorischer Gesten kaum ein Äquivalent gibt.»[19]

Der Hinweis auf die «Orgasmen» trifft den bekannten Zusammenhang von Tor, Ball und Schuß als symbolische Bilder des Koitus. Aber zusätzlich ist im Fußball als ausgesprochenem Män-

70

nerspiel eine stark homoerotische Komponente enthalten, wie sie besonders demonstrativ in den lustvollen Umarmungen und den übereinanderstürzenden Männerbergen nach geglücktem Treffer zum Ausdruck kommt. An ihnen können auch die Millionen männlicher Zuschauer partizipieren und ihrer homoerotischen Latenz freien Lauf lassen.

Das Amalgam aus Aggression und Sexualität gebiert auch beim Fußball ein Produkt, für dessen Zustandekommen nicht nur Kampfgeist und libidinöse Begeisterung notwendig sind, sondern auch ein hohes Maß an Geschicklichkeit und kreativer Spielgestaltung. Die gefallenen Tore sind die meßbaren Erfolgsprodukte, die über Triumph oder Niederlage ganzer Nationen entscheiden. Die «Tore des Jahres», man kann sie nicht oft genug sehen, so schön sind sie.

Da haben es die vielen anderen Männer schwerer, deren Körpermotorik in ihrem Beruf nicht gefragt ist, die den lieben langen Tag sitzen oder stehen, ohne daß ihr Muskelspiel für das notwendige Maß an aggressiver Triebabfuhr sorgt. Es ist die Mehrzahl. Es sind die tausend Schalterbeamten und Büroangestellten, die Facharbeiter in computergesteuerten Betrieben, die Erzieher und Lehrer, die Heiler und Helfer und die Kopfarbeiter und Intellektuellen aller Couleur. Ihr überschüssiges Aggressionspotential muß sich andere Wege der Sublimierung suchen. Zum Glück und nicht zum Schaden des einzelnen und der Gemeinschaft, wie oft angenommen wird, stellt jede Gesellschaft ausreichende Möglichkeiten dafür zur Verfügung, indem sie diese Energien in den Dienst ihrer eigenen Interessen stellt. Die Tatsache, daß wir in einer Konkurrenzgesellschaft leben, kann nur der beklagen, der die Utopie, oder besser, die Illusion einer paradiesischen Ordnung menschlicher Verhältnisse noch nicht aufgeben will. Es hat sie nie gegeben. Wenn es den westlichen Demokratien auf Dauer gelungen sein sollte, inner- und zwischenstaatliche Konflikte nicht mehr mit kriegerischer Gewalt, sondern mit den Mitteln friedlicher Konkurrenz zu regeln, ist im Rückblick auf die Geschichte dieser Fortschritt nicht hoch genug einzuschätzen. Das gleiche gilt für die Lösung von Konflikten auf der zwischenmenschlichen Ebene.

Das Prinzip der friedlichen Konkurrenz gehört zu den wichtigen Regulationsmechanismen, mit denen ein Überschuß an aggressiver Energie in sozial angemessenen Formen der Auseinandersetzung gebunden werden kann. Konkurrenz erfordert die Fähigkeit zum adgredi, das heißt zu einem Durchsetzungsvermögen mit klaren Zielvorstellungen und dem Einsatz von Willen, Konzentration und Arbeitsmotivation. Dabei hängt der Erfolg von zahlreichen anderen Faktoren wie Intelligenz, Begabung, Kontaktfähigkeit, Kooperationsbereitschaft, psychischer Belastbarkeit und sozialer Unterstützung ab.

Konkurrenz ist das Salz in der Suppe der Leistungsgesellschaft, die in unkritischer Betrachtung historischer und globaler Entwicklungen ebenfalls in Verruf gekommen ist. Von der Leistungsfähigkeit einer Gesellschaft hängt aber schließlich die Abschaffung krasser Ungleichheitsverhältnisse, die Humanisierung der Arbeitswelt, der Ausbau sozialstaatlicher Prinzipien und vieles andere ab. Aus sozialpsychologischer Sicht läßt sich der Erfolg der gesellschaftlichen Leistungen in den westlichen Demokratien während der letzten fünfzig Jahre als kultureller Fortschritt betrachten, der nach dem Verlauf bisheriger Geschichte kaum zu erwarten war.

Noch im ersten Drittel dieses Jahrhunderts fragte Freud immer wieder nach der «Kultureignung des Menschen» und äußerte sich diesbezüglich sehr skeptisch. Das Ausmaß an Triebverzicht, das eine Kultur dem Menschen abverlange, sei zu groß, als daß mit einer dauerhaften Befriedung zu rechnen wäre. Sein Credo wird noch heute von vielen vertreten. Dabei bleibt meist unberücksichtigt, daß Freuds Pessimismus ganz wesentlich von den Erfahrungen des Ersten Weltkriegs geprägt wurde, dessen archaische Gewalt in Verbindung mit völlig neuen Technologien an Grauen alle bis dahin geführten Kriege übertraf. Freud hätte auch weniger von der Kultureignung «des Menschen», sondern besser von der des «Mannes» sprechen sollen, denn der gefährlichste Gegner aller Kultur ist der männliche Aggressionstrieb. Aus dieser Perspektive lassen sich die Leistungsgesellschaften des zwanzigsten Jahrhunderts als ein epochales Großexperiment betrachten, bei dem es gelungen ist, durch die Mechanismen von

Konkurrenz und Leistung die aggressiven Kräfte des Mannes so weit zu binden und in kulturelle Bahnen zu lenken, daß der durchschlagende Erfolg von Wohlstand und sozialer Sicherheit das Führen von Kriegen überflüssig gemacht hat.

Die Konkurrenzkämpfe der Männer in den Chefetagen des Großkapitals, in der Arena politischer Plenarsäle, in den Hochschulen, im gesamten Kunstbetrieb, in den Gewerkschaften, in Banken und Versicherungen und in allen gesellschaftlichen Einrichtungen, in denen Männer ihren ganzen Ehrgeiz und ihre Energie daransetzen, auf der Pyramide der Hierarchien eine Stufe höher zu steigen – in all diesen Wettbewerbsfeldern werden täglich die Rivalitäts- und Rangkämpfe um Dominanz und Macht gespielt, zu denen schon unsere Ururahnen dank ihrer Natur verurteilt waren. Hier stoßen sich Männer die Hörner ab, tragen ihre Haut zu Markte, lassen Nerven und zahlen einen hohen Preis dafür, daß sie, ihre Frauen und Kinder im Frieden leben können statt im Krieg. Und sie genießen es.

Um Mißverständnisse zu vermeiden: Ich möchte hier kein Hohelied der Industrie- und Leistungsgesellschaft anstimmen; dazu werden uns täglich die Schattenseiten des Fortschritts allzu schmerzhaft bewußt; ich will auch kein idealistisches Bild des Konkurrenzprinzips entwerfen. Konkurrenz als notwendiger Antrieb zur Selbstbehauptung und Durchsetzungsfähigkeit ist in keiner der bestehenden Machtstrukturen vor Mißbrauch und bösartiger Entartung gefeit. Sadistische Charaktere gibt es in allen Bereichen der Gesellschaft. Der Exkurs über Konkurrenz und Leistung schien mir notwendig, um vielmehr einige psychologische Mechanismen männlicher Eigenschaften zu verdeutlichen, die in der öffentlichen Debatte häufig eine einseitig negative Bewertung erfahren. Aber Natur entzieht sich dem moralischen Urteil. Kritik läßt sich nur da üben, wo die zivilisatorischen Chancen zur Domestizierung der Naturkräfte nicht genutzt wurden.

Ich habe das seelische und soziale Panorama der männlichen Berufsidentität so weit entfalten müssen, weil es aus dem Verständnis der Vaterproblematik nicht auszuklammern ist. Die heutige

Diskussion über die Vaterrolle läßt eine solche qualifizierende Analyse in der Regel vermissen. Welche Fehl- und Vorurteile dadurch geschaffen werden, wird spätestens bei der Frage ersichtlich, was der Verlust der Berufsidentität für den Mann bedeutet. Wie wirken sich mangelnde Berufsqualifikation, stark entfremdete Arbeit, erzwungener statt frei gewählter Beruf, unfreiwillige Teilzeitarbeit, Arbeitslosigkeit oder Frühberentung vor Abschluß der Berufsausbildung der Kinder auf die männliche Identität und damit unmittelbar auf den Vaterstatus und die Familie aus? Was passiert, wenn der Mann keine Befriedigung und keine narzißtische Gratifikation aus dem Beruf ziehen kann und wenn dieser nicht Teil seines Selbstgefühls und seiner Identität wird? Die Fragen geben die Antworten schon vor. Zahlreiche Untersuchungen belegen heute den hohen Problemdruck und die Konfliktbelastung in Familien, deren Väter ein solches Schicksal zu tragen haben. Die betroffenen Väter geraten in aller Regel in tiefgreifende Identitätskrisen. Dabei gerät ihr inneres Gleichgewicht aus den Fugen, es kommt zu seelischen und psychosomatischen Erkrankungen und zur weiteren sozialen Desintegration. Es läßt sich unschwer vorstellen, wie leicht aus diesem Zusammenbruch Suchterkrankungen, Gewalt gegen Frauen und Kinder, sexueller Mißbrauch der Kinder und andere Formen der Verwahrlosung und Kriminalität entstehen können. Eine gefestigte Berufsidentität bietet keine absolute Garantie gegen solche Entgleisungen, sie schließt individuelle Krankheit nicht per se aus. Aber statistisch gesehen sprechen die Zusammenhänge eine eindeutige Sprache. Hierin wird auch die ganze Tragödie sichtbar, die zwangsläufig eintreten muß, wenn es einem gesellschaftlichen System nicht mehr gelingt, ausreichende berufliche Voraussetzungen für alle, aber speziell für junge Menschen zu schaffen, deren Identitätsaufbau ohne Berufsgrundlage nicht denkbar ist. Der derzeitig bestehende Arbeitsplatzmangel, der fortschreitende Arbeitsplatzabbau durch Rationalisierung, Automatisation und Computerisierung der Arbeitswelt und der verbreitete Lehrstellenmangel bedrohen nicht nur den Arbeitsfrieden, sondern, viel tiefer, die psychosoziale Identität des Gemeinwesens. Sollte diese Entwicklung nicht aufgehalten werden, geraten die jüngeren und nachfolgenden Vatergenerationen in eine Katastrophe, die den Zusammenbruch traditioneller Familienstrukturen in radikaler Weise beschleunigen wird.

An dieser Grenze steht heute unsere Leistungsgesellschaft, das epochale Großexperiment tritt in eine kritische Phase. Keiner vermag vorherzusagen, ob das gesellschaftliche System seine Balance auf lange Sicht bewahren kann oder ob das Gleichgewicht entgleist. Was in solchen Fällen an nicht mehr gebundenen Triebkräften freigesetzt wird, dafür liefern uns die Geschichte und die Gegenwart anderer Kontinente erschreckende Beispiele. Die Maske der männlichen Berufsidentität hält nur so lange, wie die Anpassungsleistungen des Subjektes und die Sublimierung seiner Triebe in ausreichender Weise belohnt werden. Kann eine Gesellschaft das nicht mehr garantieren, zerbricht die Maske, und der Stachel im Fleisch entfesselt die gebannten Dämonen.

V. Zwischen Berufsfindung und Vaterschaft – der große Raum der Freiheit

Zwischen der Berufsfindung und dem Beginn der Vaterschaft liegt der große Raum der Freiheit. Erikson unterscheidet zwei Moratorien in der menschlichen Entwicklung. Es sind Zeiten des Aufschubs, die der ungeschriebene Generationsvertrag der Gesellschaft jedem jungen Menschen einräumt, bevor er die ihm gestellten Lebensaufgaben als Erwachsener einlöst. Das «psychosexuelle Moratorium» liegt zwischen dem Vorschulalter und der Pubertät. In dieser Zeit darf das Kind lernen und seine ersten technischen und sozialen Fähigkeiten entwickeln, ohne darüber hinaus verbindliche Verpflichtungen eingehen zu müssen. Der zweite Entwicklungsschub, das «psychosoziale Moratorium», setzt jenseits der Geschlechtsreife ein und umfaßt die Phase der Adoleszenz. In ihm kann der Heranwachsende seine Orientierung im Bereich sexueller Intimität und sozialer Rollen suchen, um seinen Platz in der Gesellschaft zu finden.[20]

In Abgrenzung zu diesen beiden erscheint mir die Einführung eines dritten Moratoriums in die Theorie der Persönlichkeitsentwicklung notwendig. Es läßt sich am ehesten als «Eltern-Moratorium» bezeichnen. In ihm erfüllt der Erwachsene zwar schon die ihm zugewiesene Rolle des Berufs, aber er ist noch von dem letzten Schritt zur Erfüllung seiner Lebensaufgaben freigestellt – der Gründung einer Familie und, im Fall des Mannes, der Übernahme der Vaterrolle. Nicht zuletzt die Einführung der Systemtheorie in das Verständnis sozialer Beziehungen macht eine solche Erweiterung notwendig. Nach Abschluß des «psychosozialen Moratoriums» hat der Heranwachsende durch die Entwicklung seiner Berufsidentität den Erwachsenenstatus erreicht und dadurch seine feste Rolle im Funktionsablauf des gesellschaftlichen Gesamtsystems eingenommen. Der Übergang zur Familienbildung und Vaterschaft stellt einen grundsätzlich neuen Entwicklungsschritt dar, weil er Neudefinition und Erweiterung der bisherigen Rollenaufträge bedeutet. Zwischen den beiden Polen Beruf und Familie liegt das «Eltern-Moratorium». Für die meisten Männer lautet denn auch die Warnung in dieser letzten Spanne der Freiheit: «Heirate nicht zu früh!» Das hat seine Gründe, denn Freiheit in dieser Form hat es im bisherigen Leben nie gegeben, und sie wird nach Ablauf des Moratoriums auch nie wieder eintreten.

Was unterscheidet dieses letzte von den beiden früheren Moratorien? Durch den Erwachsenenstatus, den Beruf und die damit verbundene ökonomische Unabhängigkeit gelangt der Mann an ein lang ersehntes Ziel – die endgültige Ablösung von der Familie. Das Ende der ökonomischen Abhängigkeit von den Eltern beschleunigt nun auch die psychische Ablösung. Die Gefühlseinstellungen zur Ursprungsfamilie nehmen eine mehr partnerschaftliche, freundschaftliche, bisweilen auch distanzierte Form an. Im Selbstbewußtsein der eigenen Möglichkeiten hat sich der ödipale Konflikt mit dem Vater aufgelöst oder an Schärfe verloren; unter der Voraussetzung einer stabilen Berufsidentität braucht man nicht mehr mit ihm zu konkurrieren, bestenfalls kann man mit ihm kooperieren. Die Mutter hat ihre umschlingende Macht verloren. Jetzt kann man wieder zärtlich zu ihr sein, ohne die Angst vor Vereinnahmung. Die Geschwister sind ebenfalls erwachsen. Die eifersüchtige Rivalität um Gunst und Liebe der Eltern hat an Bedeutung verloren. Sie werden zu Vertrauten, zu Verbündeten des Lebens, auf die man sich im Notfall verlassen kann. Diese lang ersehnte Freiheit von der Familie, die Befreiung aus emotionaler Verstrickung und Abhängigkeit, gekoppelt mit der definitiven räumlichen Trennung, treibt die Identitätsbildung in dem sicheren Gefühl an, jetzt eine eigenständige Persönlichkeit zu sein.

Der Beruf wird zur zentralen Kraft, die in die Breite wirkt. Er beflügelt Zukunftsentwürfe, die realitätsgerechter als noch in der

Pubertät und Adoleszenz sind; sie lassen vieles als möglich und verwirklichbar erscheinen. Die selbst-bewußte Freiheit entfaltet sich in drei Bereichen, in der Liebe, in Freundschaften und in der Freizeit.

Die Liebe fordert am meisten. Die ersten sexuellen Erfahrungen nach der Pubertät standen noch stark unter den Zeichen von Angst, Scham und Schuld, sie waren mehr ein trotziges Dennoch, ein provokantes Spiel, ein Beweiszwang voll innerer Unsicherheit, eine Spurensuche in die Zukunft. Nach vielen vorliegenden Untersuchungen hat sich trotz der Liberalisierung sexueller Tabus an dieser Übergangsperiode von der jugendlichen zur erwachsenen Sexualität wenig geändert. Innerhalb unserer Kultur besitzt offenbar erst der Erwachsene das «Recht», Sexualität und das dazu notwendige Maß an Aggression angstfrei zu leben. Sein Status in der Gesellschaft und seine gewachsene Selbstsicherheit sind zu verläßlichen Bürgen in dieser Entwicklung geworden. Das Eltern-Moratorium ist die Zeit sexueller Erkundung, die nahe Erforschung des anderen Geschlechts. Erst in ihm werden die Gefühle entwickelt, aus denen die reife Liebe erwächst: Zärtlichkeit, Vertrauen, Schamfreiheit, Fürsorge, Verantwortung, Schutz und Geborgenheit. Erst die Liebeserfahrungen in dieser Zeit, soweit sie nicht auf flüchtige Begegnungen beschränkt bleiben, stiften die eigentliche und erwachsene psychosexuelle Identität. Denn das Bewußtsein, eine Frau oder ein Mann zu sein, ist nicht allein an sexuelle Funktionen gebunden, sondern an komplexe Erfahrungsmuster, die für beide Geschlechter in typischer Weise in einem breiten sozialen Bezugsrahmen vorgegeben sind. Dazu zählt auch ihr unterschiedlicher Rollenstatus als Erwachsene.

Liebe und Sexualität gehören in der Zeit zwischen Berufsfindung und Familiengründung zu den umwälzenden Ereignissen in jedem Leben. Eine erwachsene Frau, einen erwachsenen Mann in ihrer von ihnen selbst gestalteten Lebenswelt kennenlernen, das Gefühl der gemeinsamen Freiheit, die Intensität der Lust, die ersten Reisen als «Paar» in andere Länder, den Sand unter den Füßen an fremdem Gestaden, die verschwörerische Intimität in den Hotelbetten ausländischer Metropolen, ein Rouge

ordinaire auf den Marmorplatten des Nachttischs, und von draußen die fremdländischen Stimmen durch die Jalousien der geöff-
neten Fenster – dieses unbeschwerte Lachen, dies unverpflich-
tende Glück wird es später nicht mehr geben. Das Geschenk der
Gesellschaft vor dem nächsten Schritt. Ein Schatz in den tiefen
Falten der Erinnerung.

Und dann die Freundschaften, speziell die zu anderen Männern. Sie gab es auch schon in der Kindheit, in der Pubertät und
Adoleszenz. Aber nach der definitiven Ablösung von der Familie
bekommen sie eine andere Farbe. Der eigene Charakter hat sich
unverwechselbar zur individuellen Persönlichkeit geformt und
ihr durch die Berufsidentität einen fest umrissenen Lebensentwurf vorgezeichnet. Jugendfreundschaften hatten ihre Zeit, aber
die meisten lösen sich jetzt durch die unterschiedlichen Lebensverläufe auf. Neue Freundschaften entstehen während der Berufsausbildung oder im Rahmen der Arbeitswelt und der Freizeit.
Sie haben in der Regel länger Bestand, weil sie zeitgemäßere
Identifizierungsmöglichkeiten anbieten. Viele Menschen entwickeln erst als Erwachsene nach Überwindung der vielen Krisen ihrer Reifungsjahre und gestützt auf eine größere innere Sicherheit und berufliche Identität eine Kontaktfähigkeit, die
ihnen erstmalig dauerhafte und tiefe Bindungen erschließt.

Das Eltern-Moratorium hält Zeit und Gelegenheit offen, solche Freundschaften intensiv zu leben. Während dieser «Jungge-
sellenexistenz» bilden sie die Privatheit des sozial stützenden
Umfeldes, das durch die Ablösung von der Familie entfallen ist
und noch nicht durch eine eigene ersetzt wurde. Freunde helfen
einander in allen Lebenslagen, sie ergänzen sich in ihrem praktischen Verständnis und ihren technischen Fähigkeiten, sie beraten
miteinander Sachfragen, Berufsprobleme und private Sorgen, sie
regen sich gegenseitig an, ob im Alltag oder im intellektuellen
Diskurs, ob im künstlerischen Schaffen oder im Entwurf philoso-
phischer Spekulationen, sie tauschen ihre intimen Erfahrungen
über Sexualität und Liebe aus, über Glück und Unglück in dem
schwierigen Verhältnis zwischen den Geschlechtern. So werden
Freunde zu unverzichtbaren Wegbegleitern durch das Moratorium. Ihre Verläßlichkeit und die innere Verbundenheit mit ih-

nen beweisen sich in vielen gemeinsamen Aktivitäten, ob auf dem Sportplatz, auf dem Abenteuertrip in den Himalaya, ob bei Wildwasserfahrten im Kanu, bei einer Schlägerei in der Kneipe oder langen Autofahrten unter klaren Sternenhimmeln. Enge Freundschaften sind einsame Inseln, weit entfernt vom Festland bürgerlicher Lebensnormen. Sie sind unzugänglich für Außenstehende und wahren ihr einzigartiges Geheimnis. Auch wenn sie im späteren Leben weiterbestehen – ihre menschliche und schöpferische Exklusivität endet mit dem letzten Moratorium. Zu viele, die dann Zutritt auf die Insel fordern, die ihre Boote über Wasser schicken, um ihr das Geheimnis zu entreißen. Auch muß man selbst zu häufig auf das Festland zurückkehren, wird dort immer stärker in ein Netz sozialer Bindungen und Verpflichtungen eingespannt. Eines Tages sind die Inseln versunken. Aber man weiß, es hat sie gegeben, und sie liegen nicht so tief, als daß man sie in der Erinnerung, in der Phantasie oder in Träumen nicht wieder aufsuchen könnte.

Die Freizeit ist die freie Zeit nach berufserfüllten Tagen. Sie hat eine andere Qualität als die Spielzeit in der Kindheit und die freien Nachmittage in der Jugend. Sie ist gerichteter, wird bewußter gestaltet und baut auf den Möglichkeiten auf, über die inzwischen ein festes Bewußtsein besteht. Das Geschenk dieses Fortschritts bedeutet: «Ich bin mein eigener Herr.» Keiner mehr, der einen darin kontrolliert, der Ratschläge erteilt, Maßnahmen ergreift, bevormundet, der bestimmt, ermahnt, verbietet. Man hört die Ketten auf den Boden klirren: «Du bist frei!» Man betritt weites Land. Es gibt nur die Grenzen, die in einem selbst liegen. Sie erkunden, mit ihnen experimentieren – das ist Freiheit. Die gerichtete Kraft der eigenen Entscheidungen nimmt es mit vielem auf, sucht die Herausforderungen, bricht die Widerstände. In diesem Sinne ist Freizeit mehr als Sport treiben, ins Kino oder Theater gehen, auf ein Jazzkonzert oder ein Straßenfest, ist mehr als Wandern, Fahrradfahren und Reisen, Freunde treffen oder eine Frau. Diese Vielfalt des Lebens gehört dazu. Aber es sind bekannte Wege, vorgeformt, vorhersagbar, die einen zur aktiven Teilnahme einladen, aber nicht zu etwas Neuem herausfordern. Freizeit ist die endliche Freiheit zur Entwicklung der schöpferischen Fähigkeiten, die unter den Zwängen von Elternhaus, Schule und Beruf verkümmert sind. Schöpferisch ist alles einmalig Eigene, das Rosengartenbeet, die selbstgezimmerte Laube, der reparierte Fernseher, Fotografien und gemalte Bilder, ein Tagebuch, eine politische Aktion, ein Gedicht und ein Brief. Jeder hat die Freiheit, sich seinen kreativen Raum zu erobern. Kreativität ist die Alternative gegen den Konformismus. Erst mit ihr vervollständigt der Mensch seine Ich-Identität, rundet in der Entfaltung seines brachliegenden Potentials seine Persönlichkeit ab.

Das dritte Moratorium gibt jedem die Zeit, seine Individualität definitiv für die Zukunft zu formen, in der Überholtes abgestreift und Neues entworfen wird, ob in der Arbeit, in der Sexualität und Liebe, in Freundschaften oder in der schöpferischen Phantasie. Das dritte Moratorium bietet die letzte Chance, das Leben als Abenteuer zu begreifen und in einer Ungebundenheit, die nie größer war und nie mehr so sein wird, die eigenen Möglichkeiten zu erproben. Die dabei erlangte Autonomie wird zum Garanten der Zukunft, sich vor Mißbrauch durch Dritte, vor Vereinnahmung, Ausbeutung und falscher Kumpanei zu schützen. Und umgekehrt: Nur wer sich als autonomes Subjekt zu begreifen gelernt hat, wer auf sich selbst bauen kann, bleibt besser davor bewahrt, andere Menschen für eigene Zwecke zu mißbrauchen. Denn das letzte Moratorium dient nicht einem leichtfertigen Hedonismus oder einer egoistischen Weltorientierung, sondern trägt zur Ausformung der Gesamtpersönlichkeit bei, die den Widerspruch zwischen Selbstbewahrung und den Ansprüchen anderer in sich integriert hat. Soziale Verantwortung kann nur der entwickeln, der die Möglichkeit hatte, sich selbst in seiner ganzen Individualität wie auch in seinen gesellschaftlichen Bezügen zu erfahren und sein individuelles und sein soziales Ich in gleicher Weise auszubilden.

Welche Bedeutung das Eltern-Moratorium für die Persönlichkeitsentwicklung hat und wie notwendig der Aufschub für die Übernahme der Vaterrolle ist, läßt sich besonders in den Lebensschicksalen verfolgen, in denen dieser Freiheitsraum übersprungen wird. Es ist bekannt, daß in sehr jungen Jahren geschlossene Ehen in Verbindung mit Vaterschaft äußerst krisenanfällig sind und statistisch am häufigsten schon nach wenigen Jahren geschieden werden. Auch dort, wo die Familiengründung unmittelbar dem Berufsbeginn folgt, besteht in der Regel ein hohes Konfliktpotential. In früheren Zeiten wurden solche Ehen meist wegen bestehender Schwangerschaften und des moralischen Drucks seitens Familie und Gesellschaft geschlossen. Heute sind die Gründe für Frühehen meist psychologisch motiviert. Viele sehen in der Ehe eine Chance, möglichst schnell den unerträglich gewordenen Verhältnissen in der Ursprungsfamilie zu entfliehen. Sie erhoffen sich, in der eigenen Familie das Glück und die Geborgenheit zu finden, die sie bisher vermißt haben. In der Mutter- bzw. Vaterrolle wollen sie unbewußt am eigenen Kind wiedergutmachen, was ihnen selbst an Verletzungen zugefügt wurde. Diese Absicht, «bessere Eltern» zu werden, scheitert in der Regel nicht am guten Willen, sondern an den noch unreifen seelischen Strukturen, die in einem unbewußten Wiederholungszwang die gleichen Beziehungskonflikte heraufbeschwören, die zu vermeiden man ausgezogen war.

Bei anderen Paaren bildet die Unfähigkeit zum Alleinsein den Drang zur frühen Bindung. In diesen Fällen hat eine wirkliche Ablösung vom Elternhaus noch nicht stattgefunden. Ängste vor dem Alleinsein produzieren dann die gleichen Abhängigkeiten und Ambivalenzen, die zu den eigenen Eltern bestanden. Typischerweise behalten diese in den neugegründeten Familien einen übermächtigen Einfluß, wodurch eine autonome Entwicklung der Partner auf Dauer verhindert werden kann.

Aus solchen häufig zu beobachtenden Verläufen wird nochmals die entwicklungspsychologisch eminente Bedeutung des dritten Moratoriums erkennbar, ein Tatbestand, der in den psychologischen und sozialwissenschaftlichen Persönlichkeitstheorien bisher kaum untersucht ist. Möglicherweise hängt diese Forschungslücke mit dem kulturellen Wandel der letzten Jahrzehnte zusammen. Erst durch ihn wurde der Entscheidungsspielraum des einzelnen in einer bis dahin unbekannten Dimension erweitert. Der frühere Zwang zur Heirat bei ungewollten Schwangerschaften wurde bereits erwähnt. Die modernen Methoden der

Schwangerschaftsverhütung haben den Wandel entscheidend beeinflußt. Unter den anderen Faktoren, die eine veränderte Einstellung zu Familie und Elternschaft beschleunigt haben, spielen der strukturelle Zerfall der traditionellen Familie, die wachsende Unabhängigkeit der Frau und die medizinischen Fortschritte bei der Verlängerung des Gebäralters eine wichtige Rolle. Sie rücken das Moratorium in ein neues Licht. Die Zahl derer wächst, die ihre Entscheidung für ein oder mehrere Kinder, mit oder ohne Trauschein, in ihr mittleres Lebensalter (30. bis 40. Lebensjahr) verlegen. Aber auch sie müssen ihn eines Tages tun, wollen ihn tun – den Sprung aus der Freiheit.

Was bedeutet dieser Sprung für den Mann? Fthenakis referiert in einem eigenen Kapitel «Der Übergang zur Vaterschaft» die wissenschaftlichen Untersuchungen zu der Thematik und betont damit die Bedeutung dieses Entwicklungsschritts in den Lebenszyklen des Mannes.[21] Zwischen Moratorium und Vaterschaft liegt eine mehr oder weniger lange Zeit einer Zweierbeziehung, die durch die Zäsur der Heirat geteilt wird. In diesem Zeitraum fällt die gemeinsame Entscheidung für ein Kind. Die Tatsache, daß die meisten Männer dabei versuchen, das Kinderkriegen möglichst lange hinauszuzögern, deutet auf ihre größeren Schwierigkeiten hin, ihre bisherige Freiheit aufzugeben und den neuen Verantwortungsbereich zu übernehmen.

Der Übergang von der Dyade zur Triade stellt einen radikalen Einschnitt im Leben jedes Mannes dar. Für Männer scheint er schwerer zu bewältigen zu sein als für Frauen, wobei in der vorliegenden Literatur zwei Gründe besonders betont werden. Erstens nimmt der Mann aus biologischer Sicht in dem revolutionären Naturprozeß von Schwangerschaft und Geburt eine absolut randständige Position ein. In diesem Zusammenhang taucht in der Literatur immer wieder der Begriff der Couvade, des Männerkindbetts, auf. In vielen Naturvölkern wird damit ein Ritual bezeichnet, bei dem sich Männer in der letzten Schwangerschaftszeit ihrer Frauen und während des Geburtsvorgangs körperlich und seelisch in einen Zustand versetzen, der den Naturvorgang mitleidend und schmerzvoll imitiert. Die Deutung eines solchen Verhaltens legt einen ausgeprägten Gebärneid der

Männer nahe. Indem sie symbolisch die Rolle der Gebärenden übernehmen, versichern sie sich ihrer aktiven Beteiligung am Geburtsvorgang und liefern sich gleichzeitig den Beweis, auch wirklich die Erzeuger zu sein. In unserer modernen Gesellschaft spiegeln sich solche Rituale noch bei vielen Männern wider, die in der Zeit der Schwangerschaft und der Vor- und Nachgeburtsperiode diverse psychosomatische Symptome entwickeln (Übelkeit, Erbrechen, Kopfschmerzen, Blähbauch u. a.), die sich symbolisch als Couvadesyndrom entschlüsseln lassen.

Die für den Mann oft quälende Frage «Bin ich der Vater?» zieht sich durch die ganze Menschheitsgeschichte und gewinnt in einer Zeit an Aktualität, in der der liberale Umgang mit der Sexualität zu einer wachsenden Beliebigkeit in vielen Partnerbeziehungen geführt hat. Die diesbezügliche Manipulierbarkeit des Mannes und seine entsprechenden Zweifel werden in dem Maße zunehmen, wie künstliche Reproduktionstechniken selbst seine Erzeugerfunktion tendenziell überflüssig machen. Während die Frau in ihrer Mutterschaft noch nie irgendwelchen Zweifeln ausgesetzt war, besitzt sie seit einigen Jahrzehnten die zusätzliche Möglichkeit, bei der Reproduktion von Nachwuchs vollständig von einem Partner unabhängig zu sein.[22]

Daß die Zweifel vieler Männer nicht in erster Linie individuelle Selbstwertunsicherheiten ausdrücken, sondern als archetypisches Erbe betrachtet werden können, wird aus der spiegelbildlichen Erfahrung von Kindern deutlich. Besonders im Rahmen eigener Entwicklungskrisen oder in Zeiten vermehrter Konflikte mit dem Vater entstehen bei vielen von ihnen oft quälende Phantasien und Ängste, häufig auch illusionäre Wunschvorstellungen, von einem anderen als dem realen Vater abzustammen. Freud sprach in diesem Zusammenhang von einem «Familienroman», den ein Kind im Tagtraum entwerfe, wenn es mehr Kenntnisse von den Sexualvorgängen zwischen den Eltern besitze. Seine Vorstellung «pater semper incertus est, während die Mutter certissima ist» entstamme der kindlichen Phantasie von der sexuellen Untreue der Mutter.[23] Die naheliegende Schlußfolgerung, entsprechende Ängste bei erwachsenen Männern könnten lediglich ein Relikt kindlicher Phantasietätigkeit sein, würde die archetypische Erfahrung des fundamentalen Geschlechtsunterschieds mißdeuten. Bei aller Aufgeklärtheit, rationalen Einsicht und bei allem Vertrauen setzen sich offenbar bei vielen Vätern solche unbewußten Ängste und Ahnungen immer wieder als tiefe Verunsicherung durch. Wenn sich Männer ebenso wie die Frau als wirkliche Schöpfer eines Kindes begreifen könnten, wenn das die Natur wäre, müßten sie ihre Entscheidung für diese Lebensaufgabe vielleicht auch weniger hinauszögern.

Der zweite Grund für das Zögern liegt in einem Bündel ausgesprochener oder verheimlichter Fragen, die den Mann umtreiben und die letztlich in seinem früh verinnerlichten Verantwortungsgefühl wurzeln: «Will ich diese Verantwortung wirklich? Werde ich sie ertragen? Bin ich den Belastungen durch die Kinder gewachsen? Werden sie so, wie ich sie mir vorstelle, und wenn nicht, werde ich sie dann dauerhaft lieben können? Wie sehr behindern mich Kinder in meiner beruflichen Entwicklung? Spätestens mit einem Kind bin ich, zumindest moralisch, zur Monogamie verurteilt; bin ich dazu fähig, will ich es überhaupt? Hält die Liebe zu meiner Frau? Kann ich ihren mütterlichen Fähigkeiten vertrauen? Was mute ich den Kindern im Fall einer Scheidung zu? Lohnt es sich für das alles, meine Freiheit aufzugeben?»

Wir sehen: Der Weg aus der Freiheit in die Vaterschaft ist mit Warnschildern gepflastert. Fragen über Fragen. So prüft sich jeder, der sich ewig an Kinder bindet. In der psychologischen Forschung ist die Frage heftig umstritten, ob der Beginn der Vaterschaft eine normative oder eine, zumindest vorübergehende, pathologische Krise auslöst. Nach meiner Einschätzung läßt sich die Frage nicht generell beantworten, weil jede Geburt auf eine komplexe Situation unterschiedlicher psychologischer und sozialer Vorbedingungen trifft. Zum Beispiel gelten eine etwa dreijährige geglückte Ehe, ein gemeinsamer Kinderwunsch und stabile soziale Verhältnisse als ideale Verhältnisse für einen milden Verlauf des «Babyschocks». Frühe Vaterschaft, eine kriselnde Partnerschaft und ungesicherte ökonomische Bedingungen dagegen können erwartungsgemäß zu einer schweren Krise mit der

Entwicklung ernsthafter seelischer und psychosomatischer Erkrankungen führen.

Auf jeden Fall stehen beide Elternteile mit der Geburt des ersten Kindes vor einer Entwicklungsaufgabe, bei der sich erweist, wie gefestigt ihre innere Reife, ihre Ich-Stärke und ihre Gefühlskonstanz sind, das bedeutet, wie weit ihnen die Integration ihrer aggressiven und sexuellen Triebkräfte gelungen ist. Die neuen Anforderungen verlangen ein hohes Maß an Triebverzicht und Anpassungsfähigkeit an vollständig veränderte Regeln des Zusammenlebens. Das Zweipersonensystem der Ehepartner verwandelt sich in ein Dreipersonensystem, wobei der hinzukommende Dritte, das Kind, die bisherigen Gesetze grundlegend umschreibt. Seine Hilflosigkeit und Schutzbedürftigkeit rücken das Kind ins Zentrum des neu entstandenen Systems und fordern von den Eltern eine Neudefinition ihrer Rollen von lebensgeschichtlicher Tragweite: Mit der Ankunft des Babys müssen sie einen Generationenwechsel vollziehen. Dieser Entwicklungsschritt aus der bisherigen Kindgeneration in die Elterngeneration ist der eigentlich tiefgreifende Prozeß bei dem Sprung aus der Freiheit des Eltern-Moratoriums in die Gebundenheit eines selbst geschaffenen familiären Systems.

Die bisherigen Überlegungen haben deutlich gemacht, warum besonders für den Mann mit seiner geschlechtsspezifischen Sozialisationsgeschichte und seinen naturgegebenen Eigenschaften der Übergang zur Vaterschaft zu einem kritischen Lebensereignis werden kann. Auch wenn die Vaterschaft zu seinen Entwicklungsaufgaben gehört, die einem biologischen Reifungsprozeß ebenso folgen wie kulturell verinnerlichten Normvorstellungen, dürften eben diese seine Vorbedingungen von ihm ein höheres Maß an Bewältigungs- und Anpassungsstrategien bei der Übernahme der Vaterrolle erfordern.

Viele Männer ersparen sich den kritischen Blick auf den neuen Lebensabschnitt, indem sie mit romantischen Zukunftsentwürfen und idealistischen Glückserwartungen die Realität der sich verändernden Lebensverhältnisse verleugnen. Die Gefahr solcher Romantisierungen liegt in den folgenschweren Enttäuschungen, die im Verlauf der Vaterschaft auftreten können, wenn Ideal und Wirklichkeit zu weit auseinanderklaffen. So empfiehlt sich eine realistische Haltung als präventiver Schutz vor möglichen Desillusionierungen.

Eines Tages, nach langem Abwägen, Zögern und Zweifeln, ist der innere Entscheidungsprozeß abgeschlossen. Man will den Sprung wagen. Die Risiken vor Augen, weiß man, es gibt keine Garantien für das Glück. Was man für den Verzicht auf Freiheit zurückbekommen wird, steht als großes Fragezeichen vor einem. Aber jetzt ist die Zuversicht und Hoffnung stärker als alle skeptische Verneinung. Man muß die Schwelle überschreiten, um ein ganz anderer Mensch zu werden. Ohne Vatersein wäre der Lebensentwurf unvollständig.

Im Wandel der Zeit verweigern sich immer mehr Männer diesem tradierten Auftrag und stellen dem verinnerlichten Gesetz der Generationenfolge die Prinzipien von Emanzipation und individueller Freiheit entgegen. Meistens tun sie es aus freiem Willen, immer häufiger aber auch unter dem Einfluß ihrer Frauen, die den Kinderwunsch zugunsten ihrer beruflichen Entwicklung aufgeben. Andere Männer verpassen den Sprung aus der Freiheit. Sie zögern ihn so lange hinaus und verharren im Zustand der Ambivalenz, bis sie eines Tages ihr Vertrauen in die dauerhafte Partnerschaft verlassen und das Alter eingeholt hat.

Ob für alle diese Männer der Mangel durch persönliches Glück, beruflichen Erfolg oder schöpferische Leistung jemals ausgeglichen werden kann, ob nicht eine schmerzhafte Lücke bleibt, ein Gefühl von Versäumnis, Versagen oder Scheitern, das bleiben Fragen, die nur im Einzelfall zu klären sind. Jeder wird dieses Schicksal in anderer Weise zu bewältigen versuchen. Selbstbewußtsein, Verantwortung und soziale Integrationskraft lassen sich auch ohne Vaterschaft erwerben. Oft stellen sich die Fragen erst im höheren Alter. Dann weist die Lebensbilanz einen Verlust auf, für den es keinen Ersatz gibt. Denn es wird niemand da sein, der das eigene Leben über den Tod hinaus in die Zukunft verlängert.

VI. Der Mann wird Vater

1. Die Urszene

Die Ankunft eines Kindes. Es ist, als seien die Heiligen Drei Könige persönlich erschienen. Dieses unglaubliche Gefühl von Glück. Warum hat man nur jemals zweifeln können? Wie ein Spuk haben sich alle Sorgen und Ängste aufgelöst. Noch eben hat die Frau in den Wehen geschrien. Man hat ihre Hand gehalten, sie geküßt, ihre Atmung begleitet, hat sie beruhigt, getröstet, daß alles bald vorbei sei. Heimlich hat man sich selbst die Schweißperlen von der Stirn gewischt. Jetzt ist es da. Ein Wunder. Es ist alles dran. Die kleinen Händchen und Füßchen, Nase, Augen, Ohren, Mund, und das Gesichtchen ist ganz rund, aber noch etwas zerdrückt von dem beschwerlichen Weg durch den Geburtskanal, und etwas blutig und schleimig. Aber mit seinen spärlichen Härchen sieht es einfach niedlich aus, das schönste Baby der Welt. Wer sich jetzt nicht freuen kann, wird es später schwerlich tun. Der erste, zweite oder dritte Blick auf den kleinen Unterschied, der über so vieles entscheidet, ist schon vergessen. Junge oder Mädchen, in diesem Augenblick werden alle Wünsche nebensächlich. Hauptsache, es ist gesund. Ein Zauber hat plötzlich ein ganz sicheres Gefühl in einem wachsen lassen: Man wird dieses Kind lieben, für immer und unabhängig von seinem Geschlecht, egal, was geschehen wird. Mit der Geburt eines Babys wird gleichzeitig die Liebe geboren. Die Liebe auf den ersten Blick.

Wie – nach einer Formulierung Freuds – für das Kind die Beobachtung des Geschlechtsverkehrs seiner Eltern eine Urszene darstellt, die es in seine geschlechtliche Identität einführt, wird die Geburt zur Urszene des Vaters. Sie ist der Beweis für seine erhoffte Potenz und die Initiation in seine neue Rolle. Die psychologische Forschung hat die Frage noch nicht beantworten können, wie eine Bindung zwischen Vater und Kind zustande kommt und wodurch seine Beschützerimpulse und sein spezifisch väterliches Verantwortungsgefühl ausgelöst werden. Faktoren wie das erwünschte Geschlecht des Kindes, seine Hilflosigkeit, sein Antwortlächeln, sein Aussehen, die Qualität der Elternbeziehung und die soziale Situation können die neuen Gefühle des Vaters zwar fördern, aber nicht ursächlich begründen. Bei der Frau fällt die Erklärung für die frühe Mutter-Kind-Bindung und das mütterliche Sorgeverhalten leichter. Das Kind ist ihr eigenes Produkt, ein Teil ihrer selbst, zu dem sie bereits in den langen Schwangerschaftsmonaten eine Beziehung aufgenommen hat.

Die Urszene des Vaters dagegen ist ein plötzliches, alle bisherigen Erfahrungen überwältigendes Ereignis. Der Begriff der Urszene liefert zunächst auch keine kausale Begründung für die Eruption völlig neuer Gefühlsqualitäten. Sicher ist die Annahme zutreffend, daß diese auf den bisherigen Sozialisationserfahrungen aufbauen. Eigenschaften wie Mitleid, Hilfsbereitschaft, Sorge und Verantwortung werden über Identifikationen bereits in früher Kindheit angelegt. Aber das mit der Vaterschaft aufbrechende Gefühlsspektrum unterscheidet sich von allen bisher entwickelten Emotionen. Die Urszene mag das Verständnis für diesen Elementarvorgang erleichtern. Dazu sind folgende Überlegungen notwendig:

Ganz anders als für die Mutter ist für den Vater das Neugeborene zunächst «fremd», und trotzdem zieht es vom ersten Augenblick an die väterlichen Gefühle mit aller Macht auf sich. Dieser Vorgang widerspricht allen bisherigen Lebenserfahrungen des Vaters, denn da erfolgten die Annäherung an fremde Personen und die Entwicklung von Vertrauen, Nähe und Verantwortung nur in langsamen Schritten. Die Urszene scheint dagegen durch die Plötzlichkeit des Ereignisses die normalen Abwehrschranken zu durchbrechen, wobei verdrängtes Bildmaterial und Gefühlsqualitäten aus dem Unbewußten an die Oberfläche gelangen können. Offenbar handelt es sich dabei um archaische Erfahrungen, die, nach der Theorie C. G. Jungs, als archetypisches Erbe im Unbewußten gespeichert wurden. Um es als Bild auszudrükken: Kein Mann besitzt bis zum Zeitpunkt der Geburt seines ersten Kindes die instinktive Gewißheit, geschweige denn die Erfahrung, daß er seinen Nachwuchs gegen wilde Tiere verteidigen und vor Vulkanausbrüchen, Waldbränden oder Sturmfluten retten muß. Erst im Augenblick der Urszene gibt es für ihn keinen Zweifel mehr, daß er ab jetzt diese Aufgaben, in welcher gewandelten Form auch immer, übernehmen wird.

Ich glaube bei aller Spekulation, die dieser Interpretation der Urszene anhaftet, daß ein solcher Zugang die Besonderheit der Vater-Kind-Bindung einem Verständnis näherbringt. Sie könnte auch die Kraft der Liebe zu dem eigentlich «fremden» Wesen besser erklären. Das plötzlich hereinbrechende Bewußtsein über die neuen Aufgaben verwandelt das «Fremde» in das «Eigene», das durch eine intensive libidinöse Besetzung als Teil des eigenen Selbst angeeignet werden kann. Dieser psychische Prozeß, der für die Mutter unmittelbar verläuft, wird für den Vater nur durch eine stärkere Erschütterung und Transformation seiner Abwehrstrukturen hergestellt. Dabei verändert sich seine Ich-Identität in einem Ausmaß, das er zu diesem Zeitpunkt noch nicht einmal ahnen kann.

2. Väter und Söhne

Ich stelle diese Konstellation hier voran, weil sie in allen Kultur-epochen bis noch in die Gegenwart das archetypische Bild vom Vater beherrscht. Was ist das Besondere an dieser Konstellation? Wie bereits beschrieben, stellen die psychoanalytischen Theo-rien bis heute den Ödipuskomplex ins Zentrum der Vater-Sohn-Beziehung. Aber konkret beginnt die Beziehung unmittelbar nach dem Erlebnis der Urszene, dann nämlich, wenn die Heb-amme dem «stolzen Vater» das Neugeborene für kurze Zeit in den Arm legt. In diesem Augenblick begreift er das Geschlecht seines Kindes. Es ist ein Begreifen jenseits der ursprünglichen Neutralität gegenüber einem bestimmten Geschlecht und der primären Freude über die Geburt eines gesunden Kindes. Aber es wäre unsachlich, wollte man die unterschiedlichen Gefühle eines Vaters verleugnen, der zum ersten Mal einen Sohn oder eine Tochter an seinem Körper hält. Sein «Stolz» gilt naturgemäß stär-ker einem Sohn. Er ahnt in dieser Situation nicht, welche Stürme er mit ihm noch durchlaufen wird. Die Bedeutung eines Sohnes liegt nicht in erster Linie in seiner Rolle als künftiger Erbe von Hof oder Handwerksbetrieb, in heutiger Zeit noch weniger als früher. Der psychologische Grund liegt in der Gleichgeschlecht-lichkeit. Der Vater erlebt den Sohn als Teil seines eigenen Selbst und kann sich darin stärker mit ihm identifizieren. Schließlich war er selbst einmal ein so hilfloses, schreiendes Baby, dann ein Junge, dann ein pubertierender Jugendlicher und endlich ein Mann.

Die Identifikation gilt als der stärkste beziehungsstiftende Fak-tor, der durch seine Wechselseitigkeit noch potenziert wird. Nicht nur der Vater identifiziert sich mit seinem Sohn, sondern dieser auch mit seinem Vater. Die Wechselseitigkeit ist nicht für alle menschlichen Beziehungen, in denen Identifizierungen ab-laufen, selbstverständlich. Die meisten Beziehungen bestehen vielmehr aus einseitigen oder nur schwach wechselseitigen Iden-tifizierungen. Das entscheidende Merkmal der Eltern-Kind-Beziehung, das sie von allen anderen Beziehungen unterscheidet, ist ihre ausgeprägte Wechselseitigkeit. Dabei bauen die Mutter-Tochter- und die Vater-Sohn-Beziehungen auf den stärksten wechselseitigen Identifizierungen auf, die im Bereich menschlicher Beziehungen vorstellbar sind. Die schicksalhafte Dialektik in der Mutter-Tochter- und in der Vater-Sohn-Dyade schmiedet beide Paare für die Zeit ihres Lebens und über den Tod des jeweiligen Elternteils hinaus aufs engste zusammen. Die wechselseitige Über-Kreuz-Identifikation in der Mutter-Sohn- und Vater-Tochter-Bindung übertrifft ebenfalls alle außerfamiliären Beziehungen, erreicht aber normalerweise nicht annähernd die Intensität der gleichgeschlechtlichen Identifikation.

Die Beschreibung liefert einen wichtigen Schlüssel zum Verständnis der Dynamik im Vater-Sohn- (und Mutter-Tochter-) Verhältnis. Wenn wir die wechselseitige Identifizierung als einen dialektischen Vorgang auffassen, wird deutlich, daß es sich dabei nicht nur um einen spannungsfreien Gleichklang handelt, sondern im Sinne der inneren Bewegungsgesetze alles Lebendigen auch um konflikthafte Widersprüche, um deren Lösung auf jeder neuen Ebene des Konfliktniveaus gerungen werden muß. Woher stammen die Widersprüche?

In der frühen symbiotischen Phase zwischen Mutter und Kind besteht zunächst eine konfliktfreie Sphäre einseitiger Identifikation der Eltern mit dem Kind. Erst wenn sich dieses aus der Verschmelzung mit der Mutter löst und seine Individuation einleitet (2. bis 3. Lebensjahr), beginnen auch seine Identifizierungen, aus denen es langsam seine Ich-Identität herausbildet. Die wechselseitige Identifizierung setzt also eine ausreichende Separation von der Mutter voraus. An dieser Stelle beginnt die konflikthafte Dynamik. Der Sohn identifiziert sich zwar mit dem Vater, will sein wie er, aber mit der Beschleunigung des Reifungsprozesses entwickelt er auch einen eigenen Willen und einen eigenen Charakter, mit denen er sich vom Vater abgrenzen muß, um seine Vorstellungen von sich selbst in einer selbständigen Individualität verwirklichen zu können. Auf der anderen Seite kann auch der Vater sich mit dem Sohn nur voll identifizieren, solange dieser nicht seine Andersartigkeit und abgegrenzte Autonomie zu behaupten versucht. Aus diesen für die Individuation des Sohnes unvermeidbaren Widersprüchen entsteht eine dialektische Spannung bei der wechselseitigen Identifizierung. Einerseits ist sie für beide elementar notwendig – für den Sohn zur Förderung seiner Entwicklung überhaupt, für den Vater, um sein Interesse und seine Zuwendung konstant zu halten –, andererseits bedeutet sie die Gefahr wechselseitiger Behinderung. Eine ausgeprägte Identifizierungsbereitschaft kann für den Sohn die Abgrenzung vom Vater und bei diesem das Loslassen des Sohnes erschweren.

Zur Illustration der theoretischen Zusammenhänge lassen sich einige Alltagserfahrungen im Leben von Vater und Sohn heranziehen, die in vielen Variationen wiederkehren. «Ganz der Vater», hatte die Säuglingsschwester noch gesagt, als sie dem Vater das Kind auf den Arm gab. Dann verschwand sie mit dem Baby, der Mann verabschiedete sich nach einiger Zeit von seiner Frau und begab sich in ein Café. Er nahm einen Schreibblock aus der Aktentasche und notierte einige Gedanken, um sie im Chaos der Gefühle zu ordnen:

Ort, Datum. «Heute um 11.45 wurde unser erstes Kind geboren. Es ist ein Junge. Wir wollen ihn Benjamin nennen. A. war phantastisch. Ihre entspannte Ruhe zwischen den Wehen, ihr Lächeln, ihre Vorfreude und dann ihr Strahlen, als sie Benjamin im Arm hielt. Jetzt sind wir zu dritt – eine Familie. Auch mich überkam ein unbeschreibliches Gefühl von Wärme und Glück, als ich ihn auf den Armen hielt. Ich begreife plötzlich den Begriff der verschlingenden Liebe. Die armen Mütter. Er wurde bisher nur ihnen angelastet. Aber eben in der Klinik überfiel mich der Impuls, das kleine, knuddelige Ding einfach zu verspeisen. Einverleibt wäre es für immer mein Eigen und könnte meiner dauerhaften Liebe gewiß sein. Nachdem ich diese Gelegenheit verpaßt habe, und A. darüber auch nicht glücklich gewesen wäre, bleiben mir nur meine Phantasien für die Zukunft. Sicher ist Benjamin sehr intelligent, das sieht man an seinen filigranen Ohrmuscheln. Vielleicht steckt eine große Begabung in ihm. Seine Größe und sein Geburtsgewicht lassen außerdem auf eine kräftige und sportliche Veranlagung schließen. Er wird tüchtig und erfolgreich im Leben sein, sehr beliebt bei den Menschen, die Frauen werden ihm nachlaufen. Ein ganzer Kerl. – Zukunftsträume. Ich muß mir bewußt machen: Er ist ein anderer Mensch als ich, ein von mir getrenntes Wesen, das eines Tages seinen eigenen Weg gehen soll. Ich sehe einen bunten Teppich vor mir, in den alle Erfahrungen eingefärbt sind, die wir gemeinsam vor uns haben, ein Gewebe aus roten, blauen, grünen, gelben, grauen und schwarzen Tönen. Auch wenn das Rot im Moment alles verklärt – heute bin ich erwachsen geworden, und ich weiß, das wirkliche Leben ist eine breite Palette, die keine Farbe ausläßt.»

Nach der Urszene der Geburt und den ersten Zukunftsprojektionen stellen die veränderten Verhältnisse den Vater schon bald vor eine neue Realität. Wickeln, in den Armen wiegen, baden, abtrocknen, dabei kuscheln, eincremen, füttern, ins Bett legen, im Kinderwagen spazierenfahren, herzen und scherzen. Anders als früheren Vatergenerationen sind den heutigen Vätern diese Verrichtungen meist vertraut, am Wochenende, manchmal unter der Woche, in den Ferien und nachts, wenn sie im Wechsel mit der Mutter das schreiende Baby aufnehmen, es herumtragen und das Trinkfläschchen aufwärmen.

Es ist wahr, diese Tätigkeiten sind ihnen nicht auf den Leib geschrieben, ihnen fehlt der Nestinstinkt, sie versuchen sich zu drücken, wenn die Brutpflege zur Last wird, es gibt viele Dinge, die sie lieber tun. Aber sie geben sich Mühe, das neue Handwerk zu erlernen. Manchmal macht es richtig Spaß, und natürlich wissen sie, wie stark die Nähe zu ihrem Kind von dieser Präsenz abhängt und wie sehr sie die Bindung prägen wird. Sie lieben ihr Kind, und so tun sie, was getan werden muß, bis aus dem hilflosen Baby ein Kind geworden ist, mit dem man endlich «etwas Richtiges» anfangen kann. Gesellschaftlich gesehen mögen Väter bereit sein, sich die Fertigkeiten der frühen Babypflege anzueignen, aber emotional werden sie sich wohl kaum jemals in gleicher Weise mit ihnen identifizieren können wie Mütter. Dies dürfte weniger mit einer bewußten Weigerung als vielmehr mit einer geringer entwickelten Regressionsfähigkeit und -neigung zusammenhängen. Schließlich mußten sie in Ururzeiten immer sprungbereit sein, zur Aktion fähig, zum Kampf bereit, um Mutter und Kind vor Feinden zu schützen. Das steckt noch als Ahnung in ihnen und kann jederzeit bei drohenden Gefahren reaktiviert werden. Noch heute erleben wir täglich überall auf der Welt, wie Väter im Krieg oder in anderen Katastrophensituationen diesem obersten Gebot folgen, «Frau und Kinder in Sicherheit» zu bringen.

Die vielen präverbalen Verständigungsformen mit dem Baby aber setzen die Möglichkeit zur symbiotischen Verschmelzung voraus, über die nur die Mutter verfügt und im Lebensinteresse des Kindes verfügen muß. Die größere Gefühlsnähe der Frau, vor allem ihre Möglichkeiten, diese expressiv auszuleben, mögen in der mütterlichen Disposition zur Regression eine wichtige Wurzel haben. Tatsache bleibt und ist durch viele Untersuchungen bestätigt, daß Väter ein auch affektiv ausgeprägtes Engagement für ihre Kinder erst aufbauen, wenn diese mit der Loslösung von der Mutter ihr Babystadium verlassen und durch die Entwicklung ihrer geistigen und motorischen Fähigkeiten eigene Konturen gewinnen. In dieser Zeit ab dem zweiten bis dritten Lebensjahr beginnt auch die wechselseitige Identifizierung.

Väter und Söhne. Der Sprößling hat inzwischen Laufen und Klettern gelernt und artikuliert seinen Willen lautstark mit ersten Worten, kleinen Sätzen und wilder Gestik. Die Beziehungsaufnahme zwischen Vater und Sohn erfolgt ab jetzt hauptsächlich über die motorische Aktion. Wie vorher das Baby, hebt der Vater auch den kleinen Jungen zu sich hoch, wirft ihn in die Luft und läßt ihn in die sicheren Arme zurückfallen. Der Junge bewundert die Kraft des «Riesen», möchte sie immer wieder spüren, läßt sich an einem Arm und einem Bein anfassen und wie von einem Karussell herumwirbeln, er klettert am Bein des Vaters hoch, bis er glücklich auf dessen Arm sitzt. Und schon beginnt das Spiel von neuem. Die beiden spielen «Schubkarre», balgen sich auf dem Fußboden, und wenn ihnen die Luft ausgegangen ist, bauen sie konzentriert mit Bauklötzen Türme, Häuser, Brücken, Mauern, lassen kleine Autos Wettrennen fahren und üben sich in ersten Ballspielen.

In der Väterliteratur werden zahlreiche Untersuchungen über elterliches Spielverhalten zitiert, die einen konstanten Befund liefern, ohne daß dieser psychologisch begründet würde: Väter bevorzugen motorische, Mütter kontemplative Spiele; Väter lieben aktives Handeln, Mütter sprechen mehr mit ihren Kindern, lesen ihnen vor oder singen mit ihnen. Insgesamt gelten Väter als spielfreudiger als Mütter. Die vorangegangenen Kapitel haben uns auf eine mögliche Deutung vorbereitet. Spiel ist für den Mann vornehmlich kulturell verwandelte Aggression. Wie im Beruf, insbesondere bei handwerklichen Tätigkeiten, oder im Sport wird auch im Spiel mit den Kindern das überschüssige Triebpotential in eine sozial adaptierte, lustvolle Aktionsform eingebunden. Indem sich der Vater mit den Spielwünschen des Kindes identifiziert, kann er sein latentes Aggressionsbedürfnis «spielerisch» umsetzen und damit für sich selbst und seine Umwelt gefahrlos machen. «Das Kind im Mann» meint also in erster Linie eine spezifische Variante der Neutralisierung aggressiver Energien. Psychoanalytisch handelt es sich dabei um eine Regression auf die anale Phase der kindlichen Entwicklung, in der die Aggression durch die Entfaltung der Motorik eingeübt wird, aber im sozialen Kontext letztlich noch ungefährlich bleibt. Solange der Mann «spielt», ist er «friedlich». Erst wenn aus dem Spiel Ernst wird, können die Folgen schrecklich sein.

Umgekehrt bietet der Vater in seinem Spiel ein Vorbild an, mit dem sich das Kind und besonders der Junge identifizieren kann. Diese Identifikation stimuliert die motorischen Handlungsbereitschaften und die aggressive Expansion, die für die kindliche Weiterentwicklung unentbehrlich sind. Gleichzeitig zeigt der Vater dem Sohn durch das Spiel, wie sich destruktive Impulse konstruktiv umwandeln lassen.

An dieser Stelle, an der es zur wechselseitigen Identifikation kommt, lauern speziell im Vater-Sohn-Verhältnis die ersten Tücken. So harmlos die geschilderten Spielszenen zunächst anmuten, kann doch in ihnen ein Konfliktpotential verborgen sein, das im Verlauf der weiteren Beziehung immer schärfer hervortritt. Zunächst bewundert der Sohn die Größe und Stärke seines Vaters und seine überlegenen Fähigkeiten in allen praktischen Dingen des Lebens. Die Bewunderung aktiviert seine motorische Bewegungslust, seine Experimentierfreude, seine Neugier, seinen Abenteuerdrang und seinen Mut. Nur bei genauerer Beobachtung des gemeinsamen Spiels fallen einem zuweilen die kleinen aggressiven Durchbrüche des Sohnes auf, zum Beispiel, wenn er einen vom Vater gebauten Turm aus Bauklötzen mutwillig einreißt, wenn er ein Auto in die Ecke schleudert, das nicht so weit gefahren ist wie das des Vaters, oder schließlich, wenn er mitten im Spiel den Vater plötzlich und scheinbar unmotiviert schlägt oder mit Füßen tritt. Der «Riese» spürt nichts, geht darüber hinweg und merkt nicht, was in dem «Zwerg» vor sich geht: Es ist der Beginn einer Konkurrenz zwischen Vater und Sohn, der ihrer beiden Leben bei aller Liebe und Kooperation schicksalhaft begleiten wird.

Riesen, ob in Märchen, Mythen oder Träumen, sind bekanntlich Symbolfiguren für die kindliche Grunderfahrung vom Größen- und Machtunterschied zwischen dem Erwachsenen und dem Kind. Literarisch eindrucksvoll hat Jonathan Swift in seinem Roman «Gullivers Reisen» diesen Zusammenhang beschrieben. Unter Bezug auf seine psychologisch brillante Darstellung zitiere ich einige Passagen aus einer früheren Veröffentlichung, in der ich dem Einfluß des Größenunterschiedes auf das kindliche Erleben nachgegangen bin:

Auf seiner zweiten Reise wird Gulliver nach Brobdingnag verschlagen. Bei seiner Landung trifft er auf einen Eingeborenen. «Ein mittlerer Kirchturm mochte ihm mit der Spitze gerade an die Stirn gehen; mit jedem Schritt brachte er, wenn ich richtig schätze, etwa zehn Yards hinter sich. Ich staunte, zugleich aber packte mich eine solche Angst, daß ich davonrannte und mich im Kornfeld versteckte... Mit einer Stimme, die lauter als eine Posaune schallte, rief er irgend etwas...»
Vor seiner Entdeckung durch den Riesen überlegt Gulliver, was in diesem Fall mit ihm geschehen würde: «Denn man weiß ja, daß menschliche Wesen, je größer sie sind, desto wilder und grausamer werden – was also hatte ich anderes zu erwarten, als daß der erste dieser Barbaren, dem ich in die Quere käme, mich packen und mit einem einzigen Biß auffressen würde? Die Philosophen haben zweifellos recht, wenn sie behaupten, daß nichts an sich groß oder klein ist, sondern nur im Vergleich mit anderen.» «Erschreckt und verwirrt» und ständig in der Gefahr, von dem Riesen «mit dem nächsten Schritt entweder zertreten oder mit der Sichel zerhauen» zu werden, wurde er schließlich von diesem gefunden. Zwischen Daumen und Zeigefinger des Riesen um die

Taille gefaßt und hochgehoben, «war (ich) darauf gefaßt, daß er mich jeden Augenblick zu Boden schmeißen würde, wie wir es gewöhnlich mit kleinen, abscheulichen Tieren tun, die wir vernichten wollen»: Gulliver wird von dem Riesen hoch in die Luft gehoben. «Ich konnte mir denken, was er wollte, und war zum Glück geistesgegenwärtig genug, mich hier, wohl sechzig Fuß über der Erde und obwohl er mir ziemlich die Hüften quetschte, vollkommen still zu verhalten aus Angst, daß er mich sonst fallen lassen würde. Ich wagte lediglich, meine Augen zum Himmel zu heben und die Hände flehend zu falten, wobei ich demütig und melancholisch einige passende Worte sprach.»

Die Schilderungen und Bilder Gullivers stellen auf der psychischen Erlebnisebene Objektrepräsentanzen dar, wie sie sich durch die Größe des Erwachsenen im Kind bilden. Die Größe, an sich weder gut noch böse – so scheint es –, erzeugt im Kind Angst, weil ihre enorme Überlegenheit das Gefühl der Ohnmacht und des Ausgeliefertseins hervorruft.[24]

Statt von «Erwachsenen» hätte ich in diesem Text besser von «Männern» gesprochen, denn sie repräsentieren am ehesten alle genannten Eigenschaften des «Riesen». Mir scheinen die geschilderten Zusammenhänge deswegen von besonderer Bedeutung, weil sich Väter in der Regel kaum dieser Eigenschaften und ihrer Wirkung auf das Kind bewußt sind. Der Sohn spürt die absolute Überlegenheit des Vaters und dessen ständiges Bemühen, diese zu drosseln. Er fürchtet die aggressiven kleinen Durchbrüche, wenn der Vater seinen motorischen Aktionen gelegentlich ein «etwas zu viel» beimischt, zum Beispiel, wenn er den Sohn etwas zu lange in der Luft herumwirbelt, ihn beim Balgen etwas zu fest an sich drückt oder den Ball etwas zu scharf schießt. Der Wechsel vom Lachen zum plötzlichen Weinen des Kindes ist ein untrügliches Zeichen für den subtilen, meist unbewußten Machtmißbrauch des Vaters, ein Verhalten, das sich auch im Tierreich beobachten läßt, zum Beispiel wenn Hundeeltern ihre Welpen beim Herumtollen «etwas zu kräftig» im Nacken packen und diese plötzlich aufwinseln.

Die Widersprüche zwischen Kleinsein und Größe, Macht und Ohnmacht, Bewunderung und Angst kennzeichnen ab dem Stadium der wechselseitigen Identifizierung das Vater-Sohn-Verhältnis. Um diese Widersprüche zu lösen, muß das ganze Bestreben des Sohnes darauf gerichtet sein, sich einerseits dem übermächtigen Einfluß des Vaters zu entziehen und andererseits genau so zu werden wie er. Damit wird ein neuer Widerspruch geschaffen, der aber eine höhere Ebene erreicht hat. Äußerlich wird er dann erkennbar, wenn der Sohn beginnt, seine Angst zu überwinden und sich seinerseits gegen den Vater zu behaupten, wie dies in den geschilderten aggressiven Durchbrüchen des Sohnes beim Spiel zum Ausdruck kommt. Während das Spiel für den Vater der Sublimierung seiner Aggression dient, steht für den Sohn die spielerische Entfaltung seiner aggressiven Fähigkeiten im Vordergrund. Die dynamische Bedeutung des Spiels liegt also speziell bei der Vater-Sohn-Beziehung in der «friedlichen» Bewältigung des aggressiven Triebschicksals. Die zusätzliche libidinöse Besetzung des Spiels macht dieses für beide zu der lustvollsten Zeit ihrer gemeinsamen Lebensspanne.

Es sind meist die Väter, die ihre Kinder in der Entfaltung ihrer motorischen Fertigkeiten, ihres ad-gredi, das heißt ihrer Fähigkeit, zupacken und sich verteidigen zu können, und im praktischen Handeln anleiten. Ab dem vierten bis fünften Lebensjahr nehmen die entsprechenden Geschicklichkeiten der Kinder sprunghaft zu. Durch die wechselseitige Identifizierung profitieren Söhne sehr viel mehr vom väterlichen Vorbild als Mädchen. Sie lehnen sich jetzt immer stärker an den Vater an, während die Töchter sich mehr mit der Mutter identifizieren. Der Vater seinerseits ist eher bemüht, einem Sohn die Fertigkeiten beizubringen, die zur männlichen Identitätsfindung notwendig sind. Gemeinsam klettern sie auf hohe Bäume oder spielen Fußball; aus dem Balgen wird jetzt das ritualisierte Ringen und Boxen, wobei der Vater dem Sohn Mut, Stärke und das dosierte Ertragen von Schmerz zumutet. Er gibt dem Sprößling zum ersten Mal richtiges Werkzeug in die Hand und zeigt ihm, wie man Hammer, Zange und Schraubenzieher benutzt. Gemeinsam reparieren sie elektrische Leitungen und kleinere Dinge im Haushalt. Er baut mit den Kindern Burgen in den Sand oder Strandhütten aus angeschwemmten Brettern, schraubt eine Schaukel in den Türrahmen oder an den Ast eines Baumes. Je nach eigenen Interessen bringen Väter ihren Kindern Schwimmen, Fußball, Fahrradfahren, Tischtennis und später Tennis und Skifahren bei. Sie rennen mit ihnen um die Wette, zeigen ihnen, wie man durch die Finger pfeift, wie man Handstand, Kopfstand oder Radschlagen macht, wie man mit scharfen Messern Hölzer schnitzt, Fische angelt, Felswände hochklettert, Lagerfeuer anzündet.

Nur Väter – jede Regel kennt ihre Ausnahmen – bringen ihren Söhnen das Schachspielen bei, das Königsspiel, in dem sich Intellekt und aggressive Energie aufs glücklichste vereinen. Diese Verbindung bewirkt bei Vätern und älteren Söhnen die gleiche Leidenschaft, weil bei diesem Spiel eine höhere Ebene des Wettstreits betreten wird. Die körperliche Auseinandersetzung mündet in die geistige. Allerdings scheint wegen der hohen Symbolkraft des Spiels hier eine Warnung an Väter angebracht, die ich kurz an der beeindruckenden Geschichte eines Freundes illustrieren möchte. Er erzählte sinngemäß: «Mein Vater brachte mir das Spiel in der späten Kindheit bei. Ich erinnere mich nicht mehr, warum wir es bald wieder aufgaben. Erst nach dem Studium entdeckte ich es durch Freunde wieder. Bei meinem nächsten Besuch bei den Eltern schlug ich meinem Vater vor, die Tradition aus Kinderzeit aufzugreifen. Während des Spiels bemerkte ich, wie er zunehmend aufgeregter wurde und schwitzte. Ich gewann und wußte in dem Augenblick, daß ich ihn geschlagen hatte, meinen großen Vater zum ersten Mal in meinem Leben geistig bezwungen. Schachmatt! Er hat dann nicht mehr mit mir gespielt, sein Herz halte es nicht aus, meinte er.

Später brachte ich das Spiel meinem Sohn bei, als er etwa fünf Jahre alt war. Er hatte mich gelegentlich mit Freunden spielen sehen und wollte es auch lernen. Ich zeigte ihm die Züge und ließ ihn gewinnen. Eines Nachts kam er weinend aus dem Zimmer. Er hatte von riesigen dunklen Gestalten geträumt, die drohend auf ihn zukamen. Wir haben dann erst viel später wieder zusammen gespielt.»

Der Abschluß der «Spielzeit» mit den Kindern erfolgt in der Regel, wenn diese «groß» sind, das Wahlalter erreicht haben und den Führerschein machen dürfen. Dann lassen viele Väter sie zur Vorbereitung zum ersten Mal auf einem harten Küstenstrand, auf

Feldwegen oder stillen Parkplätzen ans Steuer ihres Autos. Kupplung treten, Gang rein, etwas Gas geben, Kupplung langsam kommen lassen. Der Wagen fährt. Ein Traum geht in Erfüllung.

In der psychoanalytischen Symbolsprache gilt das «Auto» in wörtlicher Übersetzung der lateinischen Bedeutung als Repräsentant des eigenen Selbst. Ein Auto fahren zu können, oder gar eins zu besitzen, stellt daher für den Heranwachsenden, und nicht nur für ihn, einen enormen Zuwachs an Selbstgefühl dar, mit dem er durch das Auto neugewonnene Unabhängigkeit, Freiheit und Selbständigkeit genießt. Die Erfahrung, vom Vater zu diesem Schritt ermutigt und angeleitet worden zu sein, faßt besonders für Jungen im Rückblick auf das Kaleidoskop der gemeinsamen Spielwelt von der frühen Kindheit bis zu diesem Augenblick alles zusammen, was die wechselseitige Identifizierung an Reife und männlicher Identität gestiftet hat. Erst wenn der Sohn «selbst ein Auto fahren kann», hat er die innere Trennung vom Vater eingeleitet, so, wie er sich damals von der Mutter gelöst hat, als er «auf eigenen Füßen stehen» konnte. Auf symbolischer Ebene bedarf es offenbar der Motorik eines Autos, um sich aus der Übermacht des Vaters zu befreien. Entwicklungspsychologisch könnte die Phasenverschiebung im Ablösungsprozeß von der Mutter bzw. dem Vater für die konflikthafte Vater-Sohn-Bindung entscheidend verantwortlich sein. Die lange Dauer der von vielen Widersprüchen und Ambivalenzen geprägten Beziehung führt dazu, daß der Vater nicht nur als «gutes Objekt» verinnerlicht wird, sondern daß die übermächtigen Anteile an ihm in das umgewandelt werden, was wir als Gewissen oder Über-Ich bezeichnen. Dieses Über-Ich bleibt zeitlebens das Ziel von Aufruhr, Protest und Widerstand, weil es dem Ich die Regeln seines Handelns vorschreiben möchte. Wie läßt sich aber eine eigene Ich-Identität entwickeln, wenn eine innere Instanz das Ich ständig kontrolliert und über die Einhaltung der Gesetze wacht, die die prägende Kraft des Vaters in einem errichtet hat?

Aus diesem Widerspruch wurden die zahllosen Vater-Sohn-Dramen der Weltliteratur gestaltet.[25] In ihnen treten in der Regel erwachsene Söhne und ältere Väter auf, die nur deswegen noch so mächtig sind, weil sie von der Kindheit bis zur Adoleszenz genügend Zeit hatten, sich als Gewissensinstanz in der psychischen Struktur der Söhne zu verankern und von hier aus ihre Herrschaft weiter auszuüben. Wenn sie sich dort nicht verewigt hätten, wäre ihre Macht längst gebrochen. Dieser Zusammenhang wird erst deutlich, wenn man sich klarmacht, daß die Väter durchaus nicht immer uneigennützig mit den Söhnen «gespielt» haben. So lustvoll die Spiele auch waren, so dienten sie auch – meist unbewußt – dazu, die Söhne nach dem eigenen Ebenbild zu formen. «Du sollst keine Götter neben mir haben», lautet die unausgesprochene Botschaft. Dabei soll der Sohn so werden, wie man selbst ist oder wie man hätte sein wollen. Wenn schon die erste Delegation unerfüllbar ist, weil jeder seinem eigenen Entwicklungsplan folgt, stellt die zweite den Sohn vor eine unlösbare Aufgabe. Der unbewußte Rollenauftrag des Vaters weicht oft weit von seinen eigenen Idealen ab. Es sind meist die kleinen, schwächeren, weniger begabten, ängstlichen und machtlosen Väter, die sich immer das Gegenteil für sich gewünscht haben und die narzißtische Kränkung ihrer Benachteiligung nicht verarbeiten konnten. Die Söhne werden jetzt zu Rettungsankern, an denen sich die Väter festklammern, in der Hoffnung, wenigstens in ihnen die ersehnten Träume in Erfüllung gehen zu sehen. Unlösbar ist die Aufgabe deswegen, weil die Söhne bei dem Versuch der Identifizierung mit den Vätern die Orientierung verlieren und scheitern – zu groß ist die Diskrepanz zwischen deren eigener Realität und den Illusionen, die sie über die Entwicklungskapazität der Söhne hegen.

In jedem Fall aber werden die eindeutigen oder widersprüchlichen Aufträge der Väter verinnerlicht und können bei der Gewissensbildung eine geradezu tyrannische Macht entfalten. Dies ist besonders dann der Fall, wenn die Väter ihre Vorstellungen, Wünsche, Ideale, Ziele und Normen mit moralischem Druck, Unduldsamkeit, Verachtung, Drohung, Bestrafung und nicht selten mit körperlicher Gewalt durchzusetzen versuchen.[26]

Eine andere, nicht weniger konflikthafte Variante im Verhältnis eines «schwachen» Vaters zu seinem Sohn ist die kritiklose Liebe. Solche Väter «beten» ihre Söhne an wie Joseph das Christuskind, stilisieren sie zu kleinen Göttern, verherrlichen sie in all ihren noch so banalen Taten und ihren gar nicht mehr so harmlosen Untaten. Wenn über letztere von Dritten Klage geführt wird, bagatellisieren die Väter sie oder formen sie gar zu Heldentaten um, die kommende Größe ankündigen. Solche Väter haben meist völlig verzerrte Bilder von ihren Söhnen im Kopf. Unsere Welt wäre von Genies, großen Künstlern, Nobelpreisträgern, charismatischen Politikern, Humanisten, Spitzensportlern, Philosophen, Erfindern und Wirtschaftsbossen übervölkert, würden auch nur Bruchteile der illusionären Erwartungen in Erfüllung gehen. Es handelt sich bei solchen Projektionen um narzißtische Spiegelungen von Vätern, die in ihrem eigenen Selbstwertgefühl schwerwiegend verletzt wurden. Im konkreten Erziehungsalltag sind sie unfähig, den Söhnen Grenzen zu setzen und deren extrem stimulierten Narzißmus zu bremsen.

Psychologisch verhängnisvoll ist diese narzißtische Liebe, weil der Mangel an Führung und sicherem Vorbild zu einem nur schwach organisierten Über-Ich führt, zu einem Gewissen, das im Dienst eines grandiosen Selbstbildes steht und das sich gegenüber den eigenen Schwächen und Unzulänglichkeiten ebenso kritiklos und permissiv verhält wie ursprünglich der Vater. Bei dieser inneren Konstellation ist zwangsläufig ein späteres Scheitern vorprogrammiert, das die eigene Leistungsfähigkeit ebenso wie persönliche und soziale Bindungen betreffen kann. Der frühe Mangel an Reibung und konflikthafter Auseinandersetzung ist für die spätere Reifung oft verheerender als ein Zuviel an Autorität, weil es diesen Söhnen an Selbstkontrolle fehlt und ihre künstlich gezüchtete Selbstliebe im Falle des Versagens in einen zuweilen suizidalen Selbsthaß umschlagen kann. Bei der «kritiklosen» Liebe fehlt oft das notwendige Maß an aggressiver Konkurrenz, die ich an früherer Stelle als schicksalhafte Komponente in der Vater-Sohn-Beziehung beschrieben habe. Wie lebensnotwendig sie für den Ich-Aufbau, die Ich-Identität und eine ausreichend verantwortliche Gewissensinstanz ist, wird erst in dem Gegenbild der narzißtischen Liebe deutlich. Die Täuschung über die angeblich harmonische Beziehung zwischen Vater und Sohn schlägt für beide in Enttäuschungswut um, wenn der Sohn an seinen Lebensaufgaben scheitert. Dabei resultiert die Rache des Vaters aus der Zerstörung seiner Illusionen, die des Sohnes aus der Erkenntnis, daß der Vater ihm die Kraft zu kämpfen versagt hat.

Die kritiklose Liebe gilt auch umgekehrt. Es sind die Söhne, die ihre Väter bedingungslos akzeptieren und grenzenlos idealisieren. In der Praxis handelt es sich dabei oft um Väter, die es durch Tüchtigkeit, Ehrgeiz, Begabung und ständige Leistung zu einigem beruflichen Erfolg gebracht haben. Viele dieser Männer gehören zu den Führungsschichten in Politik, Wissenschaft, Kultur, Wirtschaft oder anderen Einrichtungen des öffentlichen Lebens. Für die heranwachsenden Söhne haben sie sich aus den körperlichen zu den geistigen oder ökonomischen Riesen verwandelt, die jemals zu erreichen jenseits ihrer Vorstellungskraft liegt. In dieser oft tragischen Konstellation scheint jede Konkurrenz zwecklos, zumal die unerreichbaren Väter in ihrer Unangreifbarkeit Gefühle von Konkurrenz kaum aufkommen lassen. Die Söhne kompensieren ihre hoffnungslose Lage durch Überidentifikation mit den Vätern. Dieser Abwehrmechanismus erspart ihnen für lange Zeit die Wahrnehmung ihrer Aggressionen und ihrer eigenen Unterlegenheit und Ohnmacht. Indem sie den Vater blindlings bewundern, werden sie zu einem Teil von ihm und partizipieren an seinem Ruhm. Statt auf der Suche nach eigener Identität die Identifizierungen mit dem Vater aufzugeben, sich zu lösen und abzugrenzen, bleiben sie ewig gebunden. Das Dilemma liegt darin, daß die verdrängte Aggression auf Dauer gegen das eigene Ich gerichtet wird. Solche Söhne zeichnen sich oftmals durch eine allgemeine Gehemmtheit, Ängstlichkeit und ein schwaches Selbstvertrauen aus, wodurch die Entwicklung ihrer ursprünglichen Anlagen und Fähigkeiten zusätzlich behindert wird.

Besonders beeindruckt bin ich immer wieder von folgender Beobachtung bei der Behandlung von heranwachsenden Söhnen beruflich recht erfolgreicher Männer: Die Überidentifizierung verleitet sie unbewußt dazu, den gleichen Beruf wie der Vater oder einen diesem verwandten zu erlernen. Dabei geraten sie erst in dem Augenblick in eine Krise, in dem sie, zum Beispiel aus

Anlaß eines bevorstehenden Examens, realisieren müssen, daß die Fußstapfen, in die sie treten wollten, zu groß geraten sind. Wenn man im Verlauf der Therapie genauer nachforscht, haben diese Söhne in ihrer Kindheit und Jugend Interessen und Begabungen entwickelt, die völlig konträr zum Beruf des Vaters und ihrem jetzigen Berufswunsch standen. Sie wurden unter dem Eindruck des väterlichen Vorbildes restlos aufgegeben.

In der von Jens Haustein herausgegebenen Sammlung «Briefe an den Vater» sind diejenigen am eindrucksvollsten, in denen die Söhne oft voller Verzweiflung ihre Väter um Verständnis und die Erlaubnis bitten, einen anderen Beruf ergreifen zu dürfen, nachdem sie zunächst dem väterlichen Wunsch oder Befehl gefolgt sind.[27] Auch wenn die Tradition der Bestimmung des Berufes durch den Vater, die den absoluten Gehorsam des Sohnes zur Voraussetzung hatte, längst gebrochen ist, wird aus den angedeuteten psychotherapeutischen Erfahrungen erkennbar, über welche psychologischen Mechanismen dieser «Gehorsam» auch heute noch verinnerlicht werden kann. Der übermächtige Vater erzwingt nicht durch äußere Machtausübung, sondern durch unbewußte Delegationen die Rollenübernahme durch die Söhne, indem sich diese, von ihren eigenen Bedürfnissen entfremdet, den väterlichen Wünschen in kritikloser Liebe unterwerfen. Heute sind es oftmals die Psychotherapeuten, die den vatergebundenen Söhnen «die Erlaubnis erteilen» müssen, das zentnerschwere Erbe abzuwerfen und ihren eigenen Weg, unter Umständen durch einen Berufswechsel, zur Selbstfindung zu gehen.

Durch den Verzicht auf die phallisch-ödipale Konkurrenz wird aber häufig nicht nur die Berufsidentität der Söhne beeinträchtigt, sondern auch ihre psychosexuelle Identität bleibt unter den geschilderten Vorzeichen unentwickelt. Sexuelle Beziehungen werden oft nur mit großer Zeitverzögerung aufgenommen, weil den Söhnen der für jede Sexualität notwendige aggressive Antrieb fehlt.

Wir sehen, daß nicht nur schwache, sondern auch starke Väter, wie Väter generell, in der großen Versuchung und Gefahr sind, besonders ihre Söhne meist unbewußt nach ihrem eigenen realen oder phantasierten Ebenbild zu schaffen. Das ist ihr

Schöpfungsmythos. Einen Sohn zu zeugen und zu erziehen, der in sich alle Eigenschaften verkörpert, die der Vater für sich selbst erfüllt oder häufiger ersehnt hat, wäre der Beweis seines schöpferischen Funkens, mit dem er die Vergänglichkeit besiegen und sich die Ewigkeit aneignen kann.

Die Schöpfungsmythen, die jede Kultur auf ihre Weise zur Erklärung der Weltentstehung geschaffen hat, sind von Menschen erdacht und als Projektionen eigenen Schöpfungsdranges entworfen worden. An früherer Stelle war bereits davon die Rede, daß der unbegrenzte Erfindungsreichtum, wie er in der Kulturgeschichte der Menschheit dokumentiert ist, den Schöpfungstrieb als einen Urtrieb menschlichen Daseins erweist. «Am Anfang schuf Gott Himmel und Erde.» Die Wucht dieses Einleitungssatzes des Alten Testaments hat nichts von der schwankenden Suche des Faust nach den Ursprüngen der Schöpfung. Bei seinem Versuch, das Neue Testament zu übersetzen, stößt er auf den Satz in der Offenbarung: «Im Anfang war das Wort.» Er formuliert den Satz um: «Im Anfang war der Sinn.» Er verwirft auch ihn und schreibt dafür: «Im Anfang war die Kraft.» Schließlich findet er die endgültige Übersetzung: «Im Anfang war die Tat.»[28] Damit kehrt Goethe zum Ursprung des Alten Testaments zurück: Am Anfang steht der schöpferische Akt. Seine einzige Begrenzung liegt in der Vorstellungskraft des Schöpfers. Alles, was er selber schafft, ist das Eigene. Andere Menschen und ihre Schöpfungen sind ihm fremd. Die Unterscheidung ist von zentraler Bedeutung für den Schöpfungsvorgang.

Am Anfang der Vaterschaft steht der Akt der Zeugung. Nichts von allen menschlichen Schöpfungen ist mehr das Eigene als das eigene Kind. In dieser Größe liegt auch die Tragik. Wenn der Sohn nicht die Vorstellungen des Vaters repräsentiert, wird das Eigene zum Fremden. Um diesem Verrat vorzubeugen und der Aggression, die er heraufbeschwört, muß der Sohn werden, wie der Vater ihn sich wünscht. Nur so bestätigt sich die Grandiosität, die jedem Schöpfungsakt seine Einmaligkeit verleiht. Die Reproduktion des eigenen Selbst in Gestalt des Sohnes erfüllt zumindest ahnungsweise den Traum von der Unsterblichkeit. Die schmerzhafte Erkenntnis der eigenen Endlichkeit läßt sich nur durch Projektionen bannen, ob in unsterblichen Göttern oder in Söhnen.

Erst an dieser Stelle läßt sich der schockierende Tatbestand in der Vater-Sohn-Bindung präziser formulieren, der uns in vielen Beschreibungen dieses Kapitels den Weg gewiesen hat. Die Urszene, die wechselseitige Identifizierung, die eigennützigen Motive im gemeinsamen Spiel, die kritiklose Liebe und schließlich der väterliche Schöpfungsmythos lassen in ihrem Zusammenklang keinen Zweifel daran, daß der Narzißmus des Vaters die eigentliche treibende Kraft in der Beziehung zu seinem Sohn darstellt. Die narzißtische Besetzung des Sohnes läßt sich nicht nur in zahllosen Alltagserfahrungen beobachten. Besonders in tiefenpsychologischen Behandlungen treten die archaischen Wurzeln der väterlichen Phantasien und Wünsche unverhüllt zutage. Dabei handelt es sich um eine überwiegend unbewußte Vorstellungswelt, in die der Vater den Sohn einbindet.

Im bisherigen wissenschaftlichen wie öffentlichen Diskurs über elterliches Bindungsverhalten war in erster Linie von der narzißtischen Umschlingung des Kindes durch die Mutter die Rede. Die Konzentration der Aufmerksamkeit auf die frühe symbiotische Phase legte diese Auffassung nahe. Daß auch bei Vätern dieser Bindungstyp die Beziehung zu den Kindern, insbesondere zu den Söhnen, entscheidend prägen kann, dürfte die geläufigen Vaterbilder in ein neues Licht rücken.

Wie wir an früherer Stelle sahen, stand bis noch vor wenigen Jahren der Ödipuskomplex im Zentrum der Vater-Sohn-Beziehung. Das neue Triangulierungskonzept revidiert zwar nicht die zentrale Entdeckung Freuds, betont jedoch die Bedeutung des Vaters bereits in den früheren Phasen der kindlichen Entwicklung. Diese Erweiterung enthält aber noch keine Hinweise auf die wichtige Rolle, die der Narzißmus in der Vater-Kind-Beziehung spielt. Nachdem dieser in den vorangehenden Beschreibungen in seinen vielen Facetten sichtbar geworden ist, erscheint es mir notwendig, den ödipalen Konflikt in seiner kulturgeschichtlichen Tradition nochmals deutlicher zu beleuchten. Erst die Gegenüberstellung kann ausreichende Belege für die Annahme liefern, daß ödipale Auseinandersetzungen vorwiegend sekundär entstehen und sich auf die narzißtischen Beziehungsmuster quasi aufpfropfen.

Die Allgemeingültigkeit des Ödipuskomplexes sah Freud in einer spekulativen Theorie begründet, die er 1912/1913 in der vielzitierten Schrift «Totem und Tabu»[29] entwickelte. Danach hätten sich eines Tages in der Urhorde die Brüder zusammengetan und den gewaltigen Vater, der ihren eigenen Machtbedürfnissen und sexuellen Ansprüchen im Wege stand, erschlagen und verzehrt. Indem sich jeder ein Stück von ihm einverleibte, eignete er sich die väterliche Stärke an. Aus dieser verbrecherischen Tat seien die späteren Totemfeiern als symbolische Wiederholungen und zugleich als Errichtung des Inzesttabus entstanden. Hermann Glaser merkt zu dieser Arbeit kritisch an: «Freuds ahistorisches Denken wollte stets menschliche Seelenstruktur schlechthin erfassen. Er hatte aber in dieser Schrift, die 1912/1913 entstand, im besonderen das Psychogramm seiner Zeit gezeichnet und ein Jahrhundertthema angeschlagen. Wieder einmal sollte die Übermächtigkeit des Vaters in Erscheinung treten, noch einmal dominierte die Befehlsgewalt des Patriarchats; und wieder einmal probten die Söhne den Aufstand.»[30]

Glaser bezieht seine Bemerkungen auf die sich noch einmal aufbäumenden Kaiserreiche Europas zu Ende des letzten Jahrhunderts, die dann mit dem Ausgang des Ersten Weltkrieges endgültig hinweggefegt wurden. Literarisch fand dieser Umbruchprozeß seinen Ausdruck in der Literatur des deutschen Expressionismus, in dessen Rahmen die «Aktion Vatermord» stellvertretend für das Aufbegehren der jungen Generation gegen die patriarchalen Gesellschaftsstrukturen stand. Die Theaterstücke von Walter Hasenclever «Der Sohn» (1914) und von Arnold Bronnen «Vatermord» (1913–1920), das Gedicht Gottfried Benns «Ein Trupp hergelaufener Söhne» (1913), die Novelle Franz Werfels »Nicht der Mörder, der Ermordete ist schuldig» (1920), Franz Kafkas «Brief an den Vater» (1919) und schließlich die programmatische Schrift des Psychoanalytikers Paul Federn «Die vaterlose Gesellschaft» aus dem gleichen Jahr sind markante Beispiele dieser Epoche, in der das bisher Undenkbare möglich wird: der Aufstand der Söhne und ihr Gericht über die Väter.

Peter von Matt schreibt dazu: «Angesichts der jahrtausende-alten Traditionen der Brutus-Geschichten, in denen der Mord am Sohn feierlich gerechtfertigt wird, erscheint es nur folgerich-tig, daß das exemplarische Gegengericht ebenfalls bis zum äußer-sten Akt durchgeführt wird.» Er weist darauf hin, daß die Locke-rung der Denkverbote und Tabus nicht ohne Freudsches Gedankengut möglich gewesen wäre, das seit der Jahrhundert-wende überall ins intellektuelle Bewußtsein eingesickert sei. Aber auch umgekehrt: «Und ebenso nachdrücklich muß ange-merkt werden, daß Freuds Theoriengebäude selbst, insbesondere die Ödipus-Lehre, ohne den Prozeß der schleichenden Vater-schwächung, den die Literatur des 19. Jahrhunderts dokumen-tiert, niemals so monumental zustande und zur Wirkung gekom-men wäre. Wo die literarische Phantasie nicht vorgearbeitet hat, kann keine wissenschaftliche Theorie entstehen.»[31]

Die «Brutus-Geschichten» beziehen sich auf Brutus den Älte-ren, den Begründer der ersten Republik in Rom. Er schlug den Aufstand der Söhne des Adelsgeschlechts nieder, dem sich seine Söhne Titus und Tiberius angeschlossen hatten. Brutus als Ver-fasser des neuen Rechts sah zu, als seine Söhne enthauptet wur-den. Die Brutus-Geschichten handeln von der Revolte der Söhne gegen die Herrschaft der Väter, die von diesen mit patriar-chaler Gewalt beantwortet wird. Diese Überlieferung, die in der abendländischen Kultur mit der ersten männlichen Gottheit, dem Himmelsgott Uranos, beginnt, der seine Kinder aus Angst vor Entmachtung in den Tartaros wirft, und sich fortsetzt bei sei-nem überlebenden Sohn Kronos, der aus dem gleichen Motiv seine Kinder verschlingt, bildet auch heute noch die Hauptachse der psychologischen Konzeption des Vater-Sohn-Konfliktes. In-sofern bedeutet die Theorie vom Ödipuskomplex keine revolu-tionäre Erkenntnis Freuds, sondern eher die Ausformulierung einer langen Traditionslinie. Neu an seiner Theorie war die Ein-führung des Inzestmotivs, das heißt des Besitzrechts an der Mut-ter. Allerdings hat Freud in vielen Formulierungen das Motiv auf den grundsätzlichen Machtkonflikt zwischen Vater und Sohn er-weitert, wobei jedes Aufbegehren gegen die väterliche Autorität mit einer Kastrationsdrohung, das bedeutet mit einer symbolischen oder realen Entmachtung des Sohnes, verbunden ist. Dabei wird für Freud die Machtfrage einseitig zugunsten des Vaters entschieden. In der undialektischen Konzeption des Ödipuskomplexes bleibt der Sohn das liebende, hassende, kämpfende und leidende Subjekt, während der Vater zu einem unangreifbaren Objekt stilisiert wird. Die persönliche, für Vater wie Sohn gleichermaßen tragische Wechselbeziehung tritt bei Freud vollständig zurück und erreicht dadurch bei weitem nicht die psychologische Breite, wie sie in der dramatischen Literatur seit Jahrhunderten angelegt ist.

Die Traditions- und Zeitgebundenheit der Freudschen Theorie ist in der Psychologie des Vater-Sohn-Konflikes bis heute kaum revidiert worden. Der zentrale Konflikt wird weiterhin auf der phallischen Macht-, Konkurrenz- und Rivalitätsebene angesiedelt. Aber Macht worüber? Es gibt keine Königshöfe mehr zu verteidigen, keine Grafschaften oder sonstige feudale Latifundien. Auch der Kampf um weltanschauliche Positionen, wie er früher in Zeiten starker ideologischer und politischer Umwälzungen zwischen Vätern und Söhnen ausgetragen wurde, hat sich, wenn er unter dem Deckmantel demokratischer Harmonisierungen überhaupt noch stattfindet, weitgehend aus der Familie auf die Straße verlagert. Der Autoritarismus, mit dem Väter noch bis zum Ende des Zweiten Weltkrieges an der Erhaltung von Traditionen, von Sitte, Moral und Ordnung festhielten, hat sich unter dem Einfluß der allgemeinen Liberalisierung von Weltanschauungen und der Pluralisierung individueller Interessenlagen aufgelöst.

Ebenso erscheint die behauptete Konkurrenz und Rivalität um die Mutter als ubiquitäres Phänomen familiärer Sozialisation, das die Psychoanalyse bis heute als Lieblingskind ihrer Theorie verhätschelt, eher ein archaisches Konstrukt aus der Urhordengeschichte zu sein. Damit soll die Existenz ödipaler Konfliktmuster, wie bereits betont, keineswegs grundsätzlich geleugnet werden. Gravierendes Ausmaß nehmen sie jedoch nur im Rahmen von Familienneurosen an. Außerdem geht es hier um neue Akzentsetzungen. Immerhin haben fünfzig Jahre Demokratie und ein rapider Wandlungsprozeß auf allen Ebenen der Gesellschaft nicht

111

nur das traditionelle Familiensystem verändert, sondern auch die Struktur der Vater-Sohn-Beziehung als einen Teil dieses Systems. Die Einschränkungen, die die Theorie des Ödipuskomplexes notwendig macht, berühren nicht die grundsätzliche Frage der Autorität des Vaters und die damit verbundenen Auseinandersetzungen mit dem Sohn. Im Rahmen seines Erziehungsauftrages ist jeder Vater zur Autorität verpflichtet. Er muß der primären «Asozialität» seines Sohnes, seiner Willkür, seinem oft unerträglichen Egoismus, seinen ohrenzerreißenden Schrei- und Trotzanfällen, seinem grenzüberschreitenden Willen und seiner noch ungesteuerten Aggression und Wildheit Grenzen entgegensetzen, Regeln festlegen, Entschiedenheit zeigen und verbindliche Konturen schaffen. Ohne eine konsequente Haltung wäre der Sohn hilflos seiner unkontrollierten Impulswelt ausgeliefert. Ihre zunächst äußere Steuerung ist notwendig, um im Sohn die Entwicklung jener Instanzen zu fördern, die bei ausreichender Reife die innere Kontrolle über die Trieb- und Gefühlswelt selbst übernehmen können. Der Aufbau eines autonomen und selbstverantwortlichen Ich und eines Über-Ich, deren Kräftespiel zwischen Gewähren individueller Freiheit und Forderung nach sozialer Integration angemessen ausbalanciert ist, bedarf der konstanten väterlichen Führung.

Die dabei unvermeidbar auftretenden Machtkämpfe fordern den Vater in seiner ganzen Stärke heraus, aber auch in seiner Liebe und Zuwendung, die oft auf eine harte Probe gestellt werden. Dieser Teil der väterlichen Verantwortung ist nicht auf eine bestimmte Entwicklungsphase beschränkt und läßt sich daher auch nicht unter den ödipalen Konflikten subsummieren. Vielmehr greift die Autorität des Vaters bereits in der frühen Individuationsphase ein, in der die motorischen Funktionen und der kindliche Wille sprunghaft expandieren, und muß die folgende Entwicklung bis weit über die Pubertät hinaus ständig begleiten.

Diese Formulierungen werden bei vielen Lesern nicht ohne Widerspruch bleiben, weil sie das Mißverständnis in Kauf nehmen, restaurativen Tendenzen in der Erziehung das Wort zu reden. Nachdem ich jedoch selbst, wie ich bekennen muß, den Irrtümern der «antiautoritären Erziehung» der 68er-Bewegung

112

nicht ganz entgangen bin und ihre negativen Folgen in vielen späteren Schicksalen der damaligen Kindergeneration sowohl privat wie beruflich beobachten konnte, scheint mir die Besinnung auf den gesunden Menschenverstand dringend an der Zeit. Ohne hier auf einzelne Erfahrungen näher einzugehen, besteht für den kritischen Betrachter kein Zweifel, daß die damalige Elterngeneration als Opfer ihrer eigenen Geschichte an ihre Kinder Aufträge delegiert hat, die diese völlig überforderten. Es waren damals besonders die Väter, die ihre ihnen im Faschismus aufgezwungene autoritäre Struktur verleugneten und sie bei ihren Kindern blindlings ins Gegenteil verkehren wollten. Der «antiimperialistische Kampf», für den diese von frühen Kindesbeinen an indoktriniert wurden, führte für viele zu einer krisenhaften und langanhaltenden Orientierungsschwäche in bezug auf soziale Realitäten. Ihr inneres Instanzensystem war noch viel zu schwach entwickelt, um nicht der Verführung zur «Anarchie», in welchem Gewande auch immer, zu erliegen.

Dieser Einschub erscheint mir aus folgendem Grund notwendig. Die Erziehungsideologie der 68er-Bewegung findet heute ihre Fortsetzung im Verhalten vieler Eltern, die damals Kinder waren. Große Teile der neuen Elterngeneration reproduzieren dabei zwangsläufig die Erziehungsziele, die sie als Kinder verinnerlicht haben. Unterstützt werden sie darin u. a. von meist männlichen Veteranen der alten Bewegung, die unter dem Etikett der «Antipädagogik» weiterhin ihr Unwesen treiben. Die Vertreter einer «repressionsfreien Erziehung» – das ist eine zusätzliche Gefahr – werden in ihren oft unbewußten Tendenzen zu einem verantwortungslosen Laissez-faire Opfer einer bewußt gesteuerten Konsumpolitik. In Ausnutzung der allgemeinen Orientierungskrise in der Erziehung und der übertriebenen Kindzentriertheit unserer Zeit fördert sie den kollektiven Tanz um das Goldene Kalb, um dieses um so mehr zu mästen. Die Reklamepropaganda ist so raffiniert ausgeklügelt, daß sie Kinder zu kleinen Wilden macht, die alles an sich reißen wollen, was ihnen die virtuelle Welt des Bildschirms und das Schlaraffenland der Kaufhäuser täglich vorgaukelt. Auch die Eltern haben dazugelernt und wissen: «Das Beste ist nicht gut genug für mein Kind.»

Die Gefühlsdiffusion von Liebe und Schuldgefühlen macht sie zu willigen Opfern kindlicher wie industrieller oraler Ausbeutung. Der Machtkampf um das Besitzenwollen spielt sich in allen Familien ab. Wenn er zu häufig zugunsten der Kinder entschieden wird, dann kann es ihnen schaden.

Der Exkurs sollte an einem verbreiteten Phänomen der Alltagserfahrung demonstrieren, in welche Gefahr sich eine Erziehung begibt, die auf notwendige Autorität, Führung und Grenzsetzung verzichtet.

Die zuletzt für die Vater-Sohn-Beziehung beschriebene Ebene unvermeidbarer Konfrontation gilt auch für die Vater-Tochter-Beziehung. Auch die Tochter braucht die väterliche Autorität bei der Sozialisierung ihrer Triebwelt. Insofern handelt es sich hier nicht um einen exklusiven Vater-Sohn-Konflikt. Allerdings dürfte besonders das stärkere aggressive Triebpotential des Jungen die Auseinandersetzungen zwischen ihnen oft in dramatischer Form eskalieren lassen. So ist auch für den Sohn – im Unterschied zur Tochter – der Vater ein unverzichtbares Objekt, an dem er seine Aggressionen erproben kann und mit dem er seine Konkurrenz auszutragen lernt. Nur wenn der Vater diesen Herausforderungen standhält, hilft er dem Sohn, die Sinnlichkeit seiner Triebkräfte zu integrieren und sie mit den geistigen zu vereinen. Am Ende eines positiv gelösten Autoritätskonflikts steht der gemeinsame Kampf von Vater und Sohn gegen die Widrigkeiten des Lebens.

Aber vorher muß nicht nur das Problem der Autorität von beiden gelöst werden, sondern vordringlich das Problem ihres Narzißmus. Er stellt die zeitlich früher angelegte und abgründigere Konfliktebene dar, auf der alle Fragen von Autorität und ödipaler Auseinandersetzung aufbauen. Der Kern der Beziehungsdynamik zwischen Vater und Sohn ist nicht die ödipale, sondern die narzißtische Konkurrenz. Beide wollen vom anderen bewundert und geliebt werden, so, wie sie sind. Beide sehen im anderen das Spiegelbild des eigenen Selbst. Beide idealisieren den anderen und identifizieren sich mit ihm aus narzißtischer Verliebtheit. Irgendwann holt sie die Realität ihrer Wesensunterschiede und ihrer eigenständigen Identitäten ein. Dabei kommt es zu wechselseitigen Entidealisierungen und Enttäuschungen über nicht erfüllte Ideale und Hoffnungen, die beide aufeinander gerichtet hatten. Die Spiegel zerbrechen. Gravierende Unterschiede in den Eigenschaften, Neigungen, Begabungen, Leistungen und Erfolgen, aber auch die Gleichheit von nicht akzeptierten Charakterzügen, die im anderen projektiv abgewertet werden, können heftige Kränkungswut und Vergeltungsaggressionen auslösen. Da diese Prozesse meist unbewußt verlaufen, versteht niemand die Streitigkeiten und die Kämpfe, die zwischen den beiden aus oft banalen Anlässen aufbrechen.

Die tragische Seite der wechselseitigen Desillusionierung ist der Preis, den der Sohn im Ringen um seine Autonomie und um die Durchsetzung neuer Ideale und Ziele zahlt, wie sie jede junge Generation gegen die ältere durchsetzen muß. Der Preis des Vaters ist der Verlust einer Illusion, die nicht ohne Trauer und Schmerz zu leisten ist. Aber wie der Sohn seine Autonomie gewinnt, erreicht der Vater erst jetzt, nachdem alle Konflikte durchgestanden sind, sein wahres Vater-Ideal. Den Sohn zu lieben, ihn zu fördern, Verantwortung für ihn zu tragen, ihn vor Gefahren zu beschützen, ihm Vertrauen zu geben und ihm Vorbild zu sein war seit dessen erstem Schrei nach der Geburt sein bewußtes Ziel. Nur so gelingt es ihm, nicht nur die Triebkräfte, sondern ebenso den Narzißmus des Sohnes zu bändigen.

Wie schwer auch letzteres ist, erzählt die Parabel von Dädalus und Ikarus. Um vor der Verfolgung durch König Minos von Kreta fliehen zu können, baut der geschickte Handwerker Dädalus für sich und seinen Sohn zwei Paar Flügel aus Vogelfedern, die er mit Fäden und Wachs zusammenbindet. Er befiehlt seinem Sohn, ihm auf dem Flug dicht zu folgen und nicht zu hoch an die Sonne zu fliegen, weil sonst das Wachs schmelze. Aber Ikarus, berauscht von der Kraft seiner Flügel, steigt hoch hinauf – und stürzt hinab ins Meer.

Die Dädalusqual des Vaters heißt immer: Wird der Sohn seinen Narzißmus besiegen, oder wird er eines Tages aus seiner eingebildeten Allmacht einen schrecklichen Fall tun?

Aber auch der Vater muß seinen Narzißmus aufgeben. Nicht immer besitzt er die Klugheit des Dädalus. Erst wenn ihm das gelingt, wird er wahrnehmen können, wieviel Hoffnung der Sohn trotz allem erfüllt hat; dann empfindet er einen «Stolz» jenseits aller narzißtischen Erwartungen. Bei der Geburt des Sohnes wußte er noch nicht, wie schwer alle diese Ziele zu erreichen sind. Das Unbewußte hat oft eine Macht über uns, die sich nur durch einen schmerzhaften Prozeß der Erkenntnis überwinden läßt. Erst wenn beide am Ziel ihrer Beziehung angelangt sind, können sie «das einzige Wort» sagen, das alles Erkennen und Verstandenwerden zusammenfaßt: «Mein Sohn», «Mein Vater».

3. Väter und Töchter

«Eine Rose ist eine Rose ist eine Rose.» Der berühmte Satz Gertrude Steins setzt durch seine Wortwiederholungen die scheinbare Logik außer Kraft, wächst über sie hinaus in einen Raum freischwebender Emotion, die das Unaussprechbare, das Wunder, den Zauber beschwört.

Eine Tochter ist eine Tochter ist eine Tochter. Die fließende Formel ist wie das Gebet eines Vaters über die Tochter, wenn er sie zum ersten Mal in seinen Armen hält. Der Zauber, mit dem das Baby den Mann in einen Vater verwandelt und ihm die Kraft zur väterlichen Liebe eingibt, ist bei Mädchen wie Jungen der gleiche. Aber die Gefühlseinstellungen, die er auslöst, unterscheiden sich. Beim Sohn, sagten wir, dominiert das Gefühl des Stolzes. Dies läßt sich auch sprachlich begründen: In der mitteldeutschen und mittelniederländischen Sprache bedeutete der Begriff Stolz «stattlich, prächtig, hochgemut, verwegen, kühn, Selbstbewußtsein und Hochmut» – Bezeichungen also, die uns aus dem Kapitel über Väter und Söhne sehr vertraut sind. Durch die Gleichheit zwischen Vater und Sohn, so lauteten die früheren Überlegungen, wird bei der Geburt das Trennende aufgehoben und das Fremde zum Eigenen. Der Sohn repräsentiert für den Vater einen Teil seines eigenen Selbst.

Bei der Tochter dagegen versagt die narzißtische Spiegelung, sie ist ein Teil des anderen Geschlechts und damit eine Fremde vom Beginn des Sündenfalls an. Diese Tatsache führt etwas revolutionär Neues in das emotionale Erleben des Mannes ein. Die entsprechende Gefühlsqualität läßt sich am ehesten als «Erstaunen» beschreiben. Auch dieser Begriff hat eine aus früheren Sprachgebräuchen überlieferte Konnotation: «sich wundern, verwundert blicken». Das aus verschiedenen Sprachstämmen bekannte «stūnen» meinte «träumend vor sich hinstarren» oder auch «starr sein» und «sich widersetzen».[32]

Eine Tochter ist eine Tochter ist eine Tochter. Verwundert blickt der Vater das Baby in seinen Armen an, anders als den Sohn hält er es etwas starrer an sich, eine Tochter, unbegreifbar, fremd, zerbrechlich. Er träumt vor sich hin, ein Mädchen, ungläubig blickt er es an, erschrickt ein bißchen und sträubt sich, das Wunder zu verstehen. Soll er, ein Mann, dieses weibliche Wesen gezeugt haben? Dieses Erstaunen wird ihn in seinem Leben noch oft einholen, wird ihn vielleicht immer begleiten, wenn die Tochter heranwächst und hinter ihren Schleiern, ihren Geheimnissen, ihrer Andersartigkeit das Gegenbild langsam sichtbar wird, das sie dem seinen entgegenhält. Die Tochter eine Rose, Symbol für weibliche Schönheit, Anmut und Liebe, für Zuneigung, Jungfräulichkeit, Fruchtbarkeit und Wiedergeburt. Der Vater, der seine Tochter zum ersten Mal betrachtet, weiß das alles nicht, er fühlt nur den Strom, das Unbenennbare durch sich hindurchziehen, eine Mischung aus Zärtlichkeit und Angst, aus Anziehung und Befremden, aus Zuversicht und Sorge. Eine Rose ist eine Tochter ist eine Tochter ist eine Rose. Er trägt etwas bei sich, das er heilig nennen würde, wenn das Wort nicht zu schwer wäre. Er weiß nur, er wird es beschützen – vor Kälte, Wind und vor Schafen.[33]

Er säubert sie, badet sie, wickelt sie wie den Sohn, aber alles ist etwas anders, vorsichtiger vielleicht, eine Spur zärtlicher. Wenn sie sich von der Mutter gelöst hat, ihre Haare schon fast auf die Schultern fallen und ihr Lächeln die ersten mädchenhaften Züge annimmt, beginnt das Vater-Tochter-Paradies für die langen Jahre der Spielzeit. Auch ihre Spiele sind mehr durch die Motorik des Vaters bestimmt als durch die Sprache, aber sie sind weniger wild und ausgelassen als das Spiel mit dem Sohn. Er bringt seiner Tochter Dreirad- und Rollerfahren bei, geht mit ihr durch Parks, Wiesen und Wälder spazieren, erklärt ihr die Namen von Blumen, Bäumen und Sträuchern. Auf einem See lassen sie kleine Papierschiffchen schwimmen, füttern Enten, Schwäne und Möwen, sammeln ihre Flaumfedern und pusten sie in die Luft. Bunte Drachen steigen lassen auf weitem Feld, die wilden Tiere im Zoo, die funkelnden Lichter einer Kirmes. Abends im Bett will sie keine Geschichten hören, die erzählt die Mutter viel schöner; aber immer wieder will sie die Schattenrisse sehen, die der Vater durch Fingerbewegungen auf die Wand neben ihrem Kopfkissen wirft, Hasen mit langen Ohren, Vögel mit spitzen Schnäbeln oder die kleinen Zauberkunststücke, bei denen das Kuscheltier unter der Bettdecke verschwindet und am Fußende plötzlich wieder auftaucht. Puppenstube, Malkasten, Flöte. Er schaut ihr bei ihren ersten Kochversuchen zu, wie sie die Familie um einen Tisch setzt, fast andächtig die Kinderpüppchen zu Bett bringt, wie sie Farben mischt und die Welt aufs Papier wirft, so, wie sie sie sieht. Er zeigt ihr, wie man die Finger ganz fest auf die Löcher im Holz legt, damit beim Blasen reine Töne entstehen.

Es sind diese unzähligen gemeinsamen Erfahrungen und Bilder, die körperliche Nähe und Zärtlichkeit, die Fröhlichkeit eines Kindes, sein Lachen, seine Tränen und Traurigkeiten, die dem Vater seine Tochter schrittweise anverwandeln. Erst durch die gelebte Verwandtschaft kann das ursprüngliche Fremde zum vertrauten Eigenen werden. Der Tochter, so scheint es, gelingt das Wunder, das in der Kindheit des Vaters durch seine Ambivalenz zur eigenen Mutter oft verhindert wurde: Ihr kindliches Wesen zaubert die weibliche Seite des Vaters aus den tiefen Schichten seines Unbewußten an die Oberfläche. Indem er sich mit der Tochter zu identifizieren lernt und das Weibliche in ihr entdeckt, gelingt es ihm, das mütterliche Prinzip in seine väterliche Identität einzubauen. Das ist das unschätzbare Geschenk einer Tochter an den Vater. Während er sie an die äußere Welt heranführt, eröffnet sie ihm eine Innenwelt, die er bisher von seinem Erleben abgespalten und in sich verdrängt gehalten hat.

Im Zeitraum der gemeinsamen Spielwelt werden die äußeren Erlebnisse und die sie begleitenden Gefühle als innere Bilder gespeichert. Durch diesen Prozeß der Umwandlung entsteht in der Tochter ein fest umrissenes Vaterbild und im Vater ein Tochterbild. Es sind die prägenden Jahre ihrer Beziehung. Beide verdichten die charakteristischen Eigenschaften des anderen zu inneren Objekten, die im positiven Fall dem Ich in seiner weiteren Entwicklung und bei der Bewältigung von Konflikten hilfreich, tröstend, ermutigend und unterstützend zur Seite stehen. Die Kraft, die von solchen sogenannten «guten» Objekten ausgeht, ist nicht nur für die Tochter – ebenso für den Sohn – lebensnotwendig. Was bisher in der Vaterforschung viel zu wenig berücksichtigt wurde: Auch der Vater verinnerlicht seine Kinder, baut sie in sich zu tragenden Objekten um und bezieht aus ihnen eine Stärke, ohne die er vielen schwierigen Lebenssituationen hilflos ausgeliefert wäre. Nicht zuletzt bewältigt er durch sie auch die Belastungen besser, die durch die Kinder selbst im Verlauf ihrer weiteren Entwicklung auftreten können.

Hierin dürfte auch der entscheidende Grund liegen, warum Väter selbst an ihren noch so «verlorenen» Töchtern und Söhnen unerschütterlich festhalten. Das biblische Gleichnis versinnbildlicht die in der frühen Kindheit entstandene Liebe, die sich als unzerstörbar im Inneren des Vaters etabliert hat, auch wenn die Kinder auf Abwege geraten, lange Umwege gehen oder das äußere Band zu ihnen für lange Zeit oder für immer zerrissen sein sollte.

Die Macht und der enge Wechselbezug von äußeren zu inneren Bildern lassen sich immer wieder besonders anschaulich an der Wirkung von Fotografien nachvollziehen. Ihre Faszination ist besonders groß, wenn man sie gemeinsam betrachtet: «Ach, sieh mal hier, da warst du etwa drei Jahre alt. Du wolltest den Hund unbedingt streicheln, aber du hattest große Angst vor ihm.»

«Deswegen hast du dich hingekniet und mich von hinten fest in deinen Armen gehalten, sonst hätte ich mich nicht getraut.»

Fotos stellen die konkreten Szenen nach, die längst vergessen sind, die aber ihre Spuren unverwechselbar und unauslöschlich im Inneren eingegraben haben. In der Betrachtung verbinden sie sich noch einmal mit der Vergangenheit. Sie dient zuallererst der Selbstvergewisserung: «Ja, so war es einmal, und etwas davon wird immer bleiben.»

Die bisher genannten Besonderheiten der Vater-Tochter-Beziehung, die Anverwandlung des Fremden im anderen und die Wechselseitigkeit von Geben und Nehmen, bedürfen einer wichtigen Ergänzung, um einige Facetten dieser Beziehung transparenter zu machen. Vater-Tochter-Bindungen sind im Normalfall mit einem wesentlich geringeren Potential an aggressiver Energie besetzt als Vater-Sohn-Beziehungen. Natürlich schmückt sich ein Vater auch gern mit seiner Tochter und befriedigt in ihr eigene narzißtische Bedürfnisse. Dabei entfällt aber der Zwang, alle Kraft, allen Ehrgeiz und alle Konkurrenz darein zu setzen, daß sie so werde wie er selbst oder wie sein imaginiertes Selbstbild. Entsprechend geringer sind auch die Anforderungen, die er stellt, die Kontrolle, die er ausübt, und vor allem seine Enttäuschungsreaktionen, wenn sie seine Vorstellungen nicht voll erfüllt. Daher sind auch seine Geduld und Ausdauer ihr gegenüber größer. Schließlich folgt ihre Entwicklung als Mädchen von vornherein anderen Gesetzen, auf die er als Mann weniger Einfluß hat.

Aber nicht nur die aus der narzißtischen Konkurrenz geborene Aggression im Vater-Sohn-Verhältnis entfällt bei der Tochter; auch die ödipale Rivalität, der Kampf um Macht und männliche Dominanz findet mit ihr nicht statt. Im Gegenteil. Sie ist Vaters «Liebling», seine «Prinzessin», sein «Vögelchen», sein «Schmusekätzchen». Ihre körperliche Zartheit und Verletzlichkeit und ihre seelische Empfindsamkeit rühren ihn an. Durch diese mädchenhaften Merkmale besiegt sie die Wildheit des «Riesen», besänftigt, beruhigt und befriedet sie seine aggressive Lust. La Belle et la Bête. Indem sie ihm hilft, durch ihre Tabus seine Aggressionskräfte abzumildern und unter Kontrolle zu halten, verstärkt sie die libidinösen Anteile in ihrer Beziehung. Ihre Schmusereien, ihre Zärtlichkeit, ihre Koketterien und ihre vielen kleinen Geschenke sind aber nicht nur Ausdruck liebevoller Anhänglichkeit und Bewunderung, sondern dienen auch dazu, das gefürchtete Aggressionspotential des Vaters zu versöhnen. Teilweise hat sie diese Techniken der Mutter abgeschaut, teilweise auch selbst herausgefunden, daß Schmeicheleien, hübsche Kleider und lange Locken den Vater milde stimmen. Insgesamt tragen Mädchen ihre Konflikte mit Vätern weniger aggressiv aus als Jungen, sondern bevorzugen die defensiven Strategien weiblicher Macht.

Aggression ist für den Vater nicht nur Lust, sondern auch bedrückende Last, da sie sein inneres Gleichgewicht ständig gefährdet, mit Schuldgefühlen verbunden ist und soziale Beziehungen zerstören kann. Das ist das zweite große Geschenk, das die Tochter dem Vater macht: Indem sie ihn von dieser Last befreit, ermöglicht sie ihm einen inneren und äußeren Frieden, wie er ihn in anderen Beziehungen und in vielen Situationen seines Lebens nur selten so dauerhaft findet.

Töchter wünschen sich warmherzige, tolerante, verständnisvolle, verantwortliche, beschützende, sorgende, unterstützende und verläßliche Väter. Sie sollen stark sein, entscheidungsfreudig und kompetent. Auch Söhne haben diesen Wunsch. Traumväter. Sie bleiben es so lange, wie die kindlichen Idealisierungen anhalten, und werden erst zerstört, wenn der entwickelte Realitätssinn Traum und Wirklichkeit zu unterscheiden lernt.

Entwicklungspsychologisch halten Kinder bis etwa zum vierten bis fünften Lebensjahr an der Fiktion einer solchen Vatergestalt fest, auch wenn sie gegenteilige Erfahrungen machen müssen. Wünsche, Phantasien und Idealisierungen verschmelzen dabei zu einem Ideal, das von keiner Realität getrübt werden kann. Erst mit der Ausdifferenzierung des Realitätssinns und der Möglichkeit des Vergleichs bekommt die Vatergestalt Risse, die das Kind in eine abgrundtiefe Enttäuschung zu stürzen vermögen. Dieser Erkenntnisprozeß und das damit verbundene «Trauma» sind unvermeidbar. So, wie die väterliche Liebe und Förderung die emotionale, intellektuelle und soziale Reifung des Kindes begünstigen, so sind auch die schmerzhaften Enttäuschungen für die Ausbildung des Wirklichkeitssinns, die Entidealisierung und die Ablösung vom Vater notwendig. Der «perfekte

Vater» und die «perfekte Mutter» sind Produkte der Phantasie während der frühen Kindheitsphasen. Danach setzt die Verarbeitung eines differenzierten Elternbildes ein, das die «guten» Seiten ebenso einschließt wie die «bösen». Bei vielen Kindern läßt sich nun, oft bis weit in die Pubertät und über sie hinaus, das bekannte Phänomen beobachten, das ihnen die Enttäuschung über die Entzauberung des idealisierten Objektes ersparen soll: die Spaltung in einen «guten» und in einen «bösen» Elternteil. Der Spaltungsmechanismus läßt den Betreffenden in einer Art frühkindlicher Fixierung verharren, bei der ein Elternteil grenzenlos idealisiert wird, während der andere alle negativen Zuschreibungen auf sich zieht. Auf diese Weise werden Ambivalenzkonflikte vermieden, wie sie zu jeder reifen Beziehung gehören. Ohne eine ausreichende Ambivalenztoleranz sind stabile menschliche Beziehungen kaum möglich. Die Spaltung hat die Funktion, sich wenigstens einen Elternteil heil, unzerstört und in voller Liebe zu erhalten. Dabei werden seine negativen Anteile verleugnet und auf den anderen Elternteil verschoben.

Wenn sich die Vater-Tochter-Beziehung gewöhnlich durch eine geringere Aggressivierung und durch einen entsprechend höheren Grad an libidinöser Besetzung auszeichnet, erscheint es mehr als plausibel, warum Töchter länger an der Idealisierung des Vaters festhalten, seine enge Nähe suchen und sich schwerer von ihm ablösen können als Söhne. Entsprechend spalten sie die Eltern nicht selten in einen «guten» Vater und in eine «böse» Mutter. Aber auf Dauer läßt die Realität solche Unterscheidungen nicht zu. Die Tochter wird mit Seiten des Vaters konfrontiert, die sie bisher zu verleugnen versucht hat. Wie heftig oftmals auf das «Trauma» reagiert werden kann, zeigt nicht nur die alltägliche psychotherapeutische Praxis. Auch in der belletristischen Literatur finden sich eindrucksvolle Beschreibungen über Töchter, die in ihrer Kindheit in «abgöttischer» Liebe an ihren Vätern hingen und es nicht ertragen konnten, wenn diese Väter später durch Verlassen der Familie, persönliche Schwächen und Charakterfehler, soziales Scheitern, Krankheit oder vorzeitigen Tod eine nie heilende Wunde hinterließen, die nur durch eine erbarmungslose Abwertung zugedeckt werden konnte. Heidi Gidion hat in dem Buch «Was sie stark macht, was sie kränkt. Töchter und ihre Väter» entsprechende Selbstzeugnisse, Erzählungen und Romane von Schriftstellerinnen gesichtet, die über ihre realen oder fiktiven Väter geschrieben haben. Besonders markant für den hier diskutierten Zusammenhang ist das Kapitel «Der Herr über die Hummeln», in dem die Beziehung Sylvia Plaths zu ihrem Vater und ihre literarische Verarbeitung dargestellt werden.[34]

Umgekehrt läßt sich fragen: Wie reagieren die Väter auf die Idealisierungen ihrer Töchter? Es dürfte wohl wenig erstaunen, wenn sie diese genießen und die Harmonie möglichst lange aufrechterhalten möchten. Damit geraten sie jedoch in die Gefahr, die Töchter durch übermäßige emotionale Zuwendung, Liberalität und Freizügigkeit zu lange an sich zu binden. Die Wechselseitigkeit der Abhängigkeit verführt beide zu der Illusion, daß dieses «Paradies» nie enden wird. Durch die Fehleinschätzung der Situation werden die notwendigen Ablösungs- und Trennungskonflikte vermieden. Beide möchten ungern auf etwas verzichten, was so viel Befriedigung bietet und im späteren Leben in dieser Form nie wiederkehren wird.

Spätestens nach Abschluß der Pubertät wird aber für Tochter und Vater die Ablösung als beiderseitige Entwicklungsaufgabe unaufschiebbar, wenn die Beziehung nicht in einer gefährlichen Kollusion enden soll.[35] Der dabei auftretende Ablösungskampf kann zwei Richtungen einschlagen; entweder kommt es nochmals zu einer verstärkten wechselseitigen Idealisierung von vorübergehendem Charakter, um die anstehende Trennung ungeschehen zu machen, oder zu beidseitigen Enttäuschungsreaktionen mit entsprechenden Abwertungstendenzen. An diesem Punkt der Auseinandersetzung entscheidet sich nicht nur das weitere Vater-Tochter-Schicksal, sondern auch die künftige Entwicklung beider als Einzelpersonen. Nur wenn der Ablösungskonflikt von ihnen in angemessener Form gelöst werden kann, findet die Tochter zu einer Autonomie, die ihr sowohl eine erwachsene Beziehung zum Vater als auch den Weg in eine gelungene heterosexuelle Partnerschaft ermöglicht. Für den Vater steht dabei die Aufgabe an, seine Vateridentität neu zu definieren; die Tochter als erwachsene Frau aus der väterlichen Fürsorge entlassen zu können setzt die Besinnung auf das eigene, von den Kindern unabhängige Entwicklungspotential voraus.

Die bisherigen Überlegungen gingen von der Annahme aus, daß das Element der Attraktivität in der Vater-Tochter-Beziehung durch das geringe Ausmaß beteiligter Aggression und den hohen Libidoanteil bedingt ist. Sie garantieren eine optimale Form harmonischer Übereinstimmung, die nach stetiger Wiederholung und Erneuerung drängt. Das macht die Überwindung der frühen Entwicklungsstadien so schwer. Außerdem ist die Erkenntnis zu schmerzhaft, daß der angebetete Vater nur ein gewöhnlicher Mann sein soll, einer wie tausend andere, warm, herzlich, zugewandt und interessiert, aber auch mißlaunig, verschlossen, abweisend und ohne Verständnis – ein Gemisch aus allem, was Menschen ausmacht, ein Wechselbad aus Stärke und Schwäche, Mut und Angst, Verläßlichkeit und Willkür, Güte und Grausamkeit.

Im Gang der Geschichte wird aber auch die Prinzessin entzaubert, auch sie ist nur ein Geschöpf wie viele andere, fröhlich und launisch, liebevoll und querköpfig, zärtlich und verletzend, mitleidig und gefühllos. Dabei machen Vater und Tochter die Erfahrung, wie schwierig es ist, den anderen als vielschichtiges Wesen zu begreifen, in dem sich krasse Widersprüche zu einem ewigen Tanz vereinen. Die Gegensätze der Weltordnung, Tag und Nacht, Himmel und Erde, Ruhe und Sturm, Sommer und Winter. Die Ordnung und die Einheit auch im scheinbaren Chaos der menschlichen Existenz zu finden, die widerstreitenden Kräfte in sich selbst und im anderen zu erkennen und zu akzeptieren bedeutet eine lebenslange Herausforderung. Vor ihr stehen auch Vater und Tochter. Die im Vergleich zu anderen Beziehungen so konfliktfreie Sphäre ihres gemeinsamen Paradieses können sie nicht festhalten. Leben ist Bewegung, und ohne Konflikt ist keine Weiterentwicklung denkbar. Das müssen sie gegen alle Widerstände begreifen lernen. Eine erwachsene Beziehung kann erst dann zwischen ihnen entstehen, wenn sie die idealistischen Bilder aufgegeben haben und die Ambivalenzen ertragen können, die mit dem realistischen Blick auf den anderen verbunden sind.

Dem aufmerksamen Leser ist nicht entgangen, daß die bisherige Betrachtung der triebdynamischen Anteile in der Vater-Tochter-Bindung die Aggression in den Vordergrund gerückt hat. Seine Verwunderung darüber wird mit der Neugier verbunden sein, was es denn mit der anderen Triebseite auf sich hat, jener, die doch gerade das Spektakuläre der Beziehung ausmacht und an der sich die Sensationslust der Wissenschaft und der Öffentlichkeit immer wieder entzündet. Was ist also dran an der berühmten wie berüchtigten Sexualität zwischen Vater und Tochter?

Bekanntlich wurde die Diskussion darüber von Freud eingeleitet, der mit der Entdeckung der infantilen Sexualität einen Meilenstein in der psychologischen Erforschung der menschlichen Natur gesetzt hat. Ohne seine damals noch abenteuerlichen und von ihm selbst immer wieder in Frage gestellten Theorien über die Entwicklung der weiblichen Sexualität hier näher zu erörtern, besteht in der heutigen Psychoanalyse wohl weitgehende Übereinstimmung in folgenden Annahmen: Ähnlich wie der Junge durchläuft auch das Mädchen auf dem Weg zu seiner psychosexuellen Identität einen Ödipus- bzw. einen «Elektrakomplex», wie ihn C. G. Jung genannt hat. In Abgrenzung zu Freuds Ödipuskomplex leitete er den Elektrakomplex des Mädchens aus der Geschichte des griechischen Geschlechts der Atriden ab. Dabei lehnte er sich an den Tragödienstoff von Sophokles' «Elektra» an. Elektra läßt aus Liebe zu ihrem Vater Agamemnon und aus Haß auf ihre Mutter Klytaimnestra diese durch ihren Bruder Orest umbringen.[36] Der Komplex beginnt etwa zwischen dem dritten und vierten Lebensjahr, dem Zeitraum, in dem sich das Kind zunehmend aus der engen Bindung zur Mutter löst, den Unterschied der Geschlechter wahrnimmt, seinen eigenen Körper erkundet und dabei erste sexuelle Erregungen verspürt. Dabei beginnt es auch, sich mit Fragen von Schwangerschaft und Geburt zu beschäftigen. Im Rahmen dieser Entdeckungen entwickelt das Mädchen eine erotisch gefärbte Liebe zum Vater und einen Haß auf die Mutter, da diese den Vater für sich beansprucht. Die Überwindung des Ödipuskomplexes gelingt durch die Einsicht, daß sie als Tochter den Penis des

Vaters nicht bekommen kann, weil die Mutter ihn ihr verwehrt und sie außerdem selbst noch zu klein ist. Indem sie sich jetzt stärker mit der Mutter identifiziert und ihre sexuellen Ansprüche an den Vater aufgibt, leitet sie ihre weibliche Identitätsfindung ein.

Erst mit Beginn der Pubertät kommt es noch einmal zu einer Wiederauflage des Komplexes. Durch die sexuelle Reifung kann er diesmal eine erhebliche Intensität annehmen und die Konfliktspannung im Vater-Mutter-Tochter-Dreieck wesentlich verschärfen. Viel entscheidender als in der frühen Kindheit hängt die Überwindung der pubertären Ödipusphase von der Qualität der bisherigen Beziehung zu beiden Eltern, von deren Beziehung zueinander und von ihrem jetzigen Umgang mit den ödipalen Wünschen der Tochter ab.

Diese psychoanalytischen Annahmen, hier recht allgemein formuliert, stützen sich auf ein inzwischen breites Erfahrungswissen. Dabei sind besonders die Gefahren gründlich untersucht worden, die mit der Pubertätsentwicklung der Tochter einsetzen. Ab jetzt kann sie sich endlich als richtige Frau fühlen und könnte, wenn sie wollte, den Vater zur Sexualität verführen. Dieser sieht seine Tochter zur Frau erblühen, und ihre weiblichen Reize können seine Phantasien in eine gefährliche Richtung lenken.

An dieser Stelle läßt sich verdeutlichen, warum es mir sinnvoll erschien, die Vater-Tochter-Beziehung zunächst von ihren Anfängen her zu betrachten und dabei die narzißtischen und aggressiven Anteile in den Vordergrund zu rücken. Die Bedeutung der frühkindlichen Sexualität und des Ödipuskomplexes bei beiden Geschlechtern für die Qualität der Eltern-Kind-Beziehung wurde, wie bereits erwähnt, von der Psychoanalyse weit überschätzt. Dies belegen die neueren Erkenntnisse über die wichtige Rolle des Vaters in der Frühphase der kindlichen Entwicklung. Dabei rückte auch die Frage in den Vordergrund, wie die narzißtischen Bedürfnisse und die aggressiven Triebanteile die Beziehung wechselseitig beeinflussen. Bei der Darstellung dieser Zusammenhänge über die Vater-Tochter-Bindung wurde deutlich, daß diese im Unterschied zur Vater-Sohn-Beziehung weniger narzißtisch und aggressiv als vielmehr libidinös gefärbt ist. Libidinös bezeichnet im allgemeinen Sprachgebrauch nicht die sexuelle Energie, sondern ihre desexualisierte Form, das heißt die Summe aller zärtlichen, sorgenden und beschützenden Strebungen, die in der Liebe des Vaters zu seiner kleinen Tochter enthalten sind.

Sexuelle Libido im engeren Sinne wird erst in der Pubertät freigesetzt und kann mit entsprechenden Wünschen an den Vater verbunden sein, wie umgekehrt beim Vater sexuelle Phantasien in der Regel erst mit der pubertären Reife der Tochter aktiviert werden. Entscheidend dabei ist, daß solche wechselseitigen Aktivierungen im engen Zusammenhang mit der vorpubertären Vater-Tochter-Beziehung zu sehen sind und in ihrer Komplexität nur so verstanden werden können. Unter der Bedingung, daß diese Beziehung durch einen vergleichsweise geringen Grad an aggressiven Konflikten und durch ein Überwiegen desexualisierter Libido bestimmt war, ist folgende Entwicklung naheliegend: Die Tochter sieht im Vater ein vertrautes und relativ gefahrloses Liebesobjekt, das ihr in Fortsetzung seiner bisherigen Beschützerrolle die Angst vor der Sexualität nehmen und sie in die neue und fremde Welt einführen könnte. Konkret wird dieser Zusammenhang nicht selten bei jungen Frauen deutlich, die sich für ihre Defloration einen wesentlich älteren Mann auswählen. Dabei dürfte neben seiner vermuteten Erfahrung und Rücksichtnahme seine Funktion als Ersatzvater eine nicht unbedeutende Rolle spielen; mit ihm lassen sich unter Umgehung des Inzesttabus alle pubertären Phantasien und Wünsche straffrei ausleben.

In der Beziehung zum Vater kann also unter dem Einfluß der Pubertät die ursprünglich kindliche Liebe der Tochter mit sexueller Energie aufgeladen werden. In wie vielen verdeckten und offenen «Spielarten» die Tochter meist unbewußt die neue Dimension ihrer Liebe in Szene setzen und den Vater in Versuchung führen kann, muß hier nicht breiter illustriert werden. Alle Väter, auch Mütter, die Töchter in der Pubertät erlebt haben, können darüber lange Geschichten erzählen. Auch die Literatur über Töchter ist angefüllt mit plastischen Beschreibungen, wie Töchter den Vater umschmeicheln, bezirzen und um den Finger wickeln können, wie sie ihren Charme spielen lassen, ihre «Schokoladenseite» hervorkehren und mit Schmuck und Schminke ihre Schönheit kokett zur Geltung bringen. Wenn Väter über ihre Töchter erzählen, den kaum verborgenen Stolz und die Verliebtheit als Glanz in ihren Augen, erzählen, wie sie bei ihrem Lächeln schwach werden und in großzügiger und leichtsinniger Weise vieles durchgehen lassen, was gegen ihr Prinzip ist, überkommt einen eine Ahnung von der unheimlichen Macht, die Töchter bei ihrem neuen «Spiel» über Väter gewinnen können. Es ist nicht leicht, die tieferen Wurzeln dieser Verführungskraft zu ergründen. Aber ein Versuch dazu lohnt sich, um den Rätseln der Vater-Tochter-Beziehung näher auf die Spur zu kommen.

Dazu lassen sich zunächst einige Hinweise auf die aktuelle Diskussion der tragischen Vater-Tochter-Beziehungen unter den Vorzeichen von sexuellem Mißbrauch und Inzest nicht umgehen. Hier liegen die Ursachen relativ klar zutage, da inzwischen ausreichendes Material über die seelische Pathologie solcher Väter existiert. Es handelt sich meist um Männer, deren krankhaftes Verhalten durch eine Vielzahl von Faktoren bestimmt wird. Dabei spielen ein schwer verletztes Selbstwertgefühl, sexuelle Insuffizienzerfahrungen mit entsprechenden Frustrationen, kompensatorische Machtbedürfnisse, ein tiefgründiger Haß auf Frauen, der meist eine Mischung aus Mutterhaß, Schwangerschafts- und Gebärneid und Eifersucht auf die weibliche Stillfähigkeit darstellt, sowie ein Mangel an moralischer Reife und Verantwortungsbewußtsein, massive soziale Mißerfolgserlebnisse und eine zerrüttete Partnerschaft die wichtigste Rolle. Die Ausnutzung der Wehrlosigkeit, Abhängigkeit und der Liebesbedürfnisse der Tochter, die Vernichtung ihrer weiblichen Identitätsbildung und der Verrat am eigenen Vater-Ideal sind Ausdruck einer tiefen Persönlichkeitsstörung, die keinerlei Generalisierung über Vater-Tochter-Beziehungen zuläßt.

Der Streit über die Verbreitung solcher scheinbar unbegreifbaren und gewalttätigen Übergriffe in der Normalbevölkerung wird heute mit großer Heftigkeit geführt. Nachdem das Tabu des sexuellen Mißbrauchs in der Familie gebrochen wurde – auch dies ist ein entscheidendes Verdienst der Frauenbewegung –, entwickelte sich daraus eine feministische Verfolgungskampagne, die jedes Maß für Proportionen verloren hat. Gegen die Tendenz, in jedem Vater einen realen oder potentiellen Vergewaltiger zu sehen, regt sich inzwischen, auch in der Frauenbewegung selbst, ein deutlicher Widerstand. Offenbar gehören aber solche Überspitzungen ebenfalls zu dem historischen Prozeß, der die Überwindung überholter Machtstrukturen in der Familie intendiert.

Wenn hier von Verführung und Verführbarkeit in der Vater-Tochter-Beziehung die Rede ist, geht es selbstverständlich nicht um pathologische Auswüchse in der Praxis, sondern um das Verständnis normaler Phantasie- und Wunschwelten, die zum größten Teil unbewußt bleiben und deren konkrete Erfüllung durch die Wirksamkeit des Inzesttabus, und das bedeutet durch intakte Über-Ich-Instanzen, unter Kontrolle gehalten werden.

An dieser Stelle erscheint mir ein kurzer Einschub über die sogenannte «Verführungstheorie» Freuds notwendig, weil sie immer wieder Anlaß zu kontroversen Diskussionen und Mißverständnissen liefert. Freud hatte ursprünglich die Berichte seiner Patientinnen über sexuelle Übergriffe seitens der Väter ernst genommen und deren traumatische Folgen für die psychosexuelle Entwicklung der Frauen beschrieben. Vertiefte psychotherapeutische Erkenntnisse haben ihn später dazu veranlaßt, seine erste «Traumatheorie» aufzugeben und durch die «Verführungstheorie» zu ersetzen. Im Rahmen dieser Theorie verstand er jetzt die Mitteilungen seiner Patientinnen als Erinnerungstäuschungen und entstellte Wunschphantasien. Die Schuldgefühle über die kindlichen Inzestwünsche hatten diese in ihr Gegenteil verwandelt nach der Maxime: «Nicht ich wollte meinen Vater verführen, sondern er hat mich mißbraucht.» Tatsächlich ist es auch in langjährigen psychotherapeutischen Behandlungen oft unmöglich, durch die Rekonstruktion der Kindheitsgeschichte den Wahrheitsgehalt in der einen oder anderen Richtung zu klären. Daß es solche unbewußten Verführungswünsche von seiten der Töchter ebenso gibt wie von seiten der Väter, kann jedoch nach breiten klinischen und alltäglichen Erfahrungen inzwischen nicht mehr bezweifelt werden. Freud hat es allerdings, vielleicht in einer falschen Konzession an den Zeitgeist, versäumt, in der notwendigen Eindeutigkeit darauf hinzuweisen, daß die «Verführungstheorie» die «Traumatheorie» keineswegs ersetzt. Wie schwierig im Einzelfall die Unterscheidung zwischen phantasiegeleiteter und realer Sexualerfahrung im Vater-Tochter-Verhältnis ist, zeigt die tägliche Praxis bei der Aufklärung eines vermuteten sexuellen Mißbrauchs. Freuds Versäumnis hat zu folgenschweren Mißverständnissen geführt. In vielen Streitschriften wurde er wegen des Verrats an seiner Traumatheorie angeklagt und dafür mit der Verwerfung seiner Verführungstheorie bestraft. Die Traumatheorie erlebt bis heute eine Renaissance, die jede differenzierte Betrachtung der komplexen Struktur der Vater-Tochter-Beziehung ausschließt.

Nun müssen wir die Frage wieder aufgreifen, worin die Verführungskraft der Tochter besteht, und weiterhin fragen, warum der Vater seinerseits unbewußt versucht, seine Tochter zu verführen. Bezogen auf die Tochter lautete eine erste Deutung, daß sie im Vater ein Liebesobjekt sieht, das sie gefahrlos in die Sexualität einführen soll. Damit sind in psychoanalytischer Diktion zwei Phantasien aus der frühkindlichen Ödipusphase verbunden, die jetzt mit der Geschlechtsreife doch noch in Erfüllung gehen könnten: erstens der Wunsch, den Penis des Vaters zu bekommen und ihn sich «einzuverleiben», und zweitens auf diese Weise anstelle der Mutter dem Vater ein Kind zu schenken.

Es ist die alttestamentarische Geschichte der beiden Töchter Lots, die den Vater im Schlaf dazu verführen, sie zu schwängern, nachdem die Mutter «zur Salzsäule erstarrt» ist. Beide gebären einen Sohn, um für den Vater und sich selbst Nachkommen zu sichern.[37] Die Geschichte läßt sich nicht nur symbolisch im Sinne des Ödipus- bzw. Elektrakomplexes deuten, sondern hat eine sehr reale naturgesetzliche Basis. In der Zeit, in der die Tochter in das gebärfähige Alter kommt, setzt die Fruchtbarkeit der Mutter manchmal schon aus, während der Vater bis ins höhere Alter zeugungsfähig bleibt. In diesem Zusammenhang gehört die alte Erkenntnis der Anthropologie und Verhaltensforschung, daß jüngere Weibchen bei den Männchen eine höhere Attraktion besitzen, weil sie kräftiger und gesünder sind als ältere und deswegen einen widerstandsfähigeren Nachwuchs garantieren.

So spekulativ also zunächst die genannten Theorien über die inzestuösen Phantasien der Tochter klingen mögen, spätestens mit der Aktualisierung des Ödipuskomplexes in der Pubertät rücken sie in eine beklemmende Nähe zur möglichen Realität.

Eine Ahnung von der Intensität der mehr intrapsychisch aufbrechenden Konflikte spiegeln uns indirekt die Spannungen wider, die jetzt zwischen Mutter und Tochter auftreten. Eifersucht und Rivalität um den Vater reichen von subtilen bis grob aggressiven Techniken, mit denen die Tochter die Mutter auszustechen versucht; sie läßt sie links liegen, spricht nicht mit ihr, zeigt ihr die kalte Schulter, macht sie lächerlich, beschimpft sie und tobt schließlich gegen alles, was von der Mutter kommt. Auf diese Weise kann sie einen gefährlichen Keil zwischen die Eltern treiben und die Partnersituation erheblich komplizieren. Wenn Mütter die Kampfansage mit gleichen Mitteln erwidern oder Väter in dieser Auseinandersetzung ein heimliches oder offenes Bündnis mit der Tochter eingehen, kann es zu einer dramatischen Zuspitzung kommen, mit der die Mütter nicht mehr fertig werden. Die Krise des Alterns, die Partnerkrise und die Krise mit der Tochter verdichten sich zu einer ausweglosen Situation, in der seelische und psychosomatische Erkrankungen vorprogrammiert sind.

Ist das also die Verführungskraft der Tochter, daß aus ihren Phantasien Realität werden könnte? Will der Vater in der Phantasie die Tochter zu dieser Konsequenz verführen?

Theorien sind um so überzeugender, je plausibler sie sich an der Wirklichkeit überprüfen lassen. Als Modell erscheinen dafür Paarkonstellationen mit einer beträchtlichen Altersdifferenz am geeignetsten, wobei der Mann zirka eine Generation älter ist als die Frau. Lange Zeit waren sie von einem gesellschaftlichen Tabu umgeben, das nur wenige, insbesondere Künstler, zu brechen wagten. Heute gehören solche Paare inzwischen zur Alltagsrealität. Selbst Laien entgeht nicht das Vater-Tochter-Motiv bei dieser Konstellation, und auch die Partner verleugnen in der Regel nicht die väterlichen bzw. töchterlichen Anteile in ihrer Beziehung.

Das kritische Argument gegen die älteren Männer besagt, daß sie jüngere Frauen aus ästhetischen und sexuellen Gründen bevorzugen. Leider läßt sich das nicht bestreiten; es zu leugnen wäre Heuchelei. Aber sehr häufig dürfte das tieferliegende Motiv für die Partnerwahl tatsächlich in den Wesensmerkmalen liegen, die die junge Frau als Ersatztochter aufweist. Unabhängig von der Frage der Sexualität geht es dabei zunächst um eine Wiederholung einer Vater-Tochter-Beziehung, in der der «Vater» alle seine väterlichen Ideale noch einmal verwirklichen kann, diesmal vielleicht in reiferer und erfüllterer Form, als ihm dies aus unterschiedlichen Gründen zur leiblichen Tochter möglich war. Die angeführte Kritik an diesen Männern greift auch deswegen zu kurz, weil die Frauen dabei unberücksichtigt bleiben. Bei ihrer Partnerwahl liegen die Motive noch offener zutage. Ästhetik und Sexualität scheinen zugunsten anderer Qualitäten zurückzutreten, die genau jene väterlichen Eigenschaften repräsentieren, die schon immer ersehnt wurden. Die Tatsache, daß solche Partnerschaften häufig eine unerwartete Stabilität zeigen, läßt sich als Beleg für die ausführlich erörterte Grundannahme auffassen, nach der Vater-Tochter-Beziehungen durch vergleichsweise geringe aggressive und narzißtische Konflikte belastet sind.

Diese Erfahrungen zeigen auch eine überraschende Perspektive zum Verständnis der wechselseitigen Verführungen zwischen Vater und Tochter auf. Es scheint dabei um mehr zu gehen als um den phantasierten Wunsch nach sexueller Vereinigung mit dem Ziel, den Penis des Vaters bzw. die Vagina der Tochter zu erobern, um gemeinsam ein Kind zu zeugen. Mit dieser psychoanalytischen Annahme fände das Rätsel der Vater-Tochter-Beziehung eine doch recht banale Lösung. Eine weitergehende Deutung kann das Geheimnis vielleicht um einen leichten Schleier mehr lüften. Bekanntlich ist der Penis nicht nur ein Sexualorgan, sondern gilt als umfassendes Symbol des männlichen Prinzips. Der Penis des Vaters repräsentiert für die Tochter die väterliche Ganzheit. Ihn zu besitzen bedeutet für sie die Verschmelzung mit dem Vater zu einer Einheit, wie sie in frühester Kindheit nur mit der Mutter bestand. Durch die Pubertät selbst zur Frau geworden, würde die Vereinigung mit dem Vater das weibliche und männliche Prinzip zu einer Ganzheit verbinden. Sie wäre weit umfassender als die nur weiblich determinierte Symbiose mit der Mutter. Da wir vermuten, daß in jedem Menschen aufgrund seiner männlichen wie weiblichen Anteile der Wunsch nach dieser letztmöglichen Form der Ganzheit als grundlegendes Prinzip seines Daseins angelegt ist, worüber auch die androgynen Götterwelten der Ägypter, Griechen und vieler anderer Völker ein beredtes Zeugnis ablegen, kann die Tochter das Ziel nur in der Phantasie durch die Sexualisierung des Wunsches erreichen. Unter der Bedingung des Inzesttabus wird er nie in Erfüllung gehen; um so stärker bleibt er als ewige Sehnsucht erhalten. Die Verführung durch die Tochter zielt also nur vordergründig auf die Sexualität; ihre magische Kraft bezieht sie aus dem unbedingten Streben nach der Einheit mit dem Vater, nach der mythischen Ganzheit von Frau und Mann, in der sich die allumfassende Liebe erfüllt. So wird der Vater als erster Mann der Tochter zu ihrem sie ständig begleitenden Schatten und zu ihrem Schicksal.

Wenn man in diesen metapsychologischen Bereich vordringt, liegt die Vermutung nahe, daß sich solche Symbolisierungsvorgänge, wenn auch mit Einschränkungen, ebenfalls auf den Vater übertragen lassen. Die Tochter repräsentiert für ihn das Prinzip der weiblichen Unschuld. Ihre Vagina ist Symbol für eine noch unberührte Weiblichkeit.[38] Die Verschmelzung mit ihr würde die Urerfahrung männlich-weiblicher Einheit herstellen. Diese Ausschließlichkeit war weder in den ödipalen Phantasien der Kindheit noch in der Pubertät mit der Mutter möglich, nicht nur, weil sie dem Vater gehörte, sondern vor allem, weil sie bereits ihre Jungfräulichkeit verloren hatte. Auch mit einer erwachsenen Frau sind solchen archaischen Regressionswünschen Grenzen gesetzt, nachdem sie durch vielerlei Erfahrungen nicht mehr über ihre Unschuld und ihre uranfängliche Weiblichkeit verfügt.

Hier entschlüsselt sich vielleicht der tiefere Sinn der Virginität.

Das Hymen ist die Grenze, die die Natur zwischen den Geschlechtern errichtet hat. Nur einmal kann sie durchstoßen werden. Es ist der Augenblick, in dem die Jungfrau zur Frau und der Jüngling zum Mann wird und in dem beide während der Vereinigung des Paradies der Einheit betreten. Nicht die Tatsache, so ließe sich folgern, daß die Frau schon einen anderen Mann gehabt hat, macht sie für die Ehe wertlos, sondern daß der Ehemann auf die Urerfahrung eines noch heilen Paradieses verzichten muß. Ohne einen solchen tieferen Sinn lassen sich die Entwertungen und Verfolgungen nicht verstehen, die Frauen über alle Jahrhunderte ertragen mußten und in vielen Erdteilen noch heute erleiden, wenn sie ihre Jungfräulichkeit vor der Ehe «verloren» haben.

Die phantasierte sexuelle Verbindung zwischen Vater und Tochter würde also für beide ihre frühe Liebe auf eine neue Ebene transponieren und für die Ewigkeit festschreiben. Dazu wollen sie sich beide verführen. Umgekehrt bedeutet der Verzicht darauf das Ende der ersehnten Einheit. Beide müssen ihre Wünsche aufgeben und stehen damit vor der Aufgabe, ihre Beziehung neu zu definieren. Mit dem Inzestverzicht löst sich auch die Rätselhaftigkeit auf, die beide magisch angezogen und aneinander gebunden hat. Die jetzt fällige Separation rückt Vater und Tochter in ein realistisches Licht, und sie ahnen die dunklen Seiten des anderen, denen sie fortan nicht mehr ausweichen können.

VII. Kindsein ohne Ende.
Die Krisen zwischen Ablösung und
Wiederannäherung in der Adoleszenz

1. Die Vater-Kind-Beziehung: ein dynamischer Prozeß

Die sozialwissenschaftliche und psychologische Forschung der letzten zwanzig Jahre hat sich vor allem mit dem Einfluß väterlicher Erziehungsstile auf die intellektuelle, psychosexuelle und soziale Entwicklung der Kinder bis zur Schulreife beschäftigt. Untersuchungen über Vater-Kind-Beziehungen während und nach der Pubertät bilden die Ausnahme.[39] Dem entspricht die zentrale Bedeutung, die mit Beginn der Psychoanalyse zu Anfang dieses Jahrhunderts der frühen Kindheit für die spätere Persönlichkeitsstruktur beigemessen wird. Durch die populäre Verbreitung der psychologischen Erkenntnisse sind heute den meisten Eltern die ungünstigen Folgen aller ihrer Fehler und Versäumnisse in dieser Entwicklungsphase bewußt. Da es keine Erziehung ohne Fehler und Mangelerlebnisse gibt, plagen sie sich mit Befürchtungen, bösen Ahnungen, Ängsten und Schuldgefühlen, die die Beziehung zu den Kindern eher belasten können, da ihr Preis der Verlust von Unbefangenheit und eigener Lebensfreude ist. So wichtig und richtig die Erforschung der frühen Kindheit war, so hat sie unfreiwillig der Verewigung des Rousseauschen Mißverständnisses vom naturhaft guten Kind Vorschub geleistet, das erst unter dem Einfluß der Eltern verdorben wird. Dieses von Rousseau in der Tradition der Aufklärung entworfene Menschenbild war in seiner idealistischen Romantik deswegen so wirksam, weil es den narzißtischen Selbstentwurf des Menschen als eines im Kern guten Wesens bestärkte. Deswegen kann im Interesse einer modernen Erkenntnisgewinnung nicht genug betont werden: Es gibt kein ideales Kind, es gibt keine idealen Eltern und es gibt auch keine ideale Erziehung. Von Geburt an ist der Mensch zu allererst ein Triebwesen, das im Laufe seiner Kulturaneignung von inneren Antinomien beherrscht wird, die sich aus der Konfrontation mit der sozialen Umwelt herausbilden. Die Widersprüche zwischen innerer Natur und äußerer Welt können immer nur annäherungsweise gelöst werden – eine Lebensaufgabe, die den Umgang mit Konflikten zu einem dauerhaften Prinzip erhebt. Der idealistische Gegenentwurf dient letztlich dazu, die menschliche Natur in ihrer Konflikthaftigkeit zu verleugnen, um der Realität permanent notwendiger Auseinandersetzungen und der Möglichkeit ihres Scheiterns auszuweichen.

Die realistische Erkenntnis von den Schwierigkeiten individueller Menschwerdung entlastet dagegen den Anspruch an eine «ideale» Erziehung in der frühen Kindheit von seinem drückenden Gewicht. Die langjährigen Anstrengungen, die wilden und unzivilisierten Triebkräfte des Kindes zu zügeln und zu sozialisieren, sind zwangsläufig mit Fehleinschätzungen, Irrtümern und zeitweiligem Versagen verbunden, da sie ein hohes Maß an elterlicher Kraft, Selbstkontrolle, Konfliktfähigkeit, Angstfreiheit, Verantwortungsbewußtsein, Verzichtbereitschaft und innerer Reife voraussetzen. Diese Qualitäten als konstant anzunehmen hieße, die psychischen Fähigkeiten des einzelnen hoffnungslos zu überfordern. Schon ein Mittelmaß von allem stößt an die Grenzen der Möglichkeiten. Diese Grenzen für sich zu akzeptieren und seine eigenen Fehler und Schwächen einzugestehen, mit denen man an den Kindern «schuldig» wird, könnte unangemessene Schuldgefühle vermindern.

Zur Versachlichung dient dabei auch der genauere Blick auf die Natur des Kindes selbst. Kinder sind nicht nur ausschließlich gut und unschuldig, eine tabula rasa, auf der der Erwachsene sein Werk errichtet, sondern können sich durch ihre triebhafte Ansprüchlichkeit und ihren Sadismus in quälende Monster verwandeln, in Nervensägen, die die Geduld auch der stärksten Eltern übersteigen. Außerdem sind viele Eigentümlichkeiten und Entwicklungsschwierigkeiten vorübergehender Natur; sie treten meist im Rahmen von Schwellensituationen (z. B. Kindergarten und Schuleintritt) oder kritischen Phasen auf (z. B. Geburt eines Geschwisters, Pubertätsbeginn) und sind dann als normale Krisenphänomene aufzufassen, wie sie zu jeder Entwicklung gehören. Die Panikgefühle der Eltern und die Alarmbereitschaft der Umwelt in Kindergarten und Schule verdanken ihre Dramatisierung oftmals der Überschätzung solcher Symptome als Zeichen künftiger Fehlentwicklungen und sind die Folge einer falsch verstandenen Aufklärung und der von ihr zu verantwortenden Verunsicherung. Die meisten Auffälligkeiten normalisieren sich im Laufe der weiteren Festigung der Persönlichkeit. Nach breiten kinderpsychiatrischen und kindertherapeutischen Erfahrungen neigen Mütter zur stärkeren Dramatisierung, da sie die besonders sensibilisierten Opfer einer solchen Aufklärung sind. Der vorschnelle Weg in eine Erziehungsberatungsstelle oder zu einem Kindertherapeuten kann das Kind unnötig stigmatisieren. Väter haben diesbezüglich eine kritischere Distanz und lassen sich nicht so leicht beunruhigen. Daß sie deswegen weniger sensibel und verantwortungsbewußt sind, läßt sich in der Praxis meist nicht bestätigen. Allerdings sind sie auch weniger mit den «Störungen» des Kindes konfrontiert.

Außerdem muß bei allen psychischen Auffälligkeiten im Kindesalter betont werden, daß ihre Ursache nicht grundsätzlich in einem Fehlverhalten der Eltern zu suchen ist. Jedes Kind bringt eine variable Vielfalt von Verhaltensmerkmalen mit auf die Welt, die beim Auftreten von Entwicklungsschwierigkeiten bedacht werden müssen. Dieser genetische Faktor wird bei der allgemeinen Psychologisierung meist völlig ausgeblendet, könnte Eltern aber oftmals zu einer nüchternen Betrachtung und Schuldgefühlsentlastung verhelfen.

Die Einleitung dieses Kapitels soll aber nicht nur der Klärung der geschilderten Mißverständnisse dienen, sondern zielt auf einen anderen Sachverhalt ab, der bei der starken Zentriertheit auf die frühe Kindheit immer wieder in Vergessenheit gerät. Der Mensch ist, seinem eigenen Entwicklungspotential entsprechend und abhängig vom wechselnden Einfluß seiner Umwelt, von der Geburt bis zum Tod einem ständigen Wandlungsprozeß unterworfen. Seine hohe Plastizität und Flexibilität in der Anpassungsfähigkeit an immer neue Herausforderungen und Lebensbedingungen zeichnet ihn vor allen höher entwickelten Säugetierarten aus. Diese sicher nicht neue, aber in der Psychologie wenig genutzte Erkenntnis eröffnet Perspektiven, die auch das Vaterthema um einige Facetten bereichern und in einem lebensübergreifenden Zusammenhang verständlicher machen.

Wenn man in diesem Sinne zunächst das Kind betrachtet, wird die deterministische Auffassung von der prägenden Bedeutung der ersten fünf Lebensjahre erheblich relativiert. Schon das Kind, und Kindheit reicht bis zur Pubertät, definiert sich durch sein ständiges Wachstum, seine unaufhaltsame Veränderung und, worauf Renate Möhrmann aufmerksam macht, durch «die permanente, alltagsbestimmende Auseinandersetzung mit dem Wechsel, dem Wandel, der sich ständig verändernden Situation».[40] Und dies gilt nicht nur für die Kindheit, sondern für jedes Leben, solange es seine Lebendigkeit erhält. Der mit der Auffassung von der Bedeutung der frühen Kindheit verbundene Fatalismus, der sich wie Mehltau auf die schuldbeladenen Eltern legt, erwies sich daher, spätestens seit Längsschnittstudien an meist schwer gestörten Kindern positive Entwicklungsverläufe bei den späteren Erwachsenen nachweisen konnten, als unberechtigt. Dies, soweit ausreichend günstige Umweltbedingungen in der Nachkindheit zur Bewältigung früherer Probleme und zur Stabilisierung der Persönlichkeit beitrugen. Dabei sind jedoch die Umwelteinflüsse nur ein Faktor konstruktiver Konfliktverarbeitung. Die Überwindung frühkindlicher Traumata hängt ebenso entscheidend von dem Entwicklungspotential der Betroffenen selbst ab, das sich erst nach Abklingen der belastenden Kindheitserfahrungen entfalten kann oder das erst zu einem späteren Zeitpunkt der Persönlichkeitsreifung greift. Sogenannte Spätentwicklungen müssen keinesfalls ausschließlich durch pathogene Lebensbedingungen verursacht sein, auch wenn diese grundsätzlich das Entwicklungstempo verzögern können. Eine wichtige Rolle scheinen dabei aber genetische Codes zu spielen, die die geistigen, seelischen und sozialen Reifungsprozesse zu einem von der Norm abweichenden Zeitraster zur Entfaltung bringen. Solche Normabweichungen finden sich umgekehrt auch bei den Frühentwicklern, bei denen es oftmals zu einer schwer zu verarbeitenden Dissoziation von körperlicher, geistiger und psychosexueller Reifung kommt.

Aus den geschilderten Zusammenhängen läßt sich also ableiten, daß erstens unabhängig von Umwelteinflüssen innere Gesetze das Entwicklungstempo eines Kindes maßgeblich mitbestimmen und daß zweitens die Plastizität des psychischen Organismus frühe Störungen und Defizite durchaus beheben und ausgleichen kann.

Diese Erfahrungen lassen sich auf Väter (und auch auf Mütter) übertragen. Es gibt zweifellos Väter mit einer begrenzten psychischen Kapazität, die notwendigen Gefühlsqualitäten zur Förderung ihrer noch kleinen Kinder auszubilden. Die Gründe hierfür können sowohl äußerer wie innerer Natur sein. Zu den äußeren Faktoren zählen ein noch junges Alter des Vaters, starke Streßbelastungen im Rahmen des Berufsaufbaus, einer eigenen Geschäfts- oder Betriebsgründung, eines Hausbaus mit jahrelangen Sparzwängen, berufliche Mißerfolge oder anhaltende eheliche Disharmonien. Die inneren Gründe liegen meist in noch unentwickelten Bereitschaften auf dem Hintergrund eigener entbehrungsreicher oder belastender Kindheitserfahrungen. So schwer den betreffenden Vätern anfänglich die Identifizierung mit den Interessen und Bedürfnissen der Kinder fällt, so kontinuierlich wandeln sie sich gemeinsam mit den Kindern und wachsen zu einem späteren Zeitpunkt in die väterliche Rolle hinein. Oft erst bei Pubertät oder Adoleszenz entwickeln sie ein auch emotional getragenes Engagement für ihre heranwachsenden Kinder. Diese Wandlung kann wiederum durch äußere Umstände bedingt sein, zum Beispiel durch die Abnahme beruflicher, familiärer oder persönlicher Streßfaktoren, oder durch einen inneren Reifungsprozeß hervorgerufen werden, der in enger Wechselbeziehung zur Entwicklung der Kinder in eine neue Dimension der Nähe, des Verständnisses und der Verantwortung rückt.

Ohne Zweifel hat den Kindern in solchen Fällen der frühe Vater gefehlt, ein Mangel, der sich in unterschiedlichen Entwicklungsschwierigkeiten ausgewirkt haben mag. Aber langjährige Berufspraxis zeigt immer wieder den ermutigenden Befund, daß die Entdeckung des «späteren Vaters» die frühen Mangelerlebnisse ausgleichen und zu einer Stabilisierung der heranwachsenden Persönlichkeit beitragen kann. Wie wichtig diese Erfahrung besonders für Scheidungskinder ist, soll in einem späteren Kapitel verdeutlicht werden.

Das Gesetz des Wandels relativiert ganz wesentlich unsere bisherigen Kenntnisse und Annahmen über die Bedeutung des Vaters in den ersten Lebensjahren. Eine Beziehung zu einem dreijährigen Kind, ob gut oder schlecht, liefert keine verläßliche Prognose über die Qualität der Beziehung im Alter von zehn, fünfzehn oder fündundzwanzig Jahren. Die Komplexität des inneren Entwicklungspotentials der Kinder ebenso wie der Väter ist unkalkulierbar, und die Vielzahl der äußeren Variablen, die in eine Beziehung hineinwirken, enthalten keinerlei Garantien; sie raten eher zur Vorsicht bei vorschnellen Urteilen. Besonders die Vaterbilder in der öffentlichen Diskussion lassen eine solche dynamische Betrachtung von Entwicklungsprozessen und von der Dialektik jeder Vater-Kind-Beziehung vermissen. Das Vorurteil «einmal schlecht, immer schlecht» sollte getrost verabschiedet werden.

2. Väter älterer Kinder

Ohne die Prozesse des Wandels zu berücksichtigen, die jede Vater-Kind-Beziehung begleiten, läßt sich das vorliegende Thema nicht angemessen darstellen. In den beiden vorangehenden Kapiteln über das Vater-Sohn- und Vater-Tochter-Verhältnis habe ich mich auf die Beschreibung einiger psychologischer Mechanismen beschränkt, die die besondere Spezifität beider Bin-

dungsformen ausmachen. Im folgenden stehen die Unberechen-
barkeit des Wandels, speziell in heutiger Zeit, und die entsprechenden Anforderungen an die Anpassungsfähigkeit des Vaters
im Vordergrund.

Die Pubertät stellt normalerweise einen Markierungspunkt
der Entwicklung dar, bei dem die Kindheit endgültig verabschiedet und das Erwachsenenalter eingeleitet wird. Die Geschwindigkeit und das Ausmaß des Wandels in dieser Phase werden
nicht nur von inneren Bewegungsgesetzen bestimmt, sondern
sind entscheidend von Einflüssen der sozialen Realität abhängig.
Der Begriff des «Wertewandels» deutet die gesellschaftlichen
Umbrüche an, mit denen sich Jugendliche gegenwärtig ausein-
andersetzen müssen. Dabei wirkt der Begriff nicht nur äußerlich.
Der Wandel des Demokratieverständnisses, der Freiheitsansprü-
che des Individuums, der religiösen Bindungen, des Leistungs-
und Konkurrenzprinzips, der traditionellen Familienstrukturen,
der Konsumbedürfnisse, der Sexualmoral und der Rollenum-
schreibungen der Frau – um nur einige Veränderungen im ideo-
logischen und praktischen Normensystem der Gesellschaft zu
nennen – wird immer auch verinnerlicht und bildet intrapsychisch ein System neu zu erlernender Verhaltensmuster und
Orientierungen. Diese greifen speziell in den psychosozialen
Wandlungsprozeß der Pubertät ein, weil gleichzeitig mit der
Entwicklungsaufgabe zur inneren und äußeren Ablösung vom
Elternhaus eine verstärkte Suche nach außerfamiliären Leitbildern einsetzt. Da sich der Wertewandel der heutigen Gesellschaft
im historischen Vergleich mit großer Beschleunigung vollzieht,
kann es nicht überraschen, wenn die junge Generation in oft dramatischer Weise von ihm erfaßt wird.

Während noch weit in unser Jahrhundert hinein die Ablösung
von den Eltern im allgemeinen ohne tiefe innere Brüche statt-
fand, weil familiäre und gesellschaftliche Ideologien noch den
gleichen konservativen Traditionslinien folgten, stehen die rapiden Umbrüche unserer Zeit oft in starkem Widerspruch zu den
früh verinnerlichten Wertnormen innerhalb der Familie. Dadurch können die Ablösungsreaktionen der heranwachsenden
Kinder immer unberechenbarer werden.

Die junge Generation zwischen zirka fünfzehn bis dreißig Jahren muß sich heute in einer Welt voller Unwägbarkeiten und ungesicherter Zukunftsperspektiven einrichten. Große Teile von ihr schwanken in ihren Lebensstilen und -auffassungen zwischen unbekümmerter Freiheit und tiefem Zukunftspessimismus, zwischen hedonistischer Genußsucht und asketischen Idealen, zwischen politischer Apathie und starkem Engagement, zwischen weltanschaulichem Zynismus und spiritueller Begeisterung. Die Widersprüche lassen sich beliebig erweitern. Lebensstile und -haltungen können von einem Tag zum anderen, von einem zum anderen Jahr wechseln. Aussteigen oder einsteigen – das ist die Frage. Das Gefühl für eine stabile Berufsorientierung und für die Kontinuität von menschlichen Bindungen und Lebensentwürfen weicht zunehmend dem Bewußtsein eines improvisierten Lebens, einer geborgten Zeit, die von heute bis morgen reicht, auf jeden Fall nur in kurzen Etappen planbar ist. Oft werden die Widersprüche in einer Person zur unerträglichen Spannung akkumuliert.

Außerdem dringt die alltagsbestimmende Welt der Medien mit ihrer Flüchtigkeit von Bildern und Ereignissen tief in das Erleben des einzelnen ein und verändert die Wahrnehmungsqualitäten von Zeit- und Raumgefühlen, vom Bedeutungsgehalt der Dinge und von der Wertigkeit historischer Abläufe und gesellschaftlicher Regeln. Die Einführung des digitalen Fernsehens wird diesen Prozeß beschleunigen. Keiner weiß mehr, wohin der Zug fährt. In der Medienwelt ist jüngst der Begriff der «Grundversorgung» geprägt worden, auf die jeder Mensch einen Anspruch hat. Neben der Grundversorgung mit Nahrungsgütern und bei der medizinischen Hilfe hat damit der mediale Genuß den Rang eines Elementarbedürfnisses angenommen, das zu befriedigen jede Gesellschaft verpflichtet ist. Der zunehmende Drang, die eigene Person in globalen Informationsnetzen zu codieren, ist mehr als ein Spiel mit den technischen Möglichkeiten. Der persönliche Code schreibt ein Stück unlöschbarer Ewigkeit in den intergalaktischen Raum, wo Anonymität und Beliebigkeit der Informationsgesellschaft das Gefühl für Identität auszuhöhlen beginnen. Ohne verläßliche Identität, Orientierung und Zukunftsentwürfe bleibt aber der Heranwachsende regressiv an frühe, familiär erfahrene Befriedigungsformen fixiert. Die widersprüchlichen Gefühle von Sinnlosigkeit, Leere und Entfremdung auf der einen und von Spontaneität, Schaffensdrang und Lebensfreude auf der anderen Seite in breiten Teilen der heranwachsenden Generation können einen altersgemäßen Ablösungsprozeß vom Elternhaus blockieren und die Antriebs- und Entwicklungskräfte zu einem eigenständigen Leben lähmen. Ein normaler Ablösungs- und Reifungsprozeß, so scheint es, wird heute für junge Menschen immer schwieriger. Hierbei wirken die ausgeprägte Kindzentriertheit, ein übermäßiges Bindungsverhalten der Eltern und eine Verwöhnkultur in den frühen Entwicklungsjahren eng mit dem Wertewandel der Gesellschaft einschließlich seiner Krisen und Umbrüche zusammen. Die Grenzen zwischen Kindheit und Adoleszenz verwischen sich. Die normale Identitätskrise in der Pubertät erfährt heute vielfach eine kritische Zuspitzung, weil sich die widersprüchlichen Erfahrungen der Außenwelt in fast unlösbare innere Widersprüche verwandeln. Während diese Heranwachsenden noch stark an ihrer kindlichen Abhängigkeit festhalten, verfügen sie mit zwanzig bis fünfundzwanzig Jahren bereits über eine Welterfahrung und über Kenntnisse und Einsichten, die die ihrer Eltern vielfach übertreffen. Diese Dissoziation in der Persönlichkeitsreifung ist letztlich für die Verlängerung der Identitätskrise verantwortlich. Dabei bleibt die Entwicklung von altersgemäßer Selbstverantwortung, sozialer Kompetenz und psychosexueller Identität häufig auf lange Zeit verzögert.

3. Auch Väter haben Angst um ihre Kinder

Väter (und Mütter) sind verzweifelt. Sie ringen die Hände, raufen sich das vorzeitig ergraute Haar und bekommen Sorgenfalten. Was ist bloß los mit unseren Kindern? Sie verstehen die Welt nicht mehr, alles gerät aus den Fugen. Wo ist das Paradies der Kindheit geblieben? Damals waren die Kinder noch so fröhlich, alles lief glatt, die Zukunft lag wie ein goldener Teppich vor ihnen. Man hat doch alles für sie getan. Dann kamen die Pubertät und die Jahre danach, und seitdem erkennt man sie nicht wieder.

Rote, blaue, grüne Haare, Irokesenschnitt, Glatze, Silberringe durch Nase, Ohren, Augenbrauen und Mund, Tätowierungen, große Löcher in den Kleidern, Unordnung, wohin man blickt. Nachlassende Schulleistungen, Sitzenbleiben, Schuleschwänzen, Zigaretten, Alkohol. Sie werden doch wohl keine Drogen nehmen? «Die Alten» sind out, statt Gespräch und Verständigung gibt es nur üble Motzerei. «Spießer!» Verneinung ist angesagt, die Gesellschaft ein Scheißhaus. Schulabbrüche, Ausbildungsabbrüche, Studienabbrüche. Beruf? Was ist das? Die Zukunft kann warten. Ich lebe jetzt. Die Sprache verhunzt, feeling ist alles, Vernunft ist nichts. Die Liebe beginnt früh, dauert aber immer nur Tage, vielleicht Wochen oder Monate. Verhütung? Ja, ja, ich paß' schon auf. Aids bekommen nur die anderen. Schwanger? Na, und? Es gibt doch Ärzte. Bei vielen muß die Liebe lange warten. Ihnen fehlt das Vertrauen. Irgendwann der erste Anruf der Polizei. Diesmal war es eine Bagatelle. Hoffentlich bleibt es dabei.

Väter (und Mütter) stehen kopf. Zorn überwältigt sie zuweilen, sie ermahnen, kontrollieren, drohen, schreien, werden ungerecht – sie haben Angst. In allen Zeiten hatten Eltern Angst um die Entwicklung ihrer Kinder. Krankheiten, Unfälle, Kriege, Flucht und Vertreibung, Hunger und viele andere Schicksalsschläge, die das Leben und das Glück der Kinder bedrohten, waren Anlaß für Kummer und Sorgen. Folgt man den Vater-Kind-Dramen in der Literatur, so waren dort die Muster einfacher gestrickt. Söhne galten als «verkommen», wenn sie den Berufswünschen des Vaters nicht entsprachen, beruflich scheiterten, Geld verschleuderten oder nicht standesgemäß heirateten. Töchter waren «mißraten», wenn sie ihre Jungfräulichkeit vor der Ehe verloren hatten oder gar schwanger wurden. Sexuelle Freiheit rückte sie in den Status der Hure. Aber auch unabhängiges Denken und eigenständiger Wille wurden schwer geahndet.[41]

Daß die Ängste der Väter und ihre Verantwortung für das Schicksal der Kinder ein entscheidendes Motiv für die dramatischen Konflikte bildeten, die um solches «Fehlverhalten» ausgetragen wurden, ist kaum Gegenstand literarischer Gestaltung. Peter von Matt betont bei seiner Literaturrecherche, daß die Genealogie der Moral einer Familie und Gesellschaft darüber entscheidet, was als «verkommen» und «mißraten» gilt; diese Genealogie sei aber im historischen Kontext ständigen Wandlungen unterworfen.

Die Ängste der heutigen Vatergenerationen haben sich qualitativ stark gewandelt. An dieser Stelle muß man fragen: Haben Väter überhaupt Angst um ihre Kinder? Zumindest scheint das nicht selbstverständlich, wenn man nicht nur der schöngeistigen, sondern auch der wissenschaftlichen und populären Literatur folgt, in der man wenig über das Thema erfährt. Gängiger ist das verbreitete Klischee vom Desinteresse, der Gleichgültigkeit, kurz, der mangelnden emotionalen Anteilnahme und Einfühlung. Väter herrschen, bestrafen, mißachten, reagieren gekränkt und bekommen Wutanfälle, nicht selten bis zur Gewalt. Wer würde vermuten, daß sich hinter all diesen Reaktionen ein hohes Maß an Angst verbirgt? Es ist wahr: Frauen äußern ihre Ängste direkter, sie gelten deswegen als besorgt und stärker emotional beteiligt. Frauen dürfen Angst haben und ihre Angst auch zeigen. Männer nicht. Väter haben bekanntlich schon als Jungen gelernt, ihre Ängste zu beherrschen. Wie kein anderes Gefühl war die Angst für sie immer mit großer Scham verbunden, weswegen sie viele Masken entworfen haben, um sie zu verdecken.[42] Solche Masken haben zu einer breitgefächerten Typologie geführt. Es sind die Männer aus Stein, aus Eisen oder Stahl, die «eiskalten Engel», die ewigen Sieger oder einsamen Wölfe, unberechenbar in ihrem Fühlen und Handeln, ob als Helden oder Verbrecher, als Politiker oder Manager. Auch Väter können so sein. Auch sie wirken zeitweilig unbeeindruckt vom Schicksal ihrer Kinder. Aber der Eindruck kann täuschen. Häufig ist es zwar nicht leicht, zwischen Maske und wirklichem Charakter zu unterscheiden, weil die Maske als Konstrukt verschiedener Abwehrmechanismen gegen Angst und andere Gefühle sich zum Panzer verdichten, nach innen ausdehnen und die gesamte Person bis zur völligen Emotionslosigkeit einfrieren kann. Solche Schicksale sind jedoch recht selten. In der Regel sind die Masken an der Oberfläche und die vulkanischen Gefühlsvorgänge im Untergrund. Sie verbergen nicht nur die tabuisierten Triebkräfte von Aggression und Sexualität und die an sie gekoppelten Schuld- und Schamgefühle, sondern auch die Angst. Deswegen erscheint mir die Feststellung von größter Bedeutung: Väter hegen in gleicher Weise wie Mütter Ängste um ihre Kinder. Nur ihre Rolle verlangt von ihnen, diese weniger zu zeigen und statt dessen Sicherheit, Vertrauen und innere Festigkeit zu repräsentieren, um die kindlichen Ängste und Verunsicherungen abzupuffern.

Die spezifischen Ängste des Vaters um seine Kinder entstammen in erster Linie seinem Verantwortungsgefühl, dessen Ursprung in seiner ihm angestammten Beschützerrolle begründet ist. Folgt man dem Stand moderner anthropologischer Forschung, so hat sich im Laufe der menschlichen Evolution die Beschützerrolle des Vaters vom tierischen Instinktverhalten gelöst und zu einer höher entwickelten Funktion gewandelt. Da erlerntes Verhalten weniger stabil in menschlichen Reaktionsmustern verankert ist, mußte die Beschützerrolle durch die Etablierung des Verantwortungsgefühls als psychische Instanz des Über-Ich abgesichert werden. Auf diese Weise wurden Beschützerrolle und Verantwortungsgefühl als Stufen sozialer Reifung eng miteinander verschmolzen.

Dabei ist zunächst auffallend, daß die Ängste des Vaters in besonderer Intensität erst mit Beginn der Pubertät des Kindes aufzutreten scheinen. Natürlich beschützt er sie, sorgt sich um sie und entwickelt auch in ihrem jüngeren Alter Ängste, für die es Anlässe genug gibt. Aber im Unterschied zu den Müttern und zu deren Verdruß bleibt sein diesbezügliches Engagement vor der

Pubertät vergleichsweise gering. Wie erklärt sich das verstärkte Auftreten der väterlichen Angst ab dieser Zeit? Ab der Pubertät verlassen die Kinder mehr oder weniger den Schutz und die Geborgenheit der Familie, streifen die letzten Eihäute ab und treten definitiv und selbständig in die Außenwelt ein. Wenigstens ist das ihre Entwicklungsaufgabe in dieser Zeit. Ab jetzt warten die eigentlichen Klippen des Lebens auf sie, die sie umschiffen müssen, die Verlockungen und Gefahren, das große Glück der Freiheit und die unzähligen Möglichkeiten des Scheiterns. Wenn sie diese Odyssee antreten, bekommen ihre Väter Angst. Sie kennen die Härte, mit der das Erwachsenwerden die Söhne konfrontiert, die Konkurrenz um Erfolg, Ansehen, Macht und Einkommen, und die Enttäuschungen, Kränkungen und Niederlagen, die mit diesem ständigen Kampf verbunden sind. Sie haben selbst die Macht der sexuellen und aggressiven Bedürfnisse erfahren und die Last, ihrer Herr zu werden, und sie hören die Sirenengesänge, denen die Söhne verfallen können. Sie ahnen etwas von den Schwierigkeiten der Töchter, ihr eigenes Potential zur Selbstentfaltung zu nutzen, sich gegen die Machtansprüche der Männer durchzusetzen; sie kennen ihre Verführungskünste und Unterwerfungstendenzen; sie phantasieren sich die Zukunft der Töchter als Geliebte, als Ehefrauen, als Mütter und im Beruf und wissen, mit wieviel Leiden, neben all dem Glück und aller Befriedigung, diese Wege gepflastert sein können. Sie speisen diese Phantasien mit ihren Erfahrungen über die männliche Natur – sie wissen, wozu ihr eigenes Geschlecht fähig ist. Aber auch ihre Einsichten über die Natur der Frau stimmen sie nicht bedingungslos optimistisch.

All diese Bedingungen bilden die Grundlage ihrer Ängste, wenn die heranwachsenden Kinder ihre Segel setzen, während die Väter im Hafen zurückbleiben und die auslaufenden Schiffe nur noch in Gedanken begleiten können. Aber die Reise der Kinder durch die heutige Zeit hat die Ängste qualitativ verändert. Sie können nicht mehr verleugnen, wie kompliziert es für junge Menschen geworden ist, sich in der modernen Welt zurechtzufinden. Sie können sie nicht mehr beschützen. Sie beobachten nur die verzweifelte Suche der Kinder nach Sinn und Erfüllung. Oftmals droht den Vätern selbst, die Orientierung zu verlieren, ihnen gehen die Antworten auf Fragen aus, die schon gar nicht mehr gestellt werden. In aller Ratlosigkeit können sie nicht mehr raten. Es ist so schwer geworden, sich selbst zu finden.

Väter begreifen ihre Zuständigkeit hauptsächlich für Gefahren, die von der Außenwelt drohen. Auf sie bezieht sich ihre Beschützerrolle und ihr Verantwortungsgefühl. Daher die Intensität ihrer Angst ab der Pubertät der Kinder.

Wie stark die Orientierungskrise in heutiger Zeit die junge Generation erfaßt hat, und wie identitätszerstörend und existenzbedrohend sich die verschiedenen Facetten der strukturellen Gewalt der modernen Gesellschaft auswirken – wie berechtigt also die Angst der Väter ist –, läßt sich an einigen statistischen Fakten illustrieren. Die Altersgruppe der Fünfzehn- bis Dreißigjährigen ist im Vergleich mit anderen Jahrgängen am häufigsten von Selbstmordversuchen und Selbstmorden, Drogensucht und Drogentod, ungewollten Schwangerschaften und Abtreibungen, Schwerverletzungen und Tod durch Verkehrsunfälle, von Gewalt und Kriminalität jeder Art betroffen. Für die meisten Bereiche verzeichnen die Statistiken einen steten Anstieg in den letzten drei Jahrzehnten. Sie bilden nur die Spitze des Eisbergs jugendlicher und heranwachsender Irrungen und Verwirrungen als Resultate des Scheiterns bei der Bewältigung heutiger Probleme.

Wenn man davon ausgeht, daß die Vatergenerationen der Gegenwart mit heranwachsenden Kindern noch stark unter dem Einfluß traditioneller Über-Ich Anforderungen und entsprechender Rollenvorstellungen stehen, die ihnen die Vertretung der Interessen des Kindes, seinen Schutz und die Verantwortung für seine außerfamiliäre Bewährung vorschreiben, wird das ausgesprochene Dilemma erkennbar, in das sie durch den rapiden Wandel der Zeit geraten sind. Konflikte zwischen den Generationen gab es zu allen Zeiten. Immer stand die Pubertät und Adoleszenz für Aufbruch und Erneuerung, während die Väter das Alte zu verteidigen versuchten. Aber trotz aller Proteste gab es feste Strukturen, die die Entwicklung der Kinder in überschaubare Bahnen lenkten. Schulausbildung, Berufsausbildung, Beruf und Familiengründung waren die groben Leitlinien, an denen sich die Söhne schon immer, die Töchter mehrheitlich seit einem halben Jahrhundert orientierten. Im Vertrauen auf die Erfüllung dieser Normen fühlten sich die Väter verantwortlich, boten Schutz, Unterstützung und Förderung an. Parallel zu den Entwicklungsschritten der Kinder erfolgte die innere und äußere Ablösung von ihnen, die spätestens mit deren Heirat weitgehend abgeschlossen war. Diese Grundmuster stimmen heute nicht mehr überein.

Der exponentielle Anstieg unseres Wissens und der spezialisierten Fertigkeiten hat die Schullaufbahnen, die Lehrlings- und Studienzeiten und die Übergänge zur abgeschlossenen Berufsausbildung wesentlich verlängert. Andererseits wird im Rahmen von wachsender Automatisation und Computerisierung der Arbeitswelt, von Sozialabbau und Wirtschaftskrisen Paragraph 12 des Grundgesetzes zunehmend außer Kraft gesetzt. Der Satz: «Alle Deutschen haben das Recht, Beruf, Arbeitsplatz und Ausbildungsstätte frei zu wählen» gerät zum Hohn für die heutigen und nachfolgenden Generationen junger Menschen. Ihr Kampf um einen Arbeitsplatz, der kaum mehr vom freien Willen, sondern von Marktgesetzen diktiert wird, muß bereits jetzt, stärker noch in der Zukunft, mit rücksichtsloser Konkurrenz, hoher Leistung und seelischer Robustheit geführt werden. Dabei erlebt die Benachteiligung der heranwachsenden Töchter eine neue Konjunktur. Der Traum von der Chancengleichheit ist ausgeträumt, wodurch der Krieg der Geschlechter – so ist zu befürchten – unendlich wird. Der Beruf und mit ihm die Berufsidentität als konstituierende Elemente der Gesamtidentität einer Person werden in wachsendem Maße entfremdet und drohen das Individuum zu dem zu machen, was Zeitkritiker seit langem prognostizieren: den automatisierten Menschen, den Menschen als Apparat und Maschine. Aber die Prognosen waren nur teilweise richtig. Immer mehr junge Menschen verweigern den Gehorsam. Sie sind zu aufgeklärt, um sich als winzige Maschinenteilchen im Getriebe der Zeit aufreiben zu lassen. Sie wollen leben. So werden sie ihrerseits zu Nutznießern einer flexiblen Arbeits- und Berufsgestaltung mit Jobben, Schwarzarbeit und langen Pausen auf Kosten der Arbeits- und Sozialämter oder der Eltern. Auf diese Weise läßt sich das Erwachsenwerden lange hinauszögern.

Untersuchungen über Väter, die alle hier aufgeworfenen Probleme vernachlässigen, wirken zwangsläufig antiquiert, auf Stereotype fixiert, und sind der bewußten Täuschung näher als auch nur dem Versuch zu einer differenzierten Betrachtung. Die «neuen Väter», das erfahren wir aus allen Gazetten und Talkshows, sind ganz anders als hier dargestellt. Auf Hochglanzpapier und im Licht der Scheinwerfer wurde aus ihnen eine neue Gattung von immer fröhlichen, glücklichen und flirtenden Männern, die mit ihren kleinen Kindern und heranwachsenden Söhnen und Töchtern den Grießpudding von Dr. Oetker ebenso genießen wie das Trekking durchs Gebirge und einen warmen Sommernachtsball. Diese Abziehbilder verraten nichts von dem, was Väter heute unter ihren verschiedenen Masken bewegt. Ihr Dilemma besteht hauptsächlich darin, daß die zunehmende Gefährdung eines stabilen Lebensaufbaus der heranwachsenden Kinder ein besonderes Maß an väterlicher Verantwortung und Schutz verlangen würde, das aber vor der realen Gewalt der Verhältnisse und der anonymen Macht weltanschaulicher Umbrüche zum Scheitern verurteilt ist. Dieses Dilemma liefert das hilflose Ich des Vaters, das unter dem Diktat seines Über-Ich zum konkreten Handeln aufgefordert wäre, einer weitgehenden Ohnmacht aus. Aus streßpsychologischer Sicht können besonders die Gefühle von Hilflosigkeit und Ohnmacht das Ich mit Angst überfluten. Genauer gesagt, erhält diese Angst ihren Zufluß aus zwei Quellen, zum einen aus dem inneren Über-Ich oder der Gewissensangst, da die väterlichen Aufgaben nicht mehr ausgeübt werden können, zum anderen aus der Angst vor den äußeren Gefahrenpotentialen für die Kinder, auf deren Bewältigung der Vater keinen aktiven Einfluß mehr nehmen kann.

Zur Veranschaulichung läßt sich die Theorie durch ein archaisches Bild ersetzen. Die ersten Jäger nahmen ihre heranwachsenden Söhne mit in die Prärie, um sie mit der Welt und ihren Gefahren außerhalb des Familienclans vertraut zu machen. Dabei boten sie ihnen den notwendigen Schutz und lehrten sie den Umgang mit Waffen. Sie ließen sie erst dann selbständig auf die Jagd gehen, wenn sie von ihrer Aggressions- und Verteidigungsfähigkeit überzeugt waren. Heute entlassen Väter ihre Kinder jenseits der Pubertät in eine Welt, die sie kaum noch kennen und über die sie die Macht verloren haben. Sie können sich auch kaum noch darauf verlassen, daß die in der Kindheit verinnerlichten Bilder und Erfahrungen und die aus ihnen geformten seelischen Strukturen eine genügende Stabilität und Kohärenz garantieren, um den gewandelten Anforderungen der Außenwelt gewachsen zu sein.

Aus Unsicherheit entsteht Angst, und wenn du sie doch mal fragst, wie sie das alles bewältigen werden, stehen sie neben dir, «bleib cool»; sie lächeln dich an und summen den Refrain zu Bob Dylan: «The answer, my friend, is blowin' in the wind, the answer is blowin' in the wind». Ihre Fragen gehen in eine andere Richtung, ob die Welt noch besteht, wenn sie dreißig sind, oder ob sie sich Turnschuhe der Marke «Airwalk» oder doch lieber die von «Vans» kaufen sollen, ob sie, wenn es soweit ist, überhaupt noch Kinder kriegen können, und im nächsten Sommer, sollen sie lieber nach Indien fliegen, ach, nein, das kenn' ich schon, dann doch lieber Australien.

Sie stellen die Liebe des Vaters auf den Prüfstand, ahnen nichts von seinen Ängsten. Er sollte sie ihnen zeigen, aber seine Masken verbieten es ihm, weil die Gedanken, Sitten, die Sprachneuschöpfungen und Gewohnheiten der Kinder eine Verständigung ohnedies kaum noch möglich machen. Dabei geraten Väter zwangsläufig in eine Beziehungsfalle, aus der es kaum ein Entrinnen gibt. Der Protest der Kinder grenzt sie aus, sie pfeifen auf alle Verantwortungsgefühle und Beschützerimpulse und drücken doch unmißverständlich aus: «Versteh mich, verlaß mich nicht, gib mich nicht auf – ich brauche dich!» Solche «Doppelbindungen» können Väter völlig verzweifelt und ratlos machen. Einerseits möchten sie, daß die Kinder selbständig werden und sie sich langsam von ihnen ablösen können, andererseits wird deren verzögerte Entwicklung zu einem dringenden Appell an verstärkte Zuwendung und Sorge. So fordern Kinder das väterliche Vertrauen auf eine eigenständige Entwicklung und Selbstverantwortung, signalisieren aber gleichzeitig ihre Hilfsbedürftigkeit und Abhängigkeit. Die allgemein an Väter gestellte Erwartung, ihren Kindern – insbesondere den heranwachsenden – die Freiheit zu

selbständigen Entscheidungen und bei der Berufs- und Partner-
wahl zu lassen, steht heute nicht mehr zur Diskussion. Nur zu
gern geben sie ihnen diese Freiheit. Das Problem ist mehr, ob
und wie Kinder sie nutzen. Ihre Widersprüche können die Liebe des Vaters für längere
Zeit versiegen lassen. Diese Gefahr droht dann, wenn die ewig
Suchenden sein Vertrauen mißbrauchen, seine Unterstützung als
Recht behaupten und seine Pflichten ausnutzen. Bei solchen
Heranwachsenden ist immer wieder erstaunlich, wie gering ihre
Einfühlung in die beruflichen Anstrengungen und die nachlassende körperliche und geistige Leistungsfähigkeit ihrer Väter
entwickelt ist. In ihrer Vorstellung arbeiten die Väter unbegrenzt, leben unbegrenzt, und ganz am Ende winkt das Erbe. So
haben sie auch kaum ein Gefühl für ihren «Vampirismus», mit
dem sie die nachlassende Lebenskraft des Vaters aussaugen, und
wissen nicht, was sie auf Dauer anrichten. Die Väter dagegen tragen die heimlichen Fragen, wie lange sie gesund bleiben und die
Strapazen des Berufs ertragen werden und wie viele Jahre sie
noch zur Unterstützung ihrer Kinder fähig sind, als drückende
Last mit sich herum. Sie reißen sich zusammen, lassen sich nichts
anmerken, keine Angst, keine Schwäche, keinen Schmerz, sie
waren doch alle einmal Indianer, sie beißen die Zähne aufeinander, sind hart im Nehmen, sie haben gelernt, durchzuhalten. So
schnell geben sie nicht auf. Oft über Jahre hinweg, haben viele
von ihnen ihre Ängste und ihre Verzweiflung im Untergrund
angestaut und immer wieder durch Verständnis, Verantwortung
und die Hoffnung auf Veränderung zu überdecken versucht.
Aber mit der Zeit schützen ihre Masken sie nicht mehr vor der
sie überflutenden Angst, Enttäuschung und Entkräftung. Wenn
sie endgültig zerbrechen, kann ihre Rache und Aggression
schrecklich sein. Die latenten Konflikte treten dramatisch in Erscheinung. Oft sind sich die Väter der tieferen Motive ihrer dann
irrational aufbrechenden Reaktionen von Wut, Bestrafungsmaß-
nahmen, Mißachtung, Vernachlässigung oder plötzlichen Ge-
waltdurchbrüchen nicht bewußt. Zu lange haben sie ihre Gefühle verdrängt. Oder sie treten den inneren und äußeren
Rückzug an, um sich diesen Gefühlen nicht weiter auszuliefern.

Zur Konkretisierung und Illustration dieses vielleicht etwas dramatisch anmutenden Szenarios möchte ich sinngemäß den Ausschnitt eines Gesprächs wiedergeben, das ich unlängst mit dem dreißigjährigen Sohn einer mir gut bekannten Familie geführt habe. Die Eltern sind beide als Akademiker beruflich erfolgreich. Stephan wuchs behütet heran, machte ein glänzendes Abitur und begann sein Studium im vollen Vertrauen auf seine Fähigkeiten. Aber schon bald entwickelte er einen für ihn ungewohnten weltanschaulichen Zynismus, nahm immer öfter leichte Drogen und verschleppte sein Studium von Semester zu Semester, bis er es mit großen Mühen und mittelmäßigem Erfolg mit achtundzwanzig Jahren abschloß. Danach jobbte er gelegentlich und lebte weiterhin überwiegend vom Geld seiner Eltern. Vor kurzem hatte er eine befristete Stelle in einem Kleinbetrieb angenommen und wollte danach «erst mal für ein Jahr über die weitere Lebensperspektive nachdenken».

Aus meiner Berufspraxis und meinem Einblick in viele Biographien junger Menschen sind mir solche und ähnliche Entwicklungsverläufe recht bekannt. Was mir jedoch an Hintergrundmotiven bisher entgangen war, formulierte Stephan in einer überraschend realistischen Argumentation. Wir sprachen über die Schwierigkeiten heutiger Berufsfindung und die lange Fixierung vieler Heranwachsender ans Elternhaus und ihre ökonomische Abhängigkeit.

«Ist doch klar», sagte Stephan, «ich sehe das ganz materialistisch. Die Erwachsenengeneration hat seit dem Zweiten Weltkrieg ein enormes Kapital angehäuft. Ihr konservatives Sicherheitsdenken bevorzugt konservative Wertanlagen, Aktien, Immobilien usw., wodurch sie das Großkapital von Banken, Versicherungen und Immobilienmärkten stützt. Sie investiert kaum in Risikounternehmen, auf die die junge Generation angewiesen ist. Der Arbeitsmarkt verlangt von ihnen hohe Mobilität, Flexibilität, Erfindungsreichtum, Kreativität und Innovationsgeist statt Kontinuität, Sicherheit und Langfristigkeit in der Berufsplanung. An das dazu notwendige Geld kommen sie aber nicht ran. Viele verschaffen es sich durch verlängerte Ausbildungen, lange Studien- und Nachstudienzeiten, in denen sie über

Alternativen nachdenken und an ihnen herumexperimentieren. Darin werden sie von den Eltern unterstützt und schleusen auf diese Weise das Kapital in ihr Leben – gleichsam als vorzeitiges Erbe. Denn auch damit können sie ja in der Regel wegen des immer höheren Alters der Eltern nicht rechnen, bevor sie sich selbst dem Rentenalter nähern.»

So bestechend und bedenkenswert die Argumentation ist, und so genau sie eine bestimmte gesellschaftlich vermittelte Realität treffen mag, so sehr dient sie aber auch der Rationalisierung eigener Bequemlichkeits- und Erwartungshaltungen im Kontext der geschilderten familiären und historischen Erfahrungen. Tatsache bleibt, daß die Spekulation auf das Erbe junge Menschen nicht von der Aufgabe freisprechen kann, ihre auch ökonomisch unabhängige Position in der Gesellschaft zu finden. Vätern entgehen häufig solche neuen Denkmuster und Verhaltensstrategien. Entsprechend ungreifbar bleiben auch viele ihrer Ängste und Sorgen, und sie sprechen in der Regel noch immer zu wenig darüber, was sie im Innersten bewegt. Es sind mehr die Bagatellen, über die sie sich aufregen. Auch in der Öffentlichkeit waren die hier erörterten Problemfelder bisher kein Thema. Das macht es Vätern noch schwerer, sich mitzuteilen, und vor allem, mit ihren Kindern rechtzeitig und in aller notwendigen Offenheit und Entschiedenheit über ihre eigene Situation zu sprechen. Nur so können diese Klarheit über die krisenhafte Zuspitzung der Konflikte gewinnen und die Grenzen ihrer Willkür erfahren. Auch die verhängnisvollen «Doppelbindungen» lassen sich nur durch den konfrontierenden Dialog auflösen.

Zum Glück ist der beschriebene Weg auch umkehrbar. Die «verlorenen» Söhne und Töchter, wenn sie denn eines Tages «zurückkehren», das heißt auf die Realität bezogen ihren eigenen Weg ins Leben gefunden haben, sind die «geliebtesten». Die dargestellten inneren und äußeren Kämpfe in der Vater-Kind-Beziehung machen diesen merkwürdigen Sachverhalt erst recht verständlich. Mit der «Rückkehr» werden alle Ängste, alle Enttäuschungen und alle Schuldgefühle wegen realer oder vermeintlicher Versäumnisse besänftigt; das Verantwortungsgefühl und das Bedürfnis, die Kinder zu schützen, erfüllen sich, wenn auch spät, mit der Gewißheit, daß sie gelernt haben, ihr Schicksal in die eigenen Hände zu nehmen. Und schließlich bedeutet für Väter der Schritt ihrer Kinder in die eigene Verantwortung einen großen Trost und mildert ihr Mitleid, weil sie nur zu gut wissen, wie sehr «die Nichtbewältigung einer Entwicklungsaufgabe das Vertrauen in die eigene Kompetenz schwächt und entsprechend ungünstige Ausgangsbedingungen für die Bewältigung zukünftiger Entwicklungsaufgaben schafft.»[43]

Die Überwindung der kleinen, mittleren und großen Krisen während und nach der Pubertät und oft bis ins Erwachsenenalter hinein hängt nicht zuletzt von den Vätern selbst ab. Solange sie starr an ihren eigenen verinnerlichten Idealen und konservativen Wertnormen festhalten, oder diese gar mit Nachdruck bei ihren Kindern durchsetzen wollen, treiben sie diese in die weitere Opposition und verhindern eine Verständigung und Wiederannäherung. Wenn Väter die Zeichen der Zeit nicht zu deuten wissen und die gesellschaftlichen Umbrüche in ihren Auswirkungen auf die seelische Entwicklung der jungen Generation verleugnen, verlieren sie bei diesen an Autorität und Überzeugungskraft. Die Unversöhnlichkeit zwischen alter Ordnung und neuer Weltanschauung schraubt zwangsläufig die Spirale der Konflikte immer höher. Viele Jugendstudien der letzten Jahre belegen den hohen Glaubwürdigkeitsverlust besonders der öffentlichen Repräsentanten unserer Gesellschaft und die Abnahme des Vertrauens in die Vatergenerationen, die an der Zerstörung des Hoffnungspotentials auf eine lebenswerte Zukunft in einer ökologisch heilen Welt mitschuldig geworden sind.[44]

Dabei empfiehlt die praktische Vernunft den Vätern, in ihren Bemühungen nicht nachzulassen, immer wieder den Dialog mit den Kindern über die Krisen unserer Zeit zu suchen und sich dabei durch die Umgestaltung ihrer eigenen Lebenspraxis, soweit dies in vertretbaren Grenzen möglich ist, als Vorbild anzubieten. Nach allen Erfahrungen wird dieses teilnehmende Interesse von jungen Menschen oft höher eingeschätzt als die Beschränkung auf den persönlichen Lebensbereich. Die wiederholte Nachfrage nach Schul-, Studien- und Arbeitsleistungen, nach Verdienst, Freundschaften und intimen Beziehungen, so wohlmeinend sie sein mag, wirkt eher als Kontrolle und schafft entsprechende Distanz, wenn dabei die übergreifenden Lebensfragen aus dem Blickfeld geraten.

Durch die Zeitbrüche sind die Anforderungen an die Flexibilität und Anpassungsbereitschaft der Väter enorm gewachsen. Es ist wahrlich nicht vergnüglich, sich selbst immer wieder in Frage zu stellen und von den Kindern in Frage gestellt zu werden. Aber es führt kein Weg daran vorbei. So läßt sich in den beiden letzten Jahrzehnten eine ermutigende Entwicklung beobachten. Immer mehr Väter werden nicht nur an Alter und Erfahrung reifer, sondern auch an neuen Einsichten und Erkenntnissen. Sie werfen Überholtes von Bord, ändern ihre Meinungen und wandeln sich mit den Kindern, oftmals erst nach deren entschiedenem Einspruch. Nur so läßt sich die Kluft zwischen den Generationen überbrücken. Solche Väter müssen nicht an den Herausforderungen zerbrechen, sondern machen im Verlauf der Turbulenzen einen Erfahrungsprozeß durch, an dessen Ende sie es ihren Kindern verdanken, vor einer vorzeitigen seelischen, intellektuellen und sozialen Erstarrung bewahrt worden zu sein.

Wenn im vorliegenden Kapitel die konflikthafte Seite in der Vater-Kind-Beziehung im Vordergrund stand, so deshalb, weil die tieferliegenden Motive für Streit, Auseinandersetzung und Entfremdung in der Nachpubertät und der verzweifelte Vaterhaß in dieser Zeit weder in der Forschung noch im öffentlichen Bewußtsein ausreichend bedacht werden. Nur wo Erkennen ist, gibt es die Chance zur Veränderung. Der hier gesetzte Akzent bedeutet jedoch keineswegs, daß es nicht auch in dieser Phase und über sie hinaus viele geglückte Vater-Kind-Beziehungen gibt, die von schwereren Krisen verschont bleiben. In diesen Fällen gelingt beiden eine altersgemäße und schrittweise Ablösung. Bei aller zwischenzeitlichen Treue, Freundschaft, Kameradschaft und dem Gefühl wechselseitiger Verläßlichkeit findet in diesen Beziehungen, wie bei den «verlorenen» und «heimgekehrten» Söhnen und Töchtern auch, eine emotional dichtere Wiederannäherung erst statt, wenn der Vater und die Kinder ihre unabhängige Position im Leben gefunden haben und sich als Partner mit jeweils eigenen klar definierten Rollen begegnen können.

VIII. Die mütterliche «Macht» und die «Ohnmacht» der Väter

1. Strukturen in der Familie

Die bisherige Darstellung ging von einer weitgehend linearen Vater-Kind-Beziehung aus, wobei die wesentlichen Elemente der Vater-Sohn- und der Vater-Tochter-Bindung isoliert betrachtet wurden. Diesem Muster folgen die meisten wissenschaftlichen Untersuchungen in der Vaterforschung. An früherer Stelle wurde aber deutlich, daß dieser Ansatz zwar wichtige Erkenntnisse über das Subsystem Vater-Kind liefern kann und deswegen im vorliegenden Buch nicht fehlen durfte, daß er jedoch unvollständig bleibt, wenn er das Gesamtsystem Familie und ihre weiteren Subsysteme unberücksichtigt läßt.

Nach Erkenntnissen der systemischen Familientheorie wird die Familie als ein Gebilde aufgefaßt, das nach Regeln und Gesetzen funktioniert, die in erster Linie die Aufgaben haben, das ökologische Gleichgewicht des Systems zu garantieren. Wie kompliziert ein solches System sein kann, wird an seiner Zusammensetzung aus wenigstens vier Subsystemen deutlich. Das wichtigste stellen die Eltern selbst dar, da sie die entscheidenden Regeln des Gesamtsystems festlegen. Die drei weiteren Subsysteme werden durch die Konstellation zwischen Mutter und Kind, Vater und Kind und, falls noch mehrere Kinder existieren, zwischen den Geschwistern gebildet. Jedes Subsystem schafft sich wiederum eigene Gesetze des Zusammenlebens und steht vor der Aufgabe, sich an die Rechte des Gesamtsystems anzupassen.

Es würde den Rahmen des Buches sprengen, die Vielzahl der Störfaktoren zu beschreiben, die die Balance dieses Systems ständig in Unruhe halten. Eine Ahnung davon läßt sich gewinnen, wenn man zusätzlich folgendes bedenkt: Die Subsysteme bilden keine geschlossenen Einheiten, sondern sie setzen sich aus einzelnen Individuen zusammen, die ihrerseits ihre eigenen Triebbedürfnisse, Wünsche, Lebensvorstellungen und Ziele in das System einbringen. Jeder Mensch steht also vor der dreifachen Aufgabe, sein eigenes inneres System zu regeln, sich an die Erfordernisse seines Subsystems anzupassen und sich gleichzeitig in dessen Rahmen in das Konzept des Gesamtsystems zu integrieren.

In der Vorstellung der Systemtheorie läßt sich daher von einer ausreichenden Harmonie der Familie nur unter folgenden Voraussetzungen sprechen: Die Eltern haben eine befriedigende Beziehung zueinander (1. Subsystem), Mutter und Vater unterhalten jeweils eine positive Bindung zu ihren Kindern (2. und 3. Subsystem), die Geschwister besitzen ein starkes Gefühl der Zusammengehörigkeit (4. Subsystem), und jedes Mitglied der Familie kann sich auch selbst ohne ernsthafte innere Konflikte akzeptieren (die Subsubsysteme). Dabei wird unterstellt, daß nur bei einem ausgewogenen Verhältnis von Selbstliebe und Objektliebe die notwendige Anpassungsfähigkeit an die Erwartungen eines harmonischen Zusammenlebens im Gesamtsystem gegeben ist.

Nun mag es Familien geben, die einen solchen Gleichgewichtszustand erreicht haben oder ihm wenigstens nahekommen. Die Regel ist dies nicht. Die steigende Zahl zerbrechender Ehen und das Leiden und die Zerrüttung in vielen Familien vermitteln den Eindruck von den Schwierigkeiten, die durch die systemischen Gesetze für eine relativ konfliktfreie Koexistenz entstehen können.

Bei den folgenden Überlegungen beschränke ich mich auf einige wenige Konflikte innerhalb des komplexen Modells der Familie, soweit sie die Vaterthematik unmittelbar betreffen.

In der wissenschaftlichen und stärker noch in der öffentlichen Diskussion spielt die Frage von Macht und Ohnmacht in der Familie und ihre Verteilung zwischen Müttern und Vätern immer wieder eine zentrale Rolle. Die Anführungszeichen in der Kapitelüberschrift wurden mit Bedacht gesetzt. Sie sollen klarstellen, daß es im Normalfall eine strikte Aufteilung nicht gibt. So wäre es ebenso vereinfacht, wenn man umgekehrt von der «Macht» der Väter und der mütterlichen «Ohnmacht» sprechen wollte.

Bei einem einigermaßen ausbalancierten System kann man von einer relativ gleichen, wenn auch qualitativ unterschiedlichen Aufteilung der Macht auf die einzelnen Mitglieder ausgehen. Im klassischen Familienmodell vertritt der Vater die Macht nach außen, indem er die Familie vor äußeren Bedrohungen schützt, ihre ökonomische Basis sichert und als Träger gesellschaftlicher Normen Einfluß auf die moralische Struktur der Familie nimmt. Die Macht der Mutter ist im Zentrum der Familie angesiedelt. Sie ist für die Geburt, die Versorgung und Erziehung der Kinder und für die Gestaltung des innerfamiliären Lebensraumes zuständig. Die Macht der Kinder definiert sich im wesentlichen durch die Unbedingtheit der Bedürfnisse, die einen entscheidenden Einfluß auf die Regeln des Systems und auf das elterliche Verhalten ausüben. Dieser Faktor wird in der Regel unterschätzt, ebenso wie die Tatsache, daß schon kleine Kinder recht gezielt mit ihrer Macht umgehen und die Eltern dirigieren, sogar dominieren können. Damit werden sie zu aktiven Mitspielern auf der Familienbühne und greifen maßgeblich nicht nur in die Gestaltung der Eltern-Kind-Beziehung, sondern auch in die Qualität der Beziehung zwischen den Eltern ein.

Das Modell des Ödipus- bzw. Elektrakomplexes eignet sich gut, um diese Zusammenhänge zu verdeutlichen. Für Freud standen beim Entwurf des Modells die Strebungen und Wünsche der Kinder ganz im Vordergrund. Bis auf die recht abstrakte Annahme der Kastrationsandrohung gegen den Sohn, blieben die elterlichen Reaktionen weitgehend unberücksichtigt. Erst die Kommunikationstheorie und später die systemische Familientheorie haben zeigen können, daß solche einseitig definierten Beziehungen nicht existieren. Das erste Axiom der Kommunikationstheorie lautet: «Man kann nicht nicht kommunizieren.»[45] Watzlawick benutzt zur Erläuterung folgendes Beispiel: «Der

159

Mann im überfüllten Wartesaal, der vor sich auf den Boden starrt und mit geschlossenen Augen dasitzt, teilt den anderen mit, daß er weder sprechen noch angesprochen werden will, und gewöhnlich reagieren seine Nachbarn richtig darauf, indem sie ihn in Ruhe lassen. Dies ist nicht weniger ein Kommunikationsaustausch als ein angeregtes Gespräch.»[46] Jedes Sprechen, Schweigen, Handeln oder Nichthandeln, jede Mimik und Körpersprache drücken in der Gegenwart eines anderen eine Mitteilung aus, eine Kommunikation, auf die der andere nicht anders kann, als sich in irgendeiner Art dazu zu verhalten. Ein Kind, das trotzig vor seinem Teller sitzt und das Essen verweigert, fordert die anwesenden Eltern zu einer Reaktion heraus, ob sie wollen oder nicht und wie immer diese ausgehen mag. Die Systemtheorie benutzt solche kommunikationstheoretischen Ansätze, indem sie die Regelkreise und Gesetze genauer definiert, die zum Beispiel im Rahmen familiärer Kommunikation und Interaktion zustande kommen.

Der kleine Ödipus und die kleine Elektra lassen durch ihre heftigen Gefühlsäußerungen und gezielten Wünsche die Eltern nicht unberührt und steuern deren emotionale oder handelnde Reaktionen in entscheidender Weise mit. Durch diese wechselseitigen Interaktionen bekommt das System eine netzartige Struktur, in die alle Mitglieder unausweichlich eingespannt sind.

2. Die «Macht» der Mütter

Auch wenn sich das klassische Familienmodell durch neue Rollendefinitionen und Aufgabenverteilungen stark gewandelt hat, gilt nach wie vor die Tatsache, daß zwischen Müttern und Kindern von deren vorgeburtlichem Stadium bis etwa zur Pubertät eine dichtere Kommunikation besteht als in der Vater-Kind-

Beziehung. Besonders das intensive Nähebedürfnis von Säuglingen und Kleinkindern stimuliert Mütter zu ständigen Reaktionen, ebenso muß das Kind die mütterlichen Angebote aufnehmen und verarbeiten. Auf diese Weise entsteht ein enger wechselseitiger Dialog von Gefühlen, Sprache und Handlungen, der die Regeln ihrer averbalen und verbalen Kommunikation und Interaktion festlegt.

Da jeder flüchtige Blick auf die Praxis der Verhaltensmuster zwischen Mutter und Kind einen davon überzeugen kann, wie stark diese von gegenseitigen Machtansprüchen durchmischt sind, bedarf der Machtfaktor, wie er auch in jeder anderen Beziehung wirksam ist, hier keiner ausführlichen Illustration. Der Zusammenhang kann einen jedoch darüber aufklären, wie systematisch das Machtgefüge zwischen Mutter und Kind vom Säuglingsalter an aufgebaut und im Laufe der Jahre als feste Machtstruktur verinnerlicht wird. Während der Kindheit ist deren Einfluß allen Machtanteilen im Vater-Kind-Verhältnis weit überlegen.

Dabei muß betont werden, daß Macht nicht primär einer bestimmten Wertung unterliegt, sie ist weder gut noch böse, sondern entwickelt sich erst durch die Arten ihres Gebrauchs in die eine oder andere Richtung. Die Macht der mütterlichen Liebe über das Kind oder die Macht der Liebe des Kindes über die Mutter können zu einem ebenso festen Bestandteil der wechselseitigen Bindung werden, wie auch die Macht des Hasses beide aneinanderschmieden kann. Vieles spricht dafür, daß die Dämonisierung der Frau und Mutter durch die Männerwelt eng mit der früh verankerten Machtstruktur zwischen Mutter und Kind zusammenhängen könnte, wie sie sich zwangsläufig aus dem systemischen Aufbau der Familie ergibt. Denn es ist einleuchtend, daß eine solche Macht, unter welchen Vorzeichen sie auch immer stehen mag, entscheidend zu der lebenslangen Bindung zwischen Mutter und Kind beiträgt. Die Ablösung von der Mutter gelingt immer nur teilweise und ist in der Regel langwieriger und schmerzvoller als die Ablösung vom Vater. Dies scheint für Töchter in gleicher Weise wie für Söhne zu gelten. Und auch umgekehrt: Mütter haben im allgemeinen größere Schwierigkeiten als Väter, sich von ihren Kindern zu lösen.

Bisher wurden diese Zusammenhänge nur unter den Vorzeichen der unterschiedlichen emotionalen Bindungen betrachtet, die sich durch die frühkindliche Symbiose zwischen Mutter und Kind enger gestaltet als in der später eintretenden Vater-Kind-Beziehung. Bei allen noch bestehenden Unklarheiten über die tieferen Gründe für menschliches Bindungsverhalten stimmen neuere Forschungsergebnisse darin überein, daß die enge Mutter-Kind-Bindung keine naturgesetzlich vorgegebene Konstante ist. Vielmehr hängt die Qualität der Bindung von einer Vielzahl von Bedingungen ab, die ebenso durch andere Bezugspersonen, insbesondere durch Väter, garantiert werden können (frühe Anwesenheit, Pflegeverhalten, Empathie, emotionale Gestimmtheit, Kontaktangebot u. v. a.). Diese Erkenntnis bildet bekanntlich den Hintergrund für die eindeutige Aufforderung an Väter, sich bereits ab der Geburt an der Versorgung der Kinder zu beteiligen. Die frühe «Bevaterung» verbessert aber nicht nur die Bindungsqualität, sondern betrifft auch die Machtfrage, die in den neuen Bindungstheorien kaum berücksichtigt wird. Bei der Beschreibung des Triangulierungskonzeptes im Mutter-Vater-Kind-Dreieck wurde schon darauf hingewiesen, daß die positiven Funktionen des Vaters vor allem darin liegen, eine zu enge Bindung zwischen Mutter und Kind abzupuffern und dem Kind eine schnellere Ablösung zu erleichtern. Die hier wichtige Ergänzung betrifft die bedeutende Rolle des Vaters für die Auflockerung der Machtstrukturen zwischen Mutter und Kind. Die Ergänzung erscheint mir aus folgendem Grund notwendig. Im Unterschied zum Begriff der Bindung erfaßt der Begriff der Macht sehr viel präziser die unfreiwilligen, unvermeidbaren und zwangsläufigen Elemente der Beziehung. Damit akzentuiert Macht deren unausweichlichen und dramatischen Charakter, der vom Begriff der Bindung eher neutralisiert und verharmlost wird. Der Satz: «Meine Mutter besitzt eine starke Macht über mich» drückt mehr aus als die Formulierung: «Ich habe eine starke Bindung an sie.» Obwohl beide Sätze den gleichen psychologischen Sachverhalt beinhalten können, nicht müssen, macht der erste viel klarer die schicksalhafte Verkettung deutlich.

Aus den Überlegungen folgt noch etwas weiteres. Wenn wir davon ausgehen, daß die enge Bindungs- und Machtstruktur zwischen Mutter und Kind in der traditionellen Familie weitgehend gesellschaftlich determiniert war und die Mutterrolle potentiell durch den Vater ersetzbar ist, ergibt sich daraus eine eindeutige Konsequenz: Je früher sich Väter an der Kleinkindversorgung beteiligen, um so stärker kommt es zu einer Umverteilung zwischen mütterlicher und väterlicher Macht in der frühen Eltern-Kind-Beziehung. Und diese würde tatsächlich einen evolutionären Schritt für das ökologische Gleichgewicht des familiären Systems bedeuten.

3. Die «Ohnmacht» der Väter

Um die Tragweite dieser in Ansätzen bereits erkennbaren Entwicklung zu ermessen, ist ein genauerer Blick auf die derzeit noch weit verbreitete Macht-Ohnmacht-Balance notwendig. Die Macht der Mutter, so sahen wir, resultiert in erster Linie aus ihrer engeren Bindung an die Kinder und ihrer daraus abgeleiteten Verfügungsgewalt im Kontext familiärer Ordnungen. Sie wird diese Macht um so mehr zu stabilisieren versuchen, je stärker sie sich von der Macht des Vaters unterdrückt fühlt, die dieser aus seinen Privilegien im außerfamiliären Feld bezieht. Wie heftig diese Machtkonkurrenz ausgetragen wird, hängt wesentlich von der erlebten Ohnmacht des Vaters im Familienverband ab.

Diese Ohnmacht ist vielschichtiger, als gemeinhin angenommen wird. Ihre tiefste Wurzel hat sie in dem inzwischen bekannten psychologischen Phänomen des Gebär- und Brustneides des Mannes. Keiner ist von ihm mehr betroffen als der werdende junge Vater. Täglich wird er Zeuge eines elementaren Naturprozesses, wie ihn nur die Frau erlebt. Der «mächtige» Bauch der hochschwangeren Mutter repräsentiert eine Urgewalt von unfaßbarer Dimension, die Geburt selbst ist ein Wunder, wie es kein anderes in der Natur gibt. Und nach der Geburt spiegeln die «mächtig» geschwollenen Brüste mit der Vergrößerung und dunklen Pigmentierung der Warzenhöfe und Mamillen eine naturhafte Potenz von einschüchternder Schönheit und Kraft wider, gegen die die Erektion des männlichen Gliedes recht zwergenhaft wirkt. Auch die Produkte beider Organe sind unvergleichlich – die Milch ein mächtiger, nährender Strom, das Ejakulat ein schnell versiegendes Rinnsal.

Angesichts dieser Naturvorgänge erlebt der Mann seine relative Bedeutungslosigkeit. Frauen haben in der Regel ein genaues Wissen über die fast magische Wirkung ihrer naturhaften Macht. Ihr Selbstbewußtsein wächst mit der Geburt des Kindes ungewöhnlich sprunghaft an. Da eine einmal erworbene Machtposition von niemandem widerstandslos aufgegeben wird, halten sie an ihrem Machtzuwachs fest und verteidigen ihn mit den Waffen weiblicher List. In Fällen stärkerer Machtkonkurrenz zwischen den Eltern bilden die einsetzenden Bindungen der Mutter an die Kinder und die Koalitionen mit ihnen, wenn sie älter sind, ein reichhaltiges Spielfeld, auf dem dem Vater die Grenzen seiner Zuständigkeit aufgezeigt werden. Dann erfährt er zum zweiten Mal seine Ohnmacht, weil Mutter-Kind-Bindungen wie uneinnehmbare Festungen gebaut sein können.

Komplizierend kommt die aktive Mitwirkung der Kinder hinzu. Nach vielen empirischen Befunden haben sie die Tendenz, sich mit dem stärksten Familienmitglied zu identifizieren. Die dabei zustandekommenden Verschwörungen dienen ganz wesentlich dem Angstschutz vor dem Liebesverlust durch das stärkste Mitglied. In der Praxis bedeutet das konkret, daß sich Kinder häufig mit der mächtigeren Mutter verbünden und besonders in den Fällen, in denen die Macht-Ohnmacht-Balance gestört ist, gegen den Vater Partei ergreifen. Dadurch erfährt die Mutter einen nicht unerheblichen Machtzuwachs, während der Vater zusätzlich unterdrückt und isoliert wird. Diese Macht der

Kinder in der Regulation bzw. der dysfunktionalen Lösung von Familienkonflikten wird in der Regel weit unterschätzt. In den zuletzt beschriebenen Koalitionen werden Kinder in einen untergründig schwelenden Machtkampf der Eltern hineingezogen und sowohl als Opfer wie auch als Mittäter mißbraucht.

Neben dem Gebär- und Brustneid des Vaters ist die wechselseitige Koalition zwischen Müttern und Kindern die dritte und wohl wichtigste Quelle für seine erlebte Ohnmacht. Der Topos «Aber Mama hat gesagt . . .» markiert die Grenzen seiner Einflußmöglichkeiten. Im Verlauf einer solchen Entwicklung werden wichtige Entscheidungen immer öfter von der Mutter allein oder in Absprache mit dem Kind getroffen und der Vater vor vollendete Tatsachen gestellt. Seine Eifersucht auf das enge Bündnis geht mit dem hilflosen Gefühl einher, nicht nur im äußeren Lebenszusammenhang, sondern auch emotional von den Kindern entfremdet zu werden. Wenn sich seine Enttäuschung in Zorn und Gewalt entlädt, wird die Kluft noch größer. Aber auch vermehrte Anstrengungen, die Kinder für sich zurückzugewinnen, nicht selten verbunden mit materieller Verwöhnung, verfehlen oftmals ihr Ziel, weil der Vater dadurch seine Abhängigkeit signalisiert und sich blindlings ausbeuten läßt. Väter verlieren ihr Vertrauen darauf oder wissen nicht, daß nur ein unbeirrtes Interesse am äußeren Schicksal des Kindes und eine konstante emotionale Zuwendung die Barrieren auf Dauer abbauen können. Es gehört zur alltäglichen therapeutischen Erfahrung, wie verzweifelt und ratlos Väter vor solchen Situationen stehen, weil ihnen die Gewißheit fehlt, daß die Kinder mit zunehmendem Alter die Abhängigkeiten von den Müttern lösen und selbständig entscheiden können, wie sie ihre Liebe auf beide Eltern verteilen wollen. Väter werden durch sie um so mehr belohnt, je stärker sie der Versuchung widerstanden haben, der scheinbaren Ausweglosigkeit durch inneren Rückzug oder äußere Fluchten zu entgehen.

4. Die Macht-Ohnmacht-Balance in der modernen Familie

Die Verbreitung solcher Machtkonstellationen erklärt sich aus den Spannungen zwischen den einzelnen Subsystemen und ihren Schwierigkeiten, ihre Regeln denen des Gesamtsystems unterzuordnen. Dabei setzt sich das Prinzip der Macht immer wieder durch und entwickelt hinter oberflächlich intakten Fassaden Machtspiralen, an denen das System zerbrechen kann.

Wie bereits betont, wäre es aus systemischer Sicht sehr einseitig, allein von der mütterlichen Macht und der Ohnmacht des Mannes zu sprechen, und umgekehrt. Vielmehr schafft die Macht der Mutter, auch unabhängig von ihren eigenen Machtbedürfnissen, oftmals ein notwendiges Äquivalent gegen ihre eigenen inner- wie außerfamiliären Ohnmachtserfahrungen und vor allem gegen die Macht des Vaters, die dieser dank seiner gesellschaftlichen Position in der Familie gebraucht. Erfahrungsgemäß erleben sich viele Väter deswegen als so ohnmächtig, weil sie die Macht, über die sie verfügen und die sie in der Beziehung zu allen Familienmitgliedern auch einsetzen, verleugnen. Da Macht, wenn sie nicht in grober Form mißbraucht wird, einen überaus subtilen Mechanismus in der Gestaltung von Beziehungen darstellt, haben in aller Regel weder Mütter noch Väter, geschweige denn die Kinder, ein auch nur annäherndes Bewußtsein über den Umfang und die Art und Weise, wie sie ihre Machtmöglichkeiten nutzen. Demgegenüber ist die Sensibilität für die Macht, die ein anderer auf einen selbst ausübt, sehr viel feiner entwickelt. Deswegen ist verständlich, wenn Mütter wie Väter gleichermaßen ihre Ohnmacht betonen und den Machtwillen jeweils nur dem anderen unterstellen. Diese Spaltung in der Wahrnehmung dürfte damit zusammenhängen, daß Leiden tiefer wahrgenommen wird als Lust, da es mit Kränkungen, Verletzungen und Einbußen des Selbstwertgefühls verbunden ist. Außerdem unterliegt die Ausübung von Macht – entgegen aller Realität – einem gesellschaftlichen Tabu, das in das Über-Ich integriert wird. Daher müssen Machtimpulse stärker vom Bewußtsein abgespalten und verdrängt werden. Die Tatsache, daß sie sich dennoch immer wieder durchsetzen, belegt die Allgegenwart und Dranghaftigkeit dieses Bedürfnisses.

Die Macht-Ohnmacht-Dialektik in der Elternbeziehung selbst und in ihrer Rivalität um die Gunst des Kindes entstammt aber nicht nur aktuellen Interessenkonflikten und Widersprüchen innerhalb der Familie. Mit ihr wird zugleich wiederholt, was die Eltern als Erbe ihrer eigenen Kindheit verinnerlicht haben und unbewußt in die Gegenwart transponieren. Beide Elternteile erlebten die mütterliche Macht im Rahmen der frühen Bindung. Für den Vater werden in der Beziehung zu seiner Frau diese Erfahrungen und die mit ihnen verbundenen Ohnmachtsgefühle reaktiviert, weil er sich als Junge mit der Machtfülle der Mutter nicht in gleicher Weise identifizieren konnte wie die Mädchen. Für die Frau dagegen werden in ihrer jetzigen Mutterrolle die frühen Identifikationen wieder wirksam, durch die ihr mütterliches Selbstbewußtsein einen starken Zufluß an Kompetenz und Macht erfahren kann.

Durch die frühe Erfahrung der mütterlichen Macht wirkt sich die bereits genannte Dämonisierung der Frau durch den Mann bis in die Gegenwart aus. Die Ohnmachtsgefühle des Vaters finden hierin sicherlich einen zusätzlichen Grund. Die mit ihnen gepaarte Mischung aus Neid, Eifersucht, Ambivalenz und Rache ist noch heute von den Spuren der Kindheit geprägt. Im Zustand der Ohnmacht wird das Ich geschwächt. Daraus entstehen Gefühle der Angst. Die häufigsten Reaktionen auf Angst sind entweder Impulse der Gegenwehr oder der Flucht. Durch verstärkte Ausübung eigener Macht, durch aggressive Kränkung, Abwertung und Verletzung des mütterlichen Selbstwertgefühls oder schließlich durch offene Bedrohung und manifeste Gewalt können Gefühle der Angst und Ohnmacht abgewehrt werden. Diese Formen der Verteidigung entsprechen am ehesten dem Aggressionspotential des Mannes. Besonders die erschreckende Gewalt gegen Frauen weist in den meisten Fällen auf eine gestörte Macht-Ohnmacht-Balance hin. Zu den Fluchtmechanismen gehören am häufigsten Kontaktabbrüche, Rückzüge bis zur völligen Isolierung von der Familie und innerseelische Verarbeitungsformen, die als Erschöpfung, Schlafstörungen, Depressionen oder in anderen psychosomatischen Symptomen in Erscheinung treten können. Angst und Ohnmacht führen fast immer zu phantasierten Befürchtungen hinsichtlich der Folgen des mütterlichen Einflußes auf die Kinder. Sie werden durch die Gefühlschwankungen und Launen der Mutter zu stark fixiert, verzärtelt, verhätschelt, verwöhnt, verweichlicht, seelisch verzogen, zu streng behandelt, zu hart bestraft – kurz, alles Unglück kommt von der Mutter. Angst macht ungerecht, wie alle irrationalen Gefühle Vorurteilsbildungen begünstigen und Realitäten verzerren. Hierbei entsteht ein weiterer tragischer Zirkel. Durch das Mißtrauen des Vaters wird die Mutter in ihrem natürlichen Umgang mit den Kindern verunsichert, und ihre ohnedies vorhandenen Schuldgefühle wachsen an. Das macht sie unfähig, ihren Machteinfluß aufzulockern und gemeinsam mit dem Vater nach Wegen zu einer gerechteren Machtverteilung zu suchen; im Gegenteil kann sich die Machtstruktur verhärten und die Macht-Ohnmacht-Balance weiter aus dem Gleichgewicht bringen.

Die Darstellung dieses Kapitels hat die «Machtfrage» ins Zentrum gerückt, weil sie im Familiensystem, wie in allen sozialen Systemen auch, eine kaum zu überschätzende Rolle spielt. Dabei wurde deutlich, daß Macht als essentieller Bestandteil aller menschlichen Beziehungen nur dort eine Gefahr darstellt, wo sie mißbraucht wird oder zu einer Ungleichgewichtung führt. Die Schwierigkeiten, diesen Gefahren zu entgehen, sind allerdings beträchtlich. Macht ist nicht meßbar, unterscheidet sich sowohl in ihrer Qualität als auch in der Quantität zwischen den einzelnen Machtträgern und erstreckt sich auf verschiedene Machtbereiche. Besonders komplizierend wirkt die Tatsache, daß Macht in der Regel einen «unsichtbaren» und «unangreifbaren» Charakter besitzt und von dem, der sie ausübt, kaum bewußt wahrgenommen und in ihren Auswirkungen auf andere richtig eingeschätzt wird.

Die rapide Umstrukturierung der modernen Familie hat nun zu völlig veränderten Verhaltensstilen und Rollendefinitionen geführt, die die traditionellen Systemregeln grundlegend umgeschrieben haben. Frauen stehen der ihnen zugewiesenen Macht sehr zwiespältig gegenüber; sie wollen sie, wie alle Aufgaben der frühen Kinderversorgung auch, mit dem Vater teilen und dafür im außerfamiliären Feld an der Macht des Mannes gleichberechtigt teilhaben. «Ich habe einen Sohn großgezogen, das war die einzige Macht, die ich je im Leben hätte haben können, und sie ist mir mit den Jahren zum Glück entzogen worden.»[47] Mit diesem Satz spricht die Schriftstellerin Monika Maron wohl für die Mehrheit der heutigen Mütter, deren weibliches Identitätsbedürfnis das mütterliche Element nicht ausgrenzen, aber um neue Dimensionen, nicht zuletzt die berufliche, erweitern möchte.

Damit steht die Familie vor der epochalen Aufgabe, die Frage der Macht neu zu stellen und einen für alle gerechten Verteilungsmodus auszuhandeln. Die Kämpfe, die darüber entbrennen, sind unvermeidbar. Sie stellen eine produktive Kraft dar, überholte Machtverhältnisse zu verändern. Wie notwendig die Veränderung für das Zusammenleben im Familiensystem ist, wird aus der Tatsache ersichtlich, daß Macht kein losgelöstes Phänomen zwischenmenschlicher Beziehungen darstellt, sondern in ein eigenes Netz von Gefühlsbindungen und Interaktionen eingebettet ist. Vertrauen, Zusammengehörigkeit, gemeinsame Verantwortung und Liebe lassen sich dauerhaft nur erhalten, wenn eine ausreichend stabile Machtbalance das System zusammenhält. Das wäre der notwendige evolutionäre Schritt, um das familiäre Gleichgewicht auf Dauer zu sichern.

Bei dieser Utopie für die Zukunft bleiben leider drei Fragen offen, die zur Skepsis mahnen. Die erste betrifft die ungerechte Arbeitsmarktlage und die Berufschancen für Frauen. Wenn sie sich weiter verschlechtern, bleiben die Mütter auch in der Zukunft unfreiwillig in der engen Bindung zu den Kindern und der damit verbundenen Macht gefangen. Dieses Schicksal verheißt keineswegs nur Glück, zumal Macht auf Dauer zur Belastung werden kann.

Die zweite Frage betrifft die Bereitschaft der Väter, mit ihren Vorsätzen Ernst zu machen. Einerseits ist ihnen die Macht der Mütter über die Kinder unheimlich, andererseits delegieren sie noch zu gern die Aufgaben der Kinderversorgung, speziell im

Kleinkindalter, an sie und fühlen sich wider besseres Wissen durch die klassische Arbeitsteilung entlastet.

Die dritte Frage betrifft die Bereitschaft der Mütter, ihre Macht tatsächlich abzugeben oder zu teilen. Viele Erfahrungen sprechen dafür, daß die stärkere Beteiligung der Väter an der Kinderversorgung zwar eingeklagt wird, aber der drohende Machtverlust zu subtilen Strategien führt, ihre Verantwortungsbereitschaft zu boykottieren und dadurch ihren Rückzügen Vorschub zu leisten.

Drei Fragen mit offenem Ausgang. In allen drei Bereichen geht es um die zentrale Forderung an jeden, Macht abzugeben. Sie ist nur zu erfüllen, wenn die berechtigte Hoffnung auf einen Machtausgleich besteht. Damit sind die Probleme klar benannt. Sie zu lösen ist sowohl ein gesellschaftlicher als auch ein persönlicher Auftrag, im Interesse der Kinder, des eigenen Glücks und auch der Harmonie des sozialen Gemeinwesens zu einer besseren Ausbalancierung der Machtkonflikte in der Familie zu gelangen.

IX. Der Vater: nicht existent oder beruflich abwesend?

1. Die «vaterlose Gesellschaft»

Vor mehr als dreißig Jahren schrieb Alexander Mitscherlich ein Buch mit dem Titel «Auf dem Weg zur vaterlosen Gesellschaft. Ideen zur Sozialpsychologie». Mitscherlich gilt als namhaftester Psychoanalytiker deutscher Sprache, der nach dem Zweiten Weltkrieg Soziologie und Psychoanalyse zu einer analytischen Sozialpsychologie verband. In der weitgespannten Untersuchung seines Buches über die Situation des Menschen in der modernen Gesellschaft nimmt das Vaterthema nur ein Kapitel ein: «Der unsichtbare Vater». Darin geht Mitscherlich von der heute geläufigen Erkenntnis aus, daß mit Beginn der industriellen Revolution und der fortschreitenden Technisierung für das Individuum ein wachsender Entfremdungsprozeß einsetzt, wie er in der traditionellen Bauern- und Handwerkerkultur unbekannt war. Im Mittelpunkt des genannten Kapitels steht die Frage, wie sich dieser von Marx beschriebene Entfremdungsprozeß auf die familiäre Sozialisation und speziell auf die Rolle des Vaters auswirkt. Besser als eine Zusammenfassung seiner Thesen veranschaulichen einige Zitate seine Schlußfolgerungen.

«Bei der Formulierung ‹unsichtbarer Vater› . . . ist an ein Erlöschen des Vaterbildes zu denken, das im Wesen unserer Zivilisation selbst begründet ist und das die unterweisende Funktion des Vaters betrifft. Das Arbeitsbild des Vaters verschwindet, wird unbekannt. Gleichzeitig mit diesem von geschichtlichen Prozessen erzwungenen Verlust der Anschauung schlägt die Wertung um.»[48]

«Die fortschreitende Arbeitsfragmentierung im Zusammenhang mit maschineller Massenproduktion und einer komplizierten Massenverwaltung, die Zerreißung von Wohn- und Arbeitsplatz, der Übergang vom selbständigen Produzenten in den Stand des Arbeiters und Angestellten, der Lohn empfängt und Konsumgüter verbraucht, hat unaufhörlich zur Entleerung der *auctoritas* und zur Verringerung der innerfamiliären wie überfamiliären *potestas* des Vaters beigetragen.»[49]

In der vorindustriellen Zeit, so Mitscherlich, ließ sich der Ambivalenzkonflikt zwischen Vater und Sohn durch den «einheitlichen Handlungsraum» produktiv schlichten:

«Die Rivalität mit dem Vater konnte in einer außerverbalen, aber direkt anschaulichen Konkurrenz mit ihm, im Umgang mit Werkzeugen, ausgetragen werden . . . Die Trennung der väterlichen von der kindlichen Welt in unserer Zivilisation läßt eine derartig anschauliche Erfahrung auf beiden Seiten nicht zu.»[50]

«Die fortschreitende Spezialisierung hat zur Vaterlosigkeit des ersten Grades geführt, zum Unsichtbarwerden des leiblichen Vaters . . . Das vaterlose (und zunehmend auch mutterlose) Kind wächst zum herrenlosen Erwachsenen auf, es übt anonyme Funktionen aus und wird von anonymen Funktionen gesteuert . . . Die Vater- und Mutterlosigkeit der Kindheit aber, welche die nämlichen gesellschaftlichen Prozesse verfügen, kann nichts heilen.»[51]

Der «Entfremdungsvorgang zwischen Vätern und Söhnen», von dem Mitscherlich spricht, ist das innerfamiliäre Spiegelbild der gesellschaftlich erfahrenen Entfremdung. Entsprechend erleidet der Mann nicht nur in der Arbeitswelt einen Verlust von Autorität (auctoritas) und Macht (potestas), sondern als Vater auch in der Beziehung zu seinen Kindern. Damit entfalle für diese die wichtige strukturbildende Funktion väterlicher Autorität, die besonders für die Bildung des Über-Ich und das Erlernen konkreter Bewältigungsstrategien im lebenspraktischen Zusammenhang unentbehrlich sei.

Mitscherlichs Begriff von der «vaterlosen Gesellschaft» hat vor dreißig Jahren heftige Kontroversen ausgelöst und die Gemüter stark bewegt. Die Diagnose traf eine Zeit, in der die Euphorie des «Wirtschaftswunders» einen kritischen Blick hinter die Fassaden gesellschaftlicher und familiärer Stukturen noch kaum zuließ. Erst Jahre später mit der Studentenbewegung wurde die Sozialpsychologie als wichtiges Instrument zur Analyse von Gesellschaftsprozessen anerkannt. Dabei fand Mitscherlichs Axiom einen breiten Eingang in die damals aufbrechende Diskussion über die Vaterrolle. Auch heute noch ist der Begriff aus dem Diskurs über die Väter der Gegenwart nicht wegzudenken. Dabei bleibt zu fragen, welche Aktualität ihm noch zukommt.

Bei einer gründlichen Auseinandersetzung mit dieser Frage ist zunächst daran zu erinnern, daß der Begriff «vaterlose Gesellschaft» nicht von Mitscherlich, sondern von Paul Federn, einem Schüler Freuds, in dem bereits genannten Aufsatz aus dem Jahre 1919 «Zur Psychologie der Revolution: Die vaterlose Gesellschaft» geprägt wurde. Er enthielt die revolutionäre und expressionistische Aufbruchstimmung und Utopie, die für die sozialistische Linke in den Jahren nach dem Ersten Weltkrieg charakteristisch war. Federn schloß sich dieser Bewegung kritisch an, indem er darauf aufmerksam machte, daß der radikale Aufstand gegen die Vaterautoritäten unbewußt Schuldgefühle, Sühnebedürfnisse und neue Sehnsüchte nach einem starken Vater wecken würde, wodurch es bald zur Wiederkehr der alten Ordnung kommen könne», eine Prophezeiung, die spätestens mit der Machtergreifung Hitlers 1933 auf beklemmende Weise Wirklichkeit wurde. Den einzigen Ausweg sah Federn damals in der Schaffung einer menschengerechten Brudergesellschaft. Die Durchsetzung des Bruderprinzips sei jedoch erst nach einer Neugestaltung der Eigentumsverhältnisse möglich.[52]

Mitscherlich zitiert Federn nur mit wenigen Sätzen am Schluß seines Buches, und zwar in Formulierungen, die weder dessen Intentionen noch den Grund für die Übernahme des Begriffs «vaterlose Gesellschaft» erkennen lassen. Beide Autoren benutzen ihn in entgegengesetztem Sinne. Federn zielt auf die Abschaffung der Vatergesellschaft, während Mitscherlich die «Unsichtbarkeit» des Vaters und den Verlust seiner positiv verstandenen Autorität als Ursache für kollektive Entfremdung und Vereinsamung ansieht. Federn diente der Begriff offensichtlich als politische Kampfparole, die auf propagandistischem Weg die «Aktion Vatermord» als symbolische Inszenierung unterstützen sollte. Der Versuch Mitscherlichs, den Begriff wörtlich zu nehmen und ihn als sozialpsychologisches Phänomen zu beschreiben, mußte zwangsläufig widersprüchlich ausfallen, weil damit erstens sein polemischer Charakter verlorenging und weil sich zweitens die gesellschaftlich verstandene Vaterpräsentanz (Vaterland, Gottvater, Papst, Kaiser, König, Führer, Bundespräsident, Bundeskanzler usw.) nur bedingt auf die familiäre Ebene übertragen läßt. Dort hat es zu keiner Zeit eine «Vaterlosigkeit», auch nicht im Sinne Mitscherlichs, gegeben, wenn man von der physischen Entbehrung bei Tod, Scheidung, Alleinerziehung durch die Mutter, Nichtehelichkeit, Heimerziehung oder künstlicher Befruchtung als besondere Varianten kindlicher Sozialisation absieht, die Mitscherlich auch ausdrücklich aus seiner Analyse ausschließt. Nur in diesen konkreten Fällen können Kinder körperlich und seelisch vaterlos aufwachsen. Aber selbst für sie ist die Vaterlosigkeit nicht absolut. Auch wenn sie ihren Erzeuger nie kennengelernt haben, entwickeln sie intensive Vaterbilder in der Phantasie, die auf die innere Strukturbildung nicht ohne Einfluß bleiben. Oder sie übertragen ihre Sehnsüchte auf Ersatzväter (Onkel, Großväter, Erzieher, Lehrer), die durch Identifikationen libidinös besetzt werden und eine wichtige Rolle als Sozialisationspartner einnehmen können.

Im Normalfall gibt es keine Vaterlosigkeit, sondern nur Väter in ihren zahllosen Variationen und Charaktereigenschaften, gute und schlechte Väter, intelligente und dumme, liebevolle und grausame, gleichgültige und verantwortliche, weiche und hartherzige, lebendige und erstarrte, Väter mit und ohne Ansehen, reiche und arme. Bis auf extreme Ausnahmen verkörpern Väter nie nur eine Seite der Medaille, sondern bilden eine Einheit aus verschiedenen Anteilen, positiven wie negativen. Väter sind Menschen und als solche weder «unsichtbar» noch «spurlos», sondern körperlich, seelisch und geistig höchst präsent.

Ein Begriff, der in der öffentlichen Diskussion häufig synonym zur Vaterlosigkeit gebraucht wird, ist die «Abwesenheit des Vaters». Beide Begriffe sind jedoch streng voneinander zu scheiden. Abwesenheit setzt etwas Existierendes voraus, während Vaterlosigkeit eine Nichtexistenz behauptet. Ein Kind mit einer wie auch immer gearteten Vaterbeziehung hat ein grundsätzlich anderes Schicksal als ein dauerhaft vaterloses Kind. Merkwürdigerweise wird der Begriff «Abwesenheit» von Mitscherlich nicht erwähnt, obwohl er den von ihm beschriebenen Tatbestand genauer erfaßt und weniger im Spekulativen verhaftet bleibt als beim Begriff «Vaterlosigkeit». Die beruflich bedingte Abwesenheit von der Familie ist für die Vatergenerationen der letzten hundert Jahre inzwischen zu einer identitätsstiftenden Realität geworden, der gegenüber die Frage nach der Vateridentität in der großfamiliären Handwerks- und Bauerngesellschaft zur romantisierenden Abstraktion gerät. Da seit einigen Jahrzehnten auch zunehmend mehr Mütter das Schicksal außerfamiliärer Berufstätigkeit teilen, wird diese immer weniger zu einem spezifisch väterlichen Merkmal.

2. Welche Folgen hat die berufliche Abwesenheit des Vaters?

Was bedeutet, so muß die Frage nach allen Vorüberlegungen lauten, die Abwesenheit der Väter aus intakten Familien für die psychosoziale Entwicklung der Kinder? Ab dem Zeitpunkt, zu dem das Kind aus der Symbiose mit der Mutter erwacht und den Vater als eigenständiges Objekt wahrnimmt, richtet es seine Wünsche und Sehnsüchte nach Schutz und Geborgenheit auch an diesen. In einer harmonischen Triangulierung ist sein Wohlbefinden am stärksten gesichert. Spätestens ab dem zweiten bis dritten Lebensjahr kann es diese Bedürfnisse auch artikulieren. Es ist traurig, wenn der Vater morgens aus dem Hause geht, und freut sich stürmisch, wenn er wiederkommt. Irgendwann möchte es stündlich mit ihm telefonieren, um sich wenigstens auf diese Art seiner Anwesenheit zu vergewissern.

Die Vaterforschung der beiden letzten Jahrzehnte hat zwar die wichtigen Funktionen des Vaters im Kleinkindalter nachweisen können, aber ob und welche negativen Auswirkungen seine berufliche Abwesenheit auf die kindliche Entwicklung hat, blieb bisher offen. Der wissenschaftliche Nachweis dürfte auch schwierig sein, weil in unserer gesellschaftlichen Situation die Berufstätigkeit des Vaters dem Normalfall entspricht und sich kaum eine repräsentative Kontrollgruppe nicht berufstätiger Väter mit Ganztagesanwesenheit über mehrere Jahre finden lassen wird. So ist verständlich, daß die Vaterforschung, soweit sie sich mit dem Thema Abwesenheit beschäftigt, darunter nicht die normale Berufstätigkeit versteht, sondern den definitiven Vaterverlust oder die primäre Vaterlosigkeit.[53] Die «Vaterlosigkeit» im Sinne Mitscherlichs ist daher kein Gegenstand zeitgemäßer Forschung.

Nach dem gegenwärtigen Stand unserer Kenntnisse müssen wir die berufsbedingte Abwesenheit des Vaters als normales Trauma der kindlichen Entwicklung auffassen. Freud sprach von den «unvermeidbaren» Traumata, die zu jeder menschlichen Entwicklung gehören. Dazu zählen das Trauma der Geburt, des Abstillens, der schrittweisen Trennung von der Mutter, der Geburt eines Geschwisters und anderer traumatischer Situationen, in denen das Kind auf die primäre Geborgenheit verzichten muß. Solche Traumen bedeuten nicht nur eine Labilisierung des seelischen Gleichgewichts, sondern immer auch einen «unvermeidbaren» und sogar notwendigen Anreiz zur Autonomiegewinnung und Individuation. So wie das Kind schon einmal in ganz früher Zeit den Wechsel von Separation und Wiederannäherung im langsamen Ablösungsprozeß von der Mutter verarbeiten mußte, schmerzhaft, «unvermeidbar» und befreiend, wiederholt es diese Erfahrung auf einer reiferen Stufe mit dem Vater, wenn er sich täglich für lange Stunden von der Familie entfernt. Der sich morgens trennende und abends wiederkehrende Vater vertieft die Grunderfahrung des Kindes, die es als lebenszyklisches Gesetz verinnerlichen muß. Individuation ist nur durch die Entwicklung einer ausreichenden Angst- und Trennungstoleranz möglich. Ihre Stabilität hängt von dem Vertrauen in die Wiederkehr eines Zustandes von Bindung und Geborgenheit ab. Insofern ist dem Kind die Erfahrung mit dem Vater nicht neu. Damit kommt eine andere Dimension der Abwesenheit ins Spiel – ihre Qualität. Bezogen auf die «Anwesenheit» wissen wir heute, daß nicht so sehr ihr zeitliches Ausmaß als vielmehr ihre Qualität für die affektive Beziehung zum Kind von Bedeutung ist. Dieser wissenschaftlich gesicherte Befund läßt sich unschwer auf die Abwesenheit übertragen. Ein Vater, der während seiner Anwesenheit die Trennungen durch Spielfreude, Warmherzigkeit, Zugewandtheit, Förderung kindlicher Interessen und Ermutigung zu Unabhängigkeit und Selbständigkeit ausgleicht, bietet eine Fülle von Identifikationsmöglichkeiten an, die dem Kind helfen, in sich ein verläßliches und kohärentes Vaterbild zu errichten, das ihm auch während der Trennungsphasen seine «Anwesenheit» garantiert. Die Beständigkeit einer liebevollen inneren Haltung und die nur durch Arbeitszeiten unterbrochene Kontinuität der Beziehung über lange Zeiträume sind gleichzeitig Stützpfeiler für den Aufbau eines angstfreien und konfliktfähigen Selbstbildes im Kind.

Diese Beschreibung zielt auf ein Ideal, das zugegebenermaßen in der Realität meist nur annäherungsweise erreichbar ist. Hier setzt daher auch Mitscherlichs Kritik an. Der durch seine entfremdete Arbeit von sich selbst entfremdete Vater sei in der kurzen Zeit seiner Anwesenheit in der Familie gar nicht mehr in der Lage, sich einfühlend mit dem Kind zu beschäftigen, ihm schutzbietendes Vorbild und gütige Autorität zu sein und seine instrumentellen Fähigkeiten zu fördern. Diese Kernaussagen zieht Mitscherlich aus dem Vergleich vorindustrieller und industrieller Produktionsweisen. Diese horizontal-historische Perspektive erscheint zur Erfassung heutiger Gesellschaftsbedingungen nur noch wenig brauchbar. Fruchtbarer dürfte es sein, die horizontale durch eine vertikale Perspektive zu ersetzen, das heißt die soziale Schichtung der Gegenwartsgesellschaft mit den qualitativen Auswirkungen der Vaterabwesenheit in Beziehung zu setzen. Dabei wird man schnell feststellen, daß Mitscherlichs Axiom von der «Vaterlosigkeit» in seiner generalisierenden Form heute unhaltbar ist, da er die entfremdete Arbeit und die Selbstentfremdung als gültige Prinzipien für das gesamte Vaterkollektiv der Gegenwart voraussetzt.

3. Väter in der modernen Gesellschaft – ein Blick in die Zukunft

Tatsächlich weist unsere Gesellschaft im Unterschied zur vorindustriellen Zeit eine höchst differenzierte Schichtung auf, die es außerordentlich erschwert, quantifizierende Aussagen zum Entfremdungsgrad innerhalb einzelner Arbeitsfelder zu treffen, die verschiedenen Sozialschichten zugeordnet werden. Mitscherlich umgeht eine genauere soziologische Analyse, wenn er lediglich von «Arbeitern» oder von «Angestellten in einer bürokratisierten Gesellschaft» spricht und deren Arbeitsbedingungen mit denen früherer Bauern und Handwerker vergleicht. Eine solche grobe Vereinfachung muß sich zwangsläufig gegen die Plausibilität einer Theorie richten.

Ohne die Analyse hier im einzelnen nachzuholen, sollte man aber wenigstens von folgenden Grundtatsachen ausgehen. Die immer komplexer werdende Struktur hochindustrieller Gesellschaften führte in der Wissenschaft zur ständigen Revision sozialer Schichtmodelle. Die ursprüngliche Einteilung in Ober-, Mittel- und Unterschicht wurde durch eine Differenzierung der einzelnen Schichten erweitert, zum Beispiel untere, mittlere und obere Unterschicht, usw. Andere Modelle erfaßten den Lohnstatus. Dabei mußte die Unterteilung in Arbeiter, Angestellte und Beamte ebenfalls einer Differenzierung nach dem obigen Muster weichen, zum Beispiel ungelernte, angelernte Arbeiter, Facharbeiter usw. Aber schon die Lohnskala sagt heute in vielen Bereichen nichts mehr über die Qualifizierung der Arbeit oder gar über den Grad ihrer Entfremdung aus. Zum Beispiel können Facharbeiter und Handwerker oft mehr verdienen als Berufsgruppen mit längerer Ausbildung oder akademischer Qualifizierung, wobei ihre Arbeit nicht einmal stärker «entfremdet» sein muß.

Der wichtigste Einwand gegen Mitscherlichs Axiom dürfte aber die Tatsache sein, daß mit Beginn der sechziger Jahre die industrielle Automatisation bereits einen Entwicklungsstand erreicht hatte, der einerseits hochqualifizierte Arbeitskräfte erforderte und andererseits immer mehr unqualifizierte Arbeiter freisetzte. Damit ging die Epoche der stupiden und entfremdeten Arbeit am Fließband ihrem Ende entgegen. Es gibt diese Arbeit noch, aber auch sie wird bald durch die rapiden Fortschritte der Technisierung und Computerisierung der Arbeitswelt Geschichte sein. Das Problem der Gegenwart und stärker noch der Zukunft ist nicht die entfremdete Arbeit, sondern die Arbeitslosigkeit, da sich immer weniger von Menschen verrichtete Arbeit auf immer mehr Arbeitswillige verteilt. Der Hebel weiterer Arbeitszeitverkürzung erscheint heute als einzige Möglichkeit zur Bewältigung dieses Problems. Bezogen auf die Abwesenheit des Vaters sind dabei folgende Fakten von Interesse: Vor der Industrialisierung im Jahre 1825 «arbeitete der deutsche Arbeitnehmer durchschnittlich 82 Stunden in der Woche». 1875, etwa zu Beginn der Industrialisierung, lag die Arbeitszeit bei 68 Stunden; sie sank danach kontinuierlich ab. Nach 1945 betrug sie durchschnittlich 48 Stunden; 1960, zum Zeitpunkt, als Mitscherlichs Buch erschien, lag sie bei 45 Stunden, heute bei 40 und in naher Zukunft bei 35 Stunden.[54] Das Problem, so Strasser, läge für viele Menschen schon heute, und in der Zukunft verstärkt, nicht mehr in der Arbeit, sondern in der Gestaltung der Freizeit. Rosige Zeiten für Väter.

Um Mißverständnisse zu vermeiden: Es soll hier nicht bestritten werden, daß der Entfremdungsfaktor für breite Teile der arbeitenden Bevölkerung noch heute harte Realität ist und sich als Entfremdung des Selbstgefühls und des kommunikativen Verhaltens auswirkt, wovon auch die Kinder betroffen sind. Dabei ergänzen sich quantitative und qualitative Aspekte der Abwesenheit in ihren Folgen für die Kinder. Deswegen jedoch von einer kollektiven «Vaterlosigkeit» zu sprechen, führt die Ernsthaftigkeit des Problems ad absurdum. Dabei bleiben auch wichtige Zusammenhänge ausgeblendet, von denen ich abschließend die drei vielleicht wichtigsten kurz skizzieren möchte:

1. Mit der Industrialisierung wurden der Ausbau extrafamiliärer Einrichtungen zur Kinderbetreuung und das Bildungssystem weiterentwickelt und damit Teile der Erziehung an den Staat delegiert. Dadurch verlor die Familie das Monopol auf Erziehung, und die Kinder konnten entsprechend ihrer psychischen und sozialen Reife einen Sozialisationsprozeß durchlaufen, der die enge Familienbindung löste und die Individualisierung bei gleichzeitiger Rückbindung an die soziale Gruppe förderte. Sosehr auch die Qualifizierung des sekundären Sozialisationssektors heute noch kritikwürdig erscheint, so bedeutet er ingesamt einen unschätzbaren Fortschritt in der Sozialgeschichte der Menschheit, der nicht unwesentlich an der Stabilisierung der Demokratien in der westlichen Welt und an der Individualisierung und Freiheit des einzelnen beteiligt sein dürfte.

Die heutige Erkenntnis, daß Väter (und Mütter) durch andere Personen prinzipiell ersetzbar sind, um die grundlegenden Entwicklungsbedingungen von Kindern zu erfüllen, entlastet Eltern nicht nur von der Alleinverantwortung und schafft für sie Freiräume zur Eigenentwicklung, sondern hilft ihnen auch, die Kinder ohne Schuldgefühle in die notwendige sekundäre Sozialisation zu entlassen. Dabei müssen sie darauf vertrauen, daß die Kinder durch die Erweiterung ihres Beziehungssystems auf Gleichaltrige und Erwachsene treffen, die vielfältige Identifikationsangebote bereithalten, die für die Entwicklung der eigenen Identität unentbehrlich sind.

2. Seit langem ist aus der sozialpsychologischen Forschung bekannt, daß die in der Berufsarbeit erlittene Entfremdung sich nicht automatisch in den familiären Beziehungen fortsetzt, sondern daß eher das Gegenteil der Fall ist. Die Familie wird unter entsprechenden Arbeitsbedingungen zu einem Hort, in dem emotionale Bedürfnisse nach wechselseitigem Vertrauen, Ge-

180

borgenheit und Liebe um so intensiver gelebt und entsprechende Defizite in der Arbeitswelt ausgeglichen werden können. Die Kinder erfahren dabei einen Grad an persönlicher Zuwendung, wie er nach dem Stand psychohistorischer Forschung in der vorindustriellen Zeit kaum denkbar war. Heute besteht eher die Gefahr, daß die Familie durch die im Berufsalltag nicht mehr austauschbaren menschlichen Gefühle überfrachtet wird. Ihre kompensatorische Funktion als Refugium unbefriedigter Emotionalität kann sowohl für die Partnerbeziehung als auch für die Vater-Kind-Beziehung eine schwere Belastung bedeuten, weil durch sie unbewußte Besitzansprüche verstärkt und die Freiheitsbedürfnisse der anderen übermäßig eingeschränkt werden. In diesen Fällen handelt es sich dabei nicht um eine «Vaterlosigkeit», sondern um eine konfliktträchtige «Übervaterung».

3. Kinder, so Mitscherlichs These, werden nach dem Verlust des Vaters in der Ausbildung ihrer instrumentellen Fähigkeiten nicht ausreichend gefördert, wodurch Identifikationsprozesse und die notwendige rivalisierende Auseinandersetzung über Fähigkeiten und Begabungen starken Einschränkungen unterliegen. Aus heutiger Perspektive handelt es sich bei diesem Argument um eine ausgesprochen verklärende Romantisierung vergangener Alltagswelten. Väter vermitteln ihren Kindern zu allen Zeiten das jeweils notwendige Maß an praktischen Fertigkeiten, das sie zur Bewältigung zeitgemäßer Aufgaben benötigen und das sie mit Hilfe anderer Beziehungspersonen ständig weiter ausbauen. Heute müssen Großstadtsöhne – Mitscherlich spricht, wenn er Kinder spezifiziert, in auffälliger Weise nur von Söhnen, nie von Töchtern – nicht mehr lernen, wie man Fallen stellt, Pfeil und Bogen spannt, ein Pferd vor dem Pflug führt; heute in einer Zeit der Eigenheime und Heimwerker lernen Söhne von ihren Vätern entsprechend ihrem Alter immer noch, wie man mit Hammer, Zange, Nägeln, Schrauben, Sägen und elektrischen Bohrern umgeht, wie man Wände tapeziert und streicht, Holzverschalungen anbringt und Fahrräder repariert, um auf dieser simpelsten Ebene des Vergleichs zu bleiben.

Wie wir sahen, sind es gerade die Väter, die bei ihren Kindern während und nach dem Spielalter ihre Aktionslust fördern und damit ihre instrumentellen Fähigkeiten schulen, ihre sportlichen Interessen, ihr handwerkliches Geschick, ihren Umgang mit moderner Technik. Vieles ist hinzugekommen, was in der vorindustriellen Zeit ohne Belang war. Väter unterstützen ihre Kinder bei der Entwicklung ihrer kognitiven Lernprozesse. Wie baut man einen Turm aus Bauklötzen so, daß er nicht umfällt? Wenn du zwei rote Gummibärchen hast und drei grüne, wie viele sind es zusammen? Wie zeichnet man ein quadratisches Viereck? Mathematik, Physik, Chemie. Die Naturwissenschaften sind eine Domäne der Väter. An sie wenden sich die Kinder, wenn mal wieder eine Klassenarbeit bevorsteht. Und dann der Beginn des verwalteten Lebens. Wie schreibt man einen Lebenslauf, ein Bewerbungsschreiben, wie richtet man sich ein Sparkonto ein? Was ist eine Versicherung? Hierbei handeln nicht nur Väter mit ihren Kindern «Hand in Hand», sondern Elternhaus, Kindergarten und Schule tun es zusammen, um der jungen Generation den Weg in die komplexe Welt unserer heutigen Zivilisation zu bahnen. Diese Prozesse bedeuten keinen Verlust von Vaterautorität, sondern lediglich eine Umwandlung früherer Vaterbilder, durch die die Omnipotenz und Omnipräsenz des Vaters zum Nutzen der Kinder gebrochen wurde.

Väter, wenn auch oft abwesend, begleiten durch die Kontinuität ihrer Beziehung die Kinder in den tausend kleinen Lernschritten, die von der frühen Kindheit bis ins Erwachsenenalter durchlaufen werden müssen. Sie sind stolz darauf, in der langen Zeit von zwei bis drei Jahrzehnten gemeinsam mit den Müttern die Grundlagen für die endlich erreichte Selbständigkeit gelegt zu haben. Die fällige Verabschiedung des Vorurteils über ihre angebliche «Vaterlosigkeit» und die Revision der Einstellung, daß «nie genug» ist, was sie bereit und fähig sind, für die Kinder einzusetzen, könnte ihre Bereitschaft zum Wandel und zur konstruktiven Zusammenarbeit stärken.

X. Partnerschaft – Kinder – Beruf – Freizeit: Akrobatik zwischen vier Systemen

1. Vier Lebenssysteme

«Was sie bereit und fähig sind, für die Kinder einzusetzen.» Die Formulierung aus dem Schlußabsatz des letzten Kapitels verweist auf die Grenzen väterlicher Verfügbarkeit. Väter sind Männer. Männer wollen Sexualität und Kampf. Das ist ihre primäre Natur. Noch in allen kulturellen Transformationen setzt sie sich in mehr oder weniger sublimierter Form durch, ob in der Ehe, im Beruf, in der Freizeit oder in der Beziehung zu den Kindern, hier vielleicht in der abgemildertsten Form. Die Rollen, die Männer in der Gesellschaft einnehmen, sind das notwendige Stützwerk gegen ihre anarchistische Triebwelt. Zugeschriebene Rollen definieren sich als Einschränkungen vitaler Bedürfnisse. Durch ihre Verteilung auf die verschiedenen Rollen wird ihre Kraft gebändigt. Ein Mann, der sein Leben überwiegend in den Dienst seines Berufes stellt, wird zur Gefahr für sich und die anderen, weil diese Rolle allein sein Triebpotential nicht ausreichend binden kann. Durchbrüche von Herrschsucht, Unterdrückung, tyrannischer Gewalt oder sexueller Entfesselung sprengen dann immer wieder die Grenzen sozialer Anpassung und geschehen im Gewande asozialer Freiheit. Gegen diese Gefahr stehen dem «zivilisierten» Mann traditionell vier Lebensbereiche zur Verfügung, in denen er sein Triebpotential in humane zwischenmenschliche Beziehungen und kulturelle Leistungen umformen kann. Dabei entstehen allerdings Verteilungsprobleme bei der Balance zwischen innerem Triebhaushalt und den Anforderungen der einzelnen Systeme, in die er als Mitglied integriert ist. Es kommt zu einer dialektischen Spannung zwischen den Bedürfnissen, Interessen und dem Willen des einzelnen und den Erwartungen der beteiligten Personen. Die wechselseitige Konkurrenz der Systeme kann zu einer schweren Zerreißprobe werden. Die **Partnerin** möchte geliebt und umsorgt werden und erwartet ein hohes Maß an Interesse und Zuwendung für ihren Lebensbereich. Sie möchte mehr gemeinsame Zeit und betrachtet den Beruf des Mannes leicht als notwendiges Übel. Die **Berufstätigkeit** verschlingt, besonders in der Aufbauphase und unter Zwängen von Verdienststeigerung, Erfolg und Karriere, enorme Mengen an libidinösen und aggressiven Energien, fordert höchsten Einsatz und droht mit Marginalisierung oder Ausstoßung aus dem System, wenn die erwünschten Leistungen nicht erbracht werden (ausbleibende Beförderung, Teilzeitarbeit, Arbeitslosigkeit, Frühberentung). Auch die **Freizeit** bedeutet nicht nur freie Zeit, sondern Verpflichtungen mit einem oft unterschätzten Erwartungsdruck. Ob ein Sportverein, ein Skat- oder Kegelclub, eine Gartenkolonie, eine politische Partei, eine Gewerkschaftsorganisation, eine basisdemokratische Initiative, die freiwillige Feuerwehr, eine Vorstands-, Ausschuß- oder Gremienzugehörigkeit in den zahllosen Institutionen des öffentlichen Lebens – immer dort, wo der einzelne seine freie Zeit in eine soziale Gruppe einbringt, um entsprechende Interessen und sein Bedürfnis nach sozialen Kontakten zu befriedigen, bildet sich ein System fester Regeln, die nicht ungestraft verletzt werden dürfen. Freunde lästern, Kollegen sind gekränkt, und die Gruppe reagiert als Ganzes mit sozialer Ächtung, Isolierung und im schlimmsten Fall ebenfalls mit Ausstoßung. Keiner möchte gern vernachlässigt werden, jeder verlangt ein hohes Engagement vom anderen und, so irrational es auch sein mag, die Zurückstellung von Interessen und Verpflichtungen zugunsten der eigenen Sache.

Und die **Kinder?** Sollten sie rücksichtsvoller sein als die Erwachsenen der drei anderen Systeme? Sie möchten den Vater total, ob in der Anwesenheit, in der Zuwendung, im Trösten, im Interesse und im Verständnis. Sie wollen seine absolute Liebe.

Nach der Arbeit muß er «sofort» nach Hause kommen, berufliche Reisen können zur Katastrophe werden, seine Freizeit «gehört» ihnen, lange Gespräche oder gar Zärtlichkeiten mit der Mutter sind ein Verrat, und ein Buch, eine Zeitung, der Fernseher oder Musik beweisen, daß er sie nicht liebt, sie ihm nur lästig sind. Tränen, Trauer, Verstocktheit. Er soll sich ruhig anstrengen, um sie zurückzugewinnen.

Bei der vorbereitenden Lektüre zu diesem Buch war es für mich immer wieder erstaunlich, wie wenig in der wissenschaftlichen und populären Vaterliteratur die Spannung zwischen individueller Interessenlage und den konkurrierenden Ansprüchen der vier Systeme gesehen und das aus ihr resultierende äußere und innere Konfliktpotential des Vaters berücksichtigt wird. In der Regel erfolgt die Definition des Vaters allein von seiner väterlichen Rolle her, losgelöst von allen Funktionen, die ihn als Mann darüber hinaus bestimmen. Der Mann als Vater pur. Partnerschaft, Beruf und Freizeit werden dabei leicht zu mißlichen Begleiterscheinungen, auf die der Vater, wenn er im Interesse der Kinder nur wollte, getrost verzichten könnte. Warum will er nur nicht? Verzweiflung, Anklage und Schuldzuschreibungen verdanken sich einem vollständig unrealistischen Blick auf den Vater als Gesamtperson.

Die Verzerrung der Realität entstammt übermäßigen Idealisierungsbedürfnissen, deren Nichterfüllung mit tiefen Enttäuschungen verbunden ist. Davon war bereits im Kapitel «Väter und Töchter» ausführlich die Rede. Hier erscheinen nur einige Ergänzungen notwendig. Die Idealisierungstendenz Vätern gegenüber wird häufig auf die Tradition patriarchaler Indoktrination zurückgeführt. Da hätten sich die Männer selbst heilig gesprochen und in den Status des allwissenden und alles beherrschenden Vaters gesetzt. Die abendländische Geschichte ist voll von solchen göttlichen und weltlichen Übervätern, die ihr Gesetz und ihre Macht an die zahllosen Vatergenerationen der patriarchalen Geschichte überliefert haben. Aus psychologischer Sicht erfaßt diese historische Wahrheit jedoch nur eine Seite des Problems. Denn es bleibt zu fragen, warum sich über Jahrtausende hinweg der Vaterkult, wenn auch in gebrochener Form und mit allen dazugehörigen Ambivalenzen, selbst in den zivilisierten Gesellschaften halten konnte.

Wenn man den Rekonstruktionen anthropologischer Forschung glauben soll, hat es einen vergleichbaren Mutterkult auch im Matriarchat gegeben. Was erhob in der Urzeit die Mütter und nach Einführung des Patriarchats die Väter zu solcher kultischen Höhe? In der Sozialpsychologie geht man inzwischen von einem dem menschlichen Wesen immanenten Drang aus, sich mit einer ranghöheren Autorität zu identifizieren und sie gleichzeitig als unerreichbar zu idealisieren. Offenbar ist dieses Bedürfnis so stark, daß der Unterlegene nicht nur Anlehnung sucht, sondern bis zur absoluten Unterwerfung bereit ist. Dieser Zusammenhang ist in unserem Jahrhundert unter den Begriffen «autoritäre Persönlichkeit» und «blinder Befehlsgehorsam» zu trauriger Berühmtheit gelangt.[55]

Die Psychoanalyse hat die Entstehung dieses Bedürfnisses in die Kindheit verlagert und als infantilen Bindungsmodus beschrieben. In der Kindheit garantiert der Stärkere Zuflucht, Schutz, Sicherheit und Vertrauen vor einer als bedrohlich erlebten Welt. Die entsprechende Neigung Erwachsener, Autoritäten zu Helden zu stempeln und mit unrealistischen Heilserwartungen zu verbinden, wäre demnach ein Relikt frühkindlicher Sehnsüchte, die niemals voll gestillt wurden. Am Phänomen der begeisterungsfähigen Masse läßt sich jedoch eine erweiterte Deutung ableiten. Ob Tyrannen, Diktatoren, Freiheitskämpfer, der Papst als «Heiliger Vater», Gurus, Fußballkaiser, Boxkönige oder Popidole – bei ihrem Anblick überfällt die Masse ein Rausch, sie klatscht, schreit, heult, jubelt, tanzt, lacht, weint, betet, wirft sich auf die Knie; ein ekstatischer Gefühlsausbruch, eine eruptive Kraft erfaßt sie, die alle Schranken von Konventionen und sozialen Regeln durchbrechen. Die charismatischen Führergestalten, ob gut oder böse, sind in der Regel Männer. Die blinde Bewunderung räumt ihnen unumschränkte Macht und Herrschaft ein. Aus sozialpsychologischer Sicht illustrieren solche Massenphänomene das menschliche Idealisierungsbedürfnis lediglich in seiner radikalisierten Form. Es ausschließlich auf frühinfantile Fixierungen zurückzuführen würde seine stabilisierende Funktion verkennen, die es unabhängig von Kindheitserfahrungen auch für jeden Erwachsenen besitzt.

Nicht jeder stimmt in den frenetischen Beifall der Massen ein, aber jeder kennt Autoritäten, Vorbilder, Leitfiguren, Ersatzväter, die er bewundert, auf die er hofft, denen er nacheifert und denen er eine wichtige Rolle in der Galerie seiner Idealbilder einräumt.

Die Identifikation mit ihnen ist in der Regel mit mehr oder weniger ausgeprägten Idealisierungen verbunden, die spätestens dann als solche erkennbar werden, wenn der realistische Blick die idealisierte Person als Traumfigur entzaubert. Übermenschen existieren nur in der Phantasie. Auch die Götter sind Erfindungen, Produkte menschlicher Idealisierungsbedürfnisse.

Der Vorgang der Idealisierung erfolgt hauptsächlich über Projektionen. Das idealisierte Objekt eignet sich als unbegrenzte Projektionsfläche für alle unerfüllten Hoffnungen und Ziele. Dadurch wird es allmächtig und vollkommen. Die Idealisierung eines Objektes über den Mechanismus der Projektion speist sich aus den unversiegbaren Quellen unseres Narzißmus. Ihn haben nicht nur Kinder gepachtet, sondern er ist ein dauerhafter Bestandteil der seelischen Struktur zur Ausbalancierung des eigenen Selbstgefühls. Die Identifizierung mit einem idealisierten Objekt ist daher zunächst ein normaler Prozeß, der zur inneren Stabilisierung beiträgt und die Ichfunktionen stärkt. Nur dort, wo der einzelne sein Ich aufgibt, um mit dem idealisierten Objekt zu verschmelzen, läßt sich von einer pathologischen Regression sprechen.

Der Exkurs über Idealisierungen war notwendig, um die Vaterrolle des Mannes im dialektischen Spannungsverhältnis seiner vier Lebensbereiche verständlicher zu machen. Seine Idealisierung als Vater durch noch immer wirksame patriarchale Ideologien, durch Staat und Öffentlichkeit und innerfamiliär durch Frau und Kinder schafft fast unlösbare Widersprüche. Der erste ist ein innerer. Die Idealisierungen stimulieren seinen Narzißmus. Er möchte so sein, wie die anderen ihn sich wünschen. «Ein guter Vater, ja, wer wäre das nicht gerne.» Das abgewandelte Brecht-Zitat steht als kategorischer Imperativ über seinem verinnerlichten Vater-Ideal. Aber er weiß, er kann es nicht erfüllen, so sehr er sich auch müht. «Die Verhältnisse, die sind nicht so.» Diesen Widerspruch muß er ertragen, solange er Vater ist.

Der äußere Widerspruch besteht in der Idealisierung durch die anderen, insbesondere durch die Kinder. Sie schlägt unweigerlich in Enttäuschung um, wenn der Vater für sie in seinen Grenzen erfahrbar wird. Die Entidealisierung geht nur selten, bei Kindern nie, in eine rationale Bewertung der Proportionen über. Die Enttäuschung wird von heftigen Emotionen begleitet, vor allem von narzißtischen Kränkungen, nicht das «ein und alles», das «einzige», das «allein geliebte Kind» zu sein. Die reaktive Abwertung kann unbarmherzige Formen annehmen. Dabei steht die aggressive Aufladung der Verhaltensauffälligkeiten im Dienst der Stabilisierung des eigenen Selbstwertgefühls, das sonst durch den Verlust des idealisierten Vaters in die Gefahr kommen könnte, aus dem Gleichgewicht zu geraten. Bei Kindern sind solche Reaktionen verständlich, nachvollziehbar und vorübergehender Natur. Väter sollten sie erkennen, um nicht ihrerseits durch die eigenen Verletzungen mit Liebesentzug oder gar mit Gegengewalt zu reagieren. Sie müssen diese «Bestrafung» als unvermeidbare Hypothek ihrer Vaterrolle annehmen und verarbeiten.

Wie wir ebenfalls in dem Kapitel «Väter und Töchter» gesehen haben, bestehen aber auch bei vielen erwachsenen Frauen noch solche Idealisierungstendenzen dem Mann gegenüber. Sie haben ihren Ursprung hauptsächlich in der Vater-Tochter-Beziehung, wenn sie auch nicht unbeeinflußt vom heute noch bestehenden Männer- und Vaterkult sein dürften. Allerdings treten sie kaum jemals offen in Erscheinung, sondern stehen meist unter den Zeichen der frühen Enttäuschung durch den Vater und den späteren Erfahrungen mit Männern. Entweder maskieren sich die Enttäuschungen als ideologisch gerechtfertigte Entwertung der heutigen Männer- und Vaterwelt, oder die verdrängten Idealisierungen setzen sich unbewußt als überhöhte Erwartungen durch, die der Mann in seiner Rolle als Partner und Vater der Kinder erfüllen soll. Diese Wiederkehr des Verdrängten läßt sich in vielen Paarbeziehungen nachweisen. Dabei wird dem Mann unbewußt die Rolle des idealisierten eigenen Vaters zugeschrieben. An diesem unerfüllbaren Anspruch muß er zwangsläufig scheitern.

Auf die Situation der Mütter bezogen, mag hier der Hinweis genügen, daß sie bezüglich Idealisierung und Abwertung mit ähnlichen Widersprüchen konfrontiert sind wie Väter und vergleichbare akrobatische Leistungen bei der Verteilung ihrer Interessen und Bedürfnisse auf die vier Teilsysteme vollführen müssen. Da dieses Problem aber in der Frauenliteratur wiederholt bearbeitet wurde[56], stellen die folgenden Überlegungen die Väter wieder in den Vordergrund. Die Spannungen im Vater-Kind-System sind im Verlauf des Buches hinreichend deutlich geworden. Wie sehen sie in den drei anderen Teilsystemen von Partnerschaft, Beruf und Freizeit aus? Erst dieser erweiterte Blickwinkel kann das Bild von der Gesamtperson des Vaters abrunden.

Die Partnerschaft gilt als das sensibelste aller vier Teilsysteme, weil sich in ihm zwei erwachsene und unabhängige Menschen begegnen, deren Zusammengehörigkeitsgefühle erst aus dem Gleichklang emotionaler Kräfte erwachsen. Seit die Ehe als rational geplante Zweckgemeinschaft ausgedient hat, wurden wechselseitige Gefühle von Anziehung, Zuneigung, Vertrauen, Zärtlichkeit und sexueller Liebe zu ausschlaggebenden Kriterien für Heiratsplanung oder feste Paarbeziehungen. An diese Tatsache ist zu erinnern, weil sie die psychologisch plausibelste Erklärung für die Instabilität heutiger Familienformen liefert.

Gefühle fassen wir als seelische Phänomene auf, die eng an die Triebbedürfnisse gekoppelt und daher ihrer Natur nach primär egoistisch sind. Erst durch die libidinöse Bindung an ein Objekt werden primär lustbetonte Gefühle wie Sättigung, Zufriedenheit, Wärme, Freude, Lust, Begeisterung, Leidenschaft, Sinnlichkeit und Verliebtheit in eine soziale Dimension eingebunden. Die höher entwickelten Gefühlsformen drücken sich als Anteilnahme, Einfühlung, Achtung, Mitleid, Verantwortung, Hingabe und Altruismus aus, die wir in ihrer Summe als das verstehen, was wir die Liebe heißen. Sie entwickeln sich aus Triebverzichten und Triebaufschüben im Interesse einer harmonischen Ergänzung mit dem geliebten Objekt.

Die Ehe stellt ein System dar, in dem jeder Partner für sich und den anderen um einen wechselseitigen und gerechten Ausgleich

gleich zwischen Triebbefriedigung und Triebverzicht bemüht sein muß, um eine positive Gefühlsbilanz für beide zu erreichen. Die Störanfälligkeit resultiert aus dem Hauptwiderspruch zwischen der primär egoistischen Natur der Triebe und Gefühle und der ständigen Aufgabe zum Triebverzicht und zur Umwandlung der narzißtischen zu objektbezogenen Gefühlen. Der Widerspruch verschärft sich in dem Maße, in dem das sensible Gleichgewicht des Ehesystems durch Ansprüche anderer Teilsysteme belastet wird. Dies erklärt das regelhafte Auftreten mehr oder weniger ausgeprägter Krisen, wenn hinzukommende Kinder das Partnersystem zum Familiensystem erweitern. Das Familiensystem verlangt eine grundlegend neue Umverteilung im Trieb- und Gefühlshaushalt aller beteiligten Mitglieder. Wenn es den Ehepartnern dabei nicht gelingt, ihre emotionale Gemeinschaft durch stärkere zweckrationale Anteile zu ergänzen, wie sie die Versorgung der Kinder notwendig macht, gerät das System in Gefahr.

Die Scheidungsraten der letzten Jahrzehnte, der wachsende Trend zu alternativen Lebensgemeinschaften, zur kinderlosen oder Einkindfamilie und zur Alleinerziehung sind als untrügliche Indikatoren einer Entwicklung zu werten, die die Lösung partnerschaftlicher Widersprüche immer schwieriger macht. Die wichtigsten Faktoren für diese Entwicklung sind bekanntlich die wachsende Individualisierung persönlicher und beruflicher Interessenlagen und der Drang zu einer immer ausgeprägteren Selbstverwirklichung und Befreiung von jeder Art institutionalisiertem Zwang. Die Neudefinition von Lebenszielen zeichnet sich im Rahmen der Emanzipationsbewegung derzeit am konsequentesten bei Frauen ab. Zwei Drittel aller Ehescheidungen werden heute von ihnen angestrebt; ihr Mut zu veränderten Formen der Lebenspraxis ist häufig ausgeprägter als bei Männern. Deren durchschnittlich konservativere Haltung schreckt eher vor definitiven Lösungen zurück. Die Bindung an die Kinder, Fragen des sozialen Status und finanzielle Interessen sind wichtige Gründe, warum sie an dem formalen Bestand der Familie trotz der offensichtlichen Zerrüttung der Partnerschaft festhalten. Um so dramatischer muß den Vater daher die radikale und oft plötzliche Entscheidungsfähigkeit der Frauen treffen, wenn sie das System der Familie brechen und ihn aus der Ehe und dem Vater-Kind-System ausstoßen.

Neben den Widersprüchen im Vater-Kind- und im Partnersystem liefert der Beruf zusätzlichen Zündstoff für die Akkumulation innerer und äußerer Konflikte. Er nimmt, wie wir an früherer Stelle sahen, eine zentrale Stellung in der Gesamtidentität des Mannes ein. Die dialektische Spannung zwischen Beruf und Familie läßt sich schlaglichtartig an der Doppelbedeutung des Wortes «Fortkommen» erhellen. Jeder Mann lernt bereits als Kind, was als Erwachsener seine Aufgabe ist: Er muß für sein Fortkommen sorgen. Nur durch Fortkommen wird das erträgliche Auskommen zum lohnenden Einkommen. In der Regel kommt ein Mann im Beruf um so weiter, je ungehinderter er von der Familie fortkommt. Es handelt sich bei diesen Wortspielen um nichts weniger als um die Bewegungsgesetze im Spannungsverhältnis von Beruf und Familie. Tendenziell laufen sie auf die Unvereinbarkeit beider Systembereiche hinaus. Wenn aber Beruf und Familie so schwer miteinander vereinbar sind und sich unter besonderen Bedingungen der Widerspruch zuspitzt, gerät der Mann in eine Zwickmühle. Er möchte für die Familie da sein, kann aber unter den gegenwärtigen Bedingungen des Arbeitsmarktes sein berufliches Engagement nicht aufgeben. Die Sicherung des Arbeitsplatzes, die Sicherung der Familie und die Sicherung der Ausbildung und der Zukunft seiner Kinder zwingen ihn, sich den Arbeitsgesetzen zu unterwerfen. Dabei muß er alle Ressourcen mobilisieren, die er aus seiner eigenen Energie und aus der Befriedigung und sozialen Unterstützung im Beruf und in der Familie schöpft, um den Widerspruch täglich aufs neue zu lösen.

Wenn er zur Reduzierung der inneren und äußeren Spannungen eines Tages beginnt, seine Familie zu vernachlässigen, lassen die Sanktionen nicht lange auf sich warten, weil sowohl die Partnerin wie die Kinder den Druck und die Anforderungen zur Erhaltung ihres Systems erhöhen werden. Aus der Streßpsychologie und der psychosomatischen Medizin ist hinlänglich bekannt, daß dauerhafte und unentrinnbare Zerreißproben zur Dysfunktion der physiologischen und psychologischen Balance des Organismus führen und in manifeste Erkrankungen umschlagen können. Allgemeine Nervosität und Reizbarkeit, Schlafstörungen und Erschöpfungszustände, Depressionen, Herzinfarkte, Magengeschwüre, verschiedene Suchtformen, Neigung zu Arbeits- und Verkehrsunfällen, Suizide, vorzeitige Alterung und eine im Vergleich zu Frauen um mehrere Jahre verkürzte Lebenserwartung zählen zu den wichtigsten Symptomen des Zusammenbruchs des körperlich-seelischen Gleichgewichts unter der Summation von Belastungen, die nicht mehr aus eigener Kraft bewältigt werden können.

Eine in psychologischer Hinsicht wichtige Unterscheidung betrifft dabei die Arten des Streß. So läßt sich neben anderen Spezifizierungen zwischen einem fremdbestimmten oder objektiven Streß und einem selbstbestimmten und subjektiven Streß unterscheiden. Zu den objektiven Streßfaktoren gehören alle Belastungen, die mit der Arbeit unmittelbar verbunden sind oder von äußeren Rahmenbedingungen diktiert werden. Geläufige Beispiele sind schwere körperliche Arbeit, starkes Gefährdungspotential des Arbeitsplatzes, hoher Lärmpegel, Umgang mit gesundheitsschädigenden Substanzen, monotone Verrichtungen, Niedrigarbeitslohn, Akkord- und Nachtarbeit, konfliktreiches Arbeitsklima, drohender Arbeitsplatzverlust, Teilzeitarbeit und Höchstleistungen fordernde Vorgesetzte.

Die subjektiven Streßfaktoren ergeben sich dagegen aus inneren Motiven wie überhöhter Ehrgeiz, Arbeitswut, Arbeitssucht, Besitzstreben, Erfolgsdenken, Karrieresüchtigkeit und Statusproblemen. Dabei dient die Arbeitsleistung häufig der Kompensation von Unsicherheit, Kontaktproblemen, mangelnder sozialer Anerkennung, Frustrationen im Privatleben und der Zugehörigkeit zu einer unteren Sozialschicht. Besonders letztere erzeugt oftmals eine charakteristische Aufsteigermentalität, bei der sich Männer dauerhaft in subjektiver und objektiver Weise überfordern. Aller selbstgemachte Streß begünstigt besonders die Entstehung von psychischen, psychosomatischen und psychosozialen Fehlregulationen.

Für viele Männer ist es oft schwer, zwischen fremdbestimmtem und selbstgemachtem Streß zu unterscheiden. Den dauerhaften Druck, unter dem sie stehen, halten sie für objektiv unvermeidbar, weil ihnen nicht bewußt wird, daß ihr Leistungsanspruch meist aus verschiedenen unbewußten Motiven stammt. Selbstproduzierter Streß entsteht auch häufig dort, wo eine streng verinnerlichte Arbeitsmoral oder Autoritätsprobleme gegenüber Vorgesetzten und der Obrigkeit verhindern, sich in angemessener Form gegen Überforderung und Ausbeutung jeder Art zu wehren. Nein sagen zu können und die klare Abgrenzungsfähigkeit am rechten Ort und zur rechten Zeit gehören in weiten Teilen der Bevölkerung noch immer zu den verinnerlichten Verboten im Rahmen autoritärer Sozialisationspraktiken. Diese Tabus wirken sich besonders für Männer nachteilig aus, die sich durch ihre starke Berufsorientiertheit und -identität vor Übergriffen in der Arbeitswelt zu wenig schützen können.

Hier zeichnen sich zum Glück schrittweise Veränderungen ab. Der gesellschaftliche Wertewandel der letzten drei Jahrzehnte hat bei einer wachsenden Zahl von Männern zu einer kritischen Revision der bisherigen Überbewertung von Zweckrationalität, blindem Fortschrittsglauben und der beglückenden Macht des Geldes geführt. Damit lockern sich für sie auch die libidinösen Bindungen an den Beruf. Karriere, Erfolg um jeden Preis und die Maximierung des Wohlstandes werden vielen verdächtig. Die Befreiung der eigenen Gefühlswelt und die lebendige Gestaltung zwischenmenschlicher Beziehungen erweitern das Bewußtsein für eine ganzheitliche Identität. Diese Verzahnung gesellschaftlicher und individueller Transformationen führt zu neuen Leitbildern von Männlichkeit. Nur in diesem historischen Kontext ist der Begriff der «neuen Väterlichkeit» zu begreifen. Wenn er nicht nur äußerlich bleiben soll, ist das mit ihm verbundene Ideal nicht durch eine isolierte Neudefinition der Vaterrolle zu erreichen, sondern seine Verwirklichung setzt einen intellektuellen und psychischen Umbau voraus, der die Gesamtperson betrifft. Die stärkere emotionale Eingebundenheit in die Vater-Kind-Beziehung und in die Partnerschaft steht nicht für sich, sondern in engem Zusammenhang mit grundlegenden Einstellungsänderungen zum System der Berufswelt. Nur so läßt sich die tenden-

zielle Unvereinbarkeit von Beruf und Familie langsam überwinden. Beide Systeme verlangen nach einem Ausgleich, um die zer-
störerischen und krankmachenden Widersprüche in einer ganzheitlichen Synthese auflösen zu können. Die Chancen dazu
werden größer.

Das vierte Teilsystem, der Freizeitbereich, wird in seiner Bedeutung für die seelische Ökonomie des Vaters in aller Regel unterschätzt. Die freie Zeit wird als Spielwiese betrachtet, auf der er
seine kindlichen Bedürfnisse ausleben darf, ein Tummelplatz für
Spaß und Amüsement, ein idealer Ort, an dem Kommerz und
Medienrummel fröhliche Urständ feiern. Sie wird ihm nur zuge-
billigt, soweit er seinen Pflichten ausreichend nachkommt. Was
ausreichend ist, bestimmen die anderen. In solcher Entmündi-
gung erlebt der Mann eine Neuauflage seiner Kindheitserfahrungen: «Erst kommt die Arbeit, dann das Spiel.» Damals hat er gelernt, wie man diese Gebote unterlaufen kann, durch heimliche
Verweigerung, stillen Protest und Sich-unsichtbar-Machen. So
weicht er auch heute aus. Je strenger die Maßnahme, um so öfter
stiehlt er sich davon, bleibt länger fort, erfindet Ausreden, verpaßt
den letzten Bus. Denn das genau repräsentiert die Freizeit: die
Freiheit von fremdbestimmtem Zwang. Sosehr er seine Frau,
seine Kinder und seinen Beruf liebt, so stark ist diese Liebe auch
mit Verpflichtung und Verantwortung verbunden. Sich völlig für
sie aufzuopfern würde viele eigene Bedürfnisse, Interessen und
Begabungen verkümmern lassen.

Ideologisch wird Freizeit marginalisiert, weil ihre stärkere Gewichtung enthüllen könnte, daß jeder Mensch eine Vielzahl von
Identitäten in sich birgt, die ihr Recht auf Entfaltung behaupten.
Dagegen steht der gesellschaftliche Konsens zur Normierung und
Eingrenzung von Identitäten. Für den Mann gelten drei Identitäten als normal – seine Identität als Partner, seine Vater- und seine
Berufsidentität. Sie stimmen mit den Rollen überein, die ihm von
der Gesellschaft zugewiesen werden. Alles, was ihren Rahmen
sprengt, bedroht die Systeme, zu denen er als Mitglied gehört.

Wenn man jedoch den Freizeitbereich genauer ins Auge faßt,
wird deutlich, daß die in ihm ausgeübten Tätigkeiten keineswegs
nur dem Prinzip der Beliebigkeit folgen und lediglich der Freude,

Entspannung und Rekreation zur Wiederherstellung der Arbeits- und Liebesfähigkeit dienen. Die meisten Freizeitgestaltungen, in der Regel als «Hobby» verniedlicht, verraten etwas von den Sehnsüchten, Vorstellungen und Wünschen, die vielfältigen Möglichkeiten der eigenen Person «ins Spiel zu bringen», deren Entwicklung bereits in der Kindheit verschüttet oder durch die späteren Rollenfestlegungen verhindert wurde. Der oft langwierige Prozeß der Berufsfindung junger Menschen hat mit den vielen Alternativen ihrer eigenen Selbstentwürfe zu tun und dem Zwang, sich nur für einen Beruf als lebenslange Aufgabe entscheiden zu müssen.

Wie weit Fragen der Identität in den Freizeitbereich hineinreichen, wird besonders in den Fällen evident, in denen der Beruf nicht genügend libidinös besetzt werden kann, entweder weil er von dritter Stelle aufgezwungen wurde oder aus materiellen, bildungsmäßigen oder arbeitsmarktbedingten Gründen nicht gewählt werden konnte. Besonders der letztgenannte Grund bekommt in unserer Gegenwart, in der immer weniger Heranwachsende den Beruf ihrer Wahl ergreifen können, ein völlig neues Gewicht, weil sich im Rahmen dieser Entwicklung die bedürfnisgeleiteten Neigungen immer stärker in den Freizeitbereich verlagern.

Selbst unter günstigen Bedingungen, bei denen Neigung und berufliche Tätigkeit zusammentreffen, erfüllt der Beruf nur eine, wenn auch wichtige Seite seiner kreativen Möglichkeiten. Das Reservoir seiner Anlagen ist in der Regel größer. Wie kümmerlich ist dagegen die reale Existenz, wie schwer ist es, sich mit den eigenen Grenzen zu versöhnen. Gefühle von Grandiosität, Allmacht und Vollkommenheit als Abkömmlinge unseres Narzißmus gelten als verpönt, sie werden von jedermann schamvoll vor der Öffentlichkeit verborgen und füllen doch allgegenwärtig unser Bewußtsein aus.

«Freiheit», schreibt Canetti, «ist die Spannung und der heftige Wunsch, immer neue Grenzen zu überschreiten, so als ob sie nicht vorhanden wären.» Und an späterer Stelle: «Es gibt kein Ende für den schöpferischen Gedanken des Menschen. In diesem Fluch liegt die einzige Hoffnung.»[57]

Die Freizeit ist für jeden Menschen und damit auch für den Vater der Raum der Grenzüberschreitungen, des Versuchs, die Grenzen immer ein kleines Stück weiter hinauszuschieben, um seine Möglichkeiten auszutesten und seine Kreativität zu erweitern – um zu erfahren, wer er ist. Ohne dieses Vergnügen, diese Lust, die «Spannung» und den «Fluch» hört er auf, ein ganzer Mensch zu sein oder es werden zu wollen. Noch in jedem Spiel, in jedem Sport, in jeder handwerklichen Tätigkeit, in jedem Sammeln, ob von Schmetterlingen, Briefmarken, Büchern oder Kunstwerken, bei jeder Beschäftigung in der Natur und in jedem Musizieren, Singen, Tanzen, Lesen, Malen oder Schreiben scheint die Möglichkeit einer anderen Existenz auf. Dabei werden die Spuren der bewußten wie unbewußten Phantasien über erträumte Identitäten jenseits der Grenzen der Realität sichtbar. Alle diese Tätigkeiten dienen dazu, das Ich weiter zu machen, lebendiger, und es von frühen Beschädigungen zu heilen. Nicht zuletzt neutralisieren sie überschüssige und zerstörerische aggressive und sexuelle Energien und binden sie durch Sublimation in kulturelle Leistungen ein.

Die wenigen Überlegungen zur Freizeit sollen ausreichen, die Phantasie des Lesers über ihre reichhaltigen psychologischen Facetten im Spannungsfeld der vier Teilsysteme zu beflügeln. Die wichtige soziale Funktion des Freizeitbereichs wurde bereits eingangs betont.

2. Wie kann man die vier Systeme in Einklang bringen?

Die Systeme aus Partnerschaft, Kindern, Beruf und Freizeit sind, wie der Überblick gezeigt hat, von Antinomien beherrscht, von denen schwer vorstellbar ist, wie sie jemals befriedigend gelöst werden können. Wenn schon jedes System für sich eine hohe Flexibilität, Anpassungsbereitschaft und die Fähigkeit zum Verzicht erfordert, um ein ausreichend harmonisches Gleichgewicht zu erhalten, grenzt ein gelungener Interessenausgleich zwischen den vier miteinander konkurrierenden Systemen nahezu an ein Wunder. Deshalb ähnelt die Akrobatik des Vaters zwischen den vier Polen einem Tanz auf einem quadratisch ausgespannten Seil in großer Höhe und ohne Netz. Dabei hängt es aber nicht allein von seiner Koordinationsfähigkeit und Geschicklichkeit, sondern ebenso von der Elastizität, Spannkraft und Belastbarkeit der Seile ab, ob er die einzelnen Wegstrecken ohne Absturz bewältigt.

Ohne das Bild hier weiter zu strapazieren, zeigt jedoch ein Blick in die Vergangenheit und Gegenwart, wie dysfunktional die einzelnen Teilsysteme bisher nebeneinander existieren und wie komplex die Aufgaben zu einer Zusammenführung ihrer jeweiligen Interessen sind. Die derzeitigen Umbrüche in allen Bereichen der Gesellschaft könnten jedoch darauf hindeuten, daß sie nicht nur Ausdruck des Scheiterns der Regulationsmechanismen zwischen den verschiedenen gesellschaftlichen Subsystemen sind; aus optimistischer Perspektive kündigen sie auch einen Wandel an, der langfristig einen harmonischen Ausgleich der Systeme im Sinne eines ganzheitlichen Miteinanders anstrebt. Durch die Festigung und den weiteren Ausbau demokratischer Normen und Entscheidungsprozesse, durch den schnellen Umbau der Berufswelt mit einer weiteren Absenkung der Arbeitszeit, durch eine damit verbundene Ausdehnung kreativer Freizeiträume und schließlich durch innovative Umgestaltungen der Familienstruktur vernetzen sich die Systeme und stabilisieren ihre Balance. Ehe, Kinder, Beruf und Freizeit müßten damit für Väter nicht mehr zu einer Frage ihrer akrobatischen Fähigkeiten werden, sondern zu einer lustvollen Aufgabe.

XI. Welche Rolle spielt das Geld?

In einem Buch über Väter läßt sich die Rolle des Geldes nicht ausklammern. Dazu sei eine kurze Skizze über die Entwicklung des Geldbegriffs vorangestellt.

Geld dient nicht nur materiellen Zwecken wie der Selbsterhaltung oder dem Ausbau eigener Macht. Für die seelische Ökonomie fast wichtiger ist seine magische Bedeutung. Sie hat die Geschichte des Geldes begründet und seitdem begleitet. Der Ursprung des Geldes ist kultischer Natur. Durch Opferhandlungen konnte Sühne geleistet und Strafe und Vergeltung durch die Götter gemildert werden. Dabei wurde die Größe des Opfers zum Wertmaßstab für Schuldvergebung und Beliebtheit. Auch die Götter sind bestechlich. Menschenopfer, Kinderopfer, Tieropfer. Noch heute werden bei den Torajas in Sulawesi die Totenfeiern durch blutige Opferzeremonien eingeleitet. Dabei bemißt sich der Wert des Toten und der Grad seiner Erlösung von seinem irdischen Schicksal nach der Zahl der edlen, allein zu diesem Zweck gezüchteten Büffel. Wer arm ist und den Göttern nur ein Schwein oder Huhn als Geschenk anbieten kann, muß auf eine beschwerliche Seelenwanderung gefaßt sein. Armut macht sich auch bei Göttern nicht bezahlt. In unserer kirchlichen Tradition findet sich das Opfermotiv im Ablaß, in der Kirchensteuer, im Klingelbeutel und in den jährlichen Spenden, die das Gewissen erleichtern und den Schlaf ruhiger machen.

Die materielle Bedeutung des Geldes setzt mit der Arbeitsteilung und dem Tauschhandel bereits in der Frühgeschichte der Menschheit ein. Ein Steinbeil gegen ein Dutzend Fische, ein

Tonkrug gegen ein Maß Soja. Das Übel des Geldes begann aber erst mit der trickreichen Erfindung eines Indianers am Amazonas, eines Ureinwohners auf dem afrikanischen Kontinent oder an der Küste des Indischen Ozeans. Sie reihten Fundstücke ihres Siedlungsraumes, die für sie keinen Gebrauchswert hatten, in anderen Regionen aber Mangelware waren, auf Schnüre, Muschelschalen, Schneckenhäuser, glitzernde Steine, bunte Federn, Tierzähne oder Menschenschädel, und betrieben damit ein schwunghaftes Tauschgeschäft – Datteln, Kokos, Mais, Kakao, erlegtes Wild. Mit diesem archaischen Tauschwert waren erste Währungen geschaffen, die in den zivilisierten Ländern der Erde ab zirka 1000 v. Chr. durch geeichte Metallmünzen in Umlauf kamen, in China, Kleinasien, Griechenland, bei den Römern und Germanen – Gold, Silber, Kupfer, Bronze.

Geld, Geld und noch mal Geld. Ab jetzt regierte das Geld den Lauf der Welt, es wurde zum Fetisch grandioser Besitzansprüche. Geld wurde gescheffelt, gehortet, gespart und angereichert, der Goldrausch drang in jede Ritze menschlicher Begierden. Zinswucher, Spekulationen, Betrug, Korruption, Erpressung und Ausbeutung, ob durch einzelne oder durch Kartelle, Konzerne oder Banken – die Geldgier, mal legal, mal illegal, mal im weißen Kragen, mal mit der Maschinenpistole unter dem Arm, wurde zum dominierenden Prinzip menschlicher Beziehungen. Geld kolonialisierte die menschliche Seele, vergiftete und verführte sie zu Raffgier und Habsucht, zum unersättlichen und skrupellosen Profitdenken und Gewinnstreben. Der Traum vom unentdeckten Schatz, vom Goldregen und Geldsegen steckt in uns allen. Das kapitalistische Zeitalter hat alle diese Tugenden noch einmal zu neuer Blüte gebracht.

Die kurze Skizze zur Geschichte des Geldes und seiner Wirkung auf menschliches Fühlen, Denken und Handeln kann manche Zusammenhänge bei der Frage erhellen, welche Rolle das Geld im Familiensystem spielt. Diskussionen über das Thema, ob in der Familie selbst oder in der Öffentlichkeit, berühren meist nur die Oberfläche, das heißt die materielle Seite. Tieferliegende Motive werden dabei, speziell im Konfliktfall, verborgen gehalten. Aber der berühmte und verbreitete «Streit um das Geld» hat viele Facetten.

Im allgemeinen gilt der Vater in unserer Gesellschaft bis heute als Hauptverdiener der Familie. Auch wenn die Berufstätigkeit und die Qualifikation der Frauen in den letzten Jahrzehnten ständig zunahmen, liegt ihr Einkommen im gesellschaftlichen Durchschnitt nur relativ selten auf gleichem oder gar höherem Niveau als das des Mannes. Dies gilt vor allem für die Zeitspanne, in der sie voll oder überwiegend die Versorgung der Kinder tragen. Unter diesen Vorzeichen muß man davon ausgehen, daß der Mann durchschnittlich über die größeren finanziellen Machtmittel verfügt. Damit kann er über die Höhe des zugeteilten Haushalts- und Taschengeldes, über Anschaffungen, Reisen, Rücklagen und die Ausbildung seiner Kinder weitgehend selbst entscheiden. Diese strikte Machtbefugnis hat sich bereits seit langem in breiten Teilen der Bevölkerung zwar zugunsten einer gemeinschaftlichen Verwaltung der Finanzmittel gewandelt, aber solche Übereinkommen sind durchaus noch nicht die Regel und, das ist ihr Haken, sie sind jederzeit kündbar. Bei stärkeren Konflikten droht der Frau der willkürliche Rückgriff des Mannes auf sein Finanzmonopol. Besonders für Frauen ohne eigenes Einkommen werden dadurch Abhängigkeiten geschaffen, die von ihnen zu Recht als Ungerechtigkeit und Demütigung erlebt werden.

In Kapitel 8 bin ich bereits ausführlich auf die Dynamik der Machtbalance im Familiensystem eingegangen. Der Mißbrauch finanzieller Macht durch den Mann führt zwangsläufig zur Konkurrenz mit der Machtposition der Frau innerhalb der Familie, wobei die Kinder, ebenfalls mißbräuchlich, zu ihrem überzeugendsten Pfand werden können. Die sich daraus entwickelnde Machtspirale tritt, abhängig von der psychischen Struktur der Partner, vornehmlich in drei Streitformen in Erscheinung. Bei der ersten beherrscht das Geldthema ganz offen die Beziehung und legt sich wie ein Fluch über sie. Über Geld wird gestritten, gezankt, gehadert, gefeilscht, alles wird durchgerechnet, aufgerechnet und auf Heller und Pfennig abgerechnet. Bei der zweiten Streitform wird von beiden Partnern die Bedeutung des Geldes verleugnet. Nach dem Motto «Geld hat man» wird über Geld nicht gesprochen, weil es «schnöde», «dreckig» und «schmutzig» ist. Man muß reich, vornehm und gebildet sein, um sich diesen Luxus leisten zu können. Erst wenn die Fassade bröckelt oder gar zerfällt, tritt das verborgene materielle Denken zutage. Wohlhabende Paare unterscheiden sich, speziell in Nachscheidungskonflikten, in Gelddingen um nichts von wenig Vermögenden, im Gegenteil. Schließlich geht es um ansehnliche Summen. An der dritten Streitform sind Partner von stark unterschiedlichem Charakter beteiligt. Dabei paart sich der Geldkomplex des Mannes mit übertriebener Bescheidenheit, Sparsamkeit bis zur Knausrigkeit, während die Frau spendabel und freizügig, zeitweilig leichtsinnig mit dem Geld umgeht. Je mehr sich beide Partner ihre Eigenschaften vorwerfen, um so leichter treiben sie sich gegenseitig in sie hinein.

In allen diesen eskalierenden Streitsituationen hat der Mann in seiner Rolle als Vater schlechte Karten in der Hand. Was nützt ihm sein finanzielles Machtmonopol, wenn er die Kinder auf der Seite der Mutter weiß? Kinder sind von Natur aus oral. Der Mund ist das erste Organ, mit dem sich der Säugling die Welt aneignen kann. Die milchspendende Brust der Mutter als nie versiegende Quelle lustvoller Nahrungsaufnahme wird zum Urbild der Sättigung, Nuckeln und Saugen sind die ersten Tätigkeiten zur aktiven Herstellung von Befriedigung. Indem Säuglinge und Kleinkinder alles in den Mund nehmen, was ihnen in die Finger gerät, und verschlingen, was sich der Einverleibung nicht widersetzt, machen sie sich die Objekte der Welt erfahrbar. Sich der Dinge zu bemächtigen, haben und besitzen zu wollen, bilden die Grundformen menschlicher Antriebe. «Alles ist meins.» Um die räuberische Unersättlichkeit von Kindern zu mildern und zu sozialisieren, bedarf es eines hohen kulturellen und erzieherischen Aufwandes.

Die beschriebenen Machtkämpfe der Eltern ums Geld sind für ältere Kinder eine Versuchung. Sie haben eine Spürnase dafür, wo etwas zu holen ist. Mütter müssen also nicht viel tun, um sie zu Verbündeten zu machen. «Frag Papa, ob er dir das kauft.» Sie fragen, bitten, betteln, quengeln, schmeicheln sich ein und verführen den Vater so lange, bis er nachgibt. Uneinigkeit der Eltern in Geldfragen ist Gift für kleine Seelen. Einigkeit ist besonders gefragt, in einer Zeit, in der die Bemühungen der Eltern, die orale Triebwelt ihrer Kinder zu zügeln, permanent von den skrupellosen und fast kriminell anmutenden Verkaufs- und Werbestrategien einer Industrie unterlaufen werden, die den Kleinen das Himmelreich auf Erden vorgaukeln, ein Schlaraffenland erfüllbarer Träume, wären da nicht die bösen Eltern mit ihren vorgeschobenen Riegeln. Aber die Industrie weiß, daß solche Elternvorbilder zum Aussterben verurteilt sind. Wer von ihnen will schon zurückstehen? Der Trend der Zeit setzt auf Konsum, den Goldrausch der Moderne. Warum sollen sich die Kinder versagen, was die Eltern so großzügig genießen? Verwöhnte Erwachsene erziehen verwöhnte Kinder.

Die Vorstellung von Kindern über den Wert des Geldes bleibt erstaunlich lange an magisches Denken geknüpft. Ihr regelmäßiges Taschengeld soll sie in den Umgang mit Geld einüben. Es bleibt lange Zeit der einzige Maßstab für den Preisvergleich von Gütern. Ein Cola, ein Eis, eine Tüte Gummibärchen, ein Comicheft. Alles, was darüber liegt, entzieht sich ihrer Realitätseinschätzung, auch wenn sie längst komplizierte Rechenaufgaben lösen können. Irgend etwas in ihnen scheint sich dagegen zu sträuben, die Lebenskosten der Familie und den Verdienst des Vaters und der Mutter einer realistischen Prüfung zu unterziehen. Selbst Jugendliche und Heranwachsende, soweit sie noch nicht berufstätig sind, können oft weder Brutto- und Nettoeinkommen unterscheiden, noch interessieren sie sich für Steuern und Sozialabgaben, Versicherungen, Mieten oder sonstige feste Ausgaben der Familie. Vermutlich hängt diese Verleugnung mit einer hartnäckigen Verteidigung ihrer Illusionen über die unbegrenzt erscheinenden Verdienstmöglichkeiten, insbesondere des Vaters, und den angesammelten Reichtum zusammen. Für Kinder bleibt der Vater, wenn seine Armut nicht offensichtlich ist und sie selbst darunter zu leiden haben, der ewige Goldesel. Man braucht nur «Sesam öffne dich!» zu ihm zu sagen, und schon zückt er seine prallgefüllte Brieftasche oder sein Scheckheft, um die Ansprüche der Kinder zu bedienen. Nicht nur in dem Märchen «Tischlein deck dich, Goldesel und Knüppel aus dem Sack» der Brüder Grimm taucht das Gold als magisches Symbol nie endenden Wohlstandes auf. Das Motiv durchzieht nahezu alle Kulturschöpfungen, vom Mythos über die Märchen, den Aberglauben, die Magie, die Religion bis hin zur Literatur. Es ist der Traum von der ewigen Glückseligkeit, die an der Mutterbrust beginnt und an der Geldbörse des Vaters vor Anker geht.

Der Vater, der Repräsentant des Mammon, der Dukatenscheißer, der über die Zauberformeln verfügt, die langwährendes Glück verheißen, ist diesen Projektionen gegenüber selbst recht ambivalent. Einerseits ist er stolz auf die ihm zugeschriebene Potenz, die, ob real oder nur in der Fiktion bestehend, sein Selbstbewußtsein steigert. Andererseits quälen ihn die ständigen Ansprüche, weil sie mit der Angst gekoppelt sind, daß durch die Ungunst des Schicksals eines Tages seine Macht zu Staub zerfallen könnte. So unternimmt er große Anstrengungen, durch Einkommenssteigerungen seine Potenz und sein Ansehen zu erhalten. Was er dadurch der Familie und besonders den Kindern an Kontakt entzieht, versucht er durch Geldzuwendungen und Geschenke auszugleichen. Aus diesem Teufelskreis auszusteigen würde ein radikales Umdenken über den Wert des Geldes voraussetzen. «Geld macht nicht glücklich», sagen die einen, die es haben, «wer Geld hat, lebt besser» die anderen, die nicht im Überfluß leben. Dieser Widerspruch muß täglich gelöst werden.

Die Faszination des Geldes läßt sich über seine materielle Bedeutung hinaus nicht von der symbolischen trennen. Geld besitzt eine magische Verführung als Sinnbild von Opfer, Geschenk, Liebe und nicht zuletzt von Sexualität. Da der Mann in der Regel über die größeren Geldmittel verfügt, ist er, ob er will oder nicht, unlösbar in ihre symbolischen Funktionen verstrickt. Sein «Geldopfer» wird bewußt und unbewußt als Liebesbeweis gehandelt. Blumen für die Frauen. Schmuck, Kleider, Theaterbesuche, Menus und teure Reisen. Die Geschenke des Mannes sind Huldigungen und Ausdruck seiner Bewunderung und seines Begehrens. Frauen lieben es, verwöhnt zu werden. Ihr Tauschwert ist, allem Widerspruch zum Trotz, der Zauber ihrer Weiblichkeit, die Anziehungskraft ihrer Erotik, denen kein Mann, dem Fluch und der Lust seiner Sexualität gehorchend, widerstehen kann. Freud hat den Sachverhalt im Zusammenhang mit den vielen Fehlleistungen von Frauen bei der Bezahlung von Dienstleistungen charmant beschrieben: «Sie zahlen gleichsam mit ihrem Anblick, ‹um ihrer schönen Augen willen›.»[58]

Besonders durch die symbolische Macht des Geldes gerät der Vater in der Familie in eine vertrackte Falle. Er genießt die Privilegien seines Geldes, den Wohlstand, das Ansehen und seine Entscheidungskompetenz. Aber wie sicher kann er sein, ob die Zärtlichkeit, Liebe und sexuelle Hingabe seiner Frau mehr ihren wahren Gefühlen oder ihren Zugeständnissen an seine finanzielle «Potenz» geschuldet sind? Wie hoch ist der Preis der Liebe und wie abhängig von seiner Opferbereitschaft? Auch diese Thematik findet sich in allen Kulturepochen literarisch verarbeitet, mal in ihren tragischen, mal in ihren komischen Verstrickungen. Der Alltag läßt diese Komik meistens vermissen. Weil der reale und symbolische Tauschwertcharakter des Geldes eine unentwirrbare Einheit bilden, kann sich in solchen Situationen die Beziehung in ein heimliches Monopoly verwandeln, bei dem beide Partner ihre Seelen verkaufen.

Auch die Kinder lieben reiche Väter. Sobald sie die Bedeutung des Geldes erkannt und seinen Tauschwert in der Beziehung der Eltern durchschaut haben, wird auch für sie das Geld mehr als nur ein materieller Wert. Sie lernen schnell, daß sich die geläufige Redewendung «sich Liebe erkaufen» auch umkehren läßt; je sparsamer man mit der Liebe umgeht, um so mehr steigt ihr Preis. Das ist keine kalte Berechnung, sondern unterstreicht die Tatsache, daß bereits im frühen psychischen Erleben ein Symbolisierungsprozeß mit einer unbewußten Gleichstellung von Geld, Opfer, Geschenk und Liebe einsetzt. Kindern blanken Materialismus zu unterstellen, wäre daher verkürzt. Neben ihren oralen Bedürfnissen hat für sie, wie für Erwachsene, jede nicht ausdrücklich durch Leistung erzielte Geld-Zuwendung eben diesen emotionalen Stellenwert. Deswegen ist zum Beispiel Taschengeldentzug für sie gleichbedeutend mit Liebesentzug, eine Strafmaßnahme, die in ihrem Doppelaspekt zu bedenken ist.

So psychologisch relevant die geschilderten Zusammenhänge

sind, so nachdrücklich muß an den Grundsatz erinnert werden, nach dem «Liebe durch kein Geld der Welt aufzuwiegen ist». Unter dem Streß von Arbeitsbelastung und Zeitnot tendieren viele Väter dazu, ihn aus ihrem Stammbuch zu streichen. Ihre Großzügigkeit und ihre spendable Haltung münden nicht selten in eine Verwöhnung, bei der sich Schuldgefühle über ihre Versäumnisse und der Wunsch nach der Liebe der Kinder die Hand reichen. Auf diese Weise werden letztere zwangsläufig zu Nachkommen des Stammes «Nimm» herangezogen, die den Konsum als Surrogat für Liebe schätzen lernen und ihre materiellen Ansprüche weiter steigern.

Eine besondere Gefahr, Geld als Liebespfand zu handeln, besteht bei Geschwisterbeziehungen. Eine ungleiche Verteilung von Geld und Geschenken drückt bei allem bewußten Willen zur Gerechtigkeit unbewußt stets einen unterschiedlichen Grad der Zuneigung und Liebe zu den einzelnen Geschwistern aus. Deren Streit schon bei der kleinsten Unausgewogenheit wird in erster Linie durch den symbolischen Gehalt des Geldes und durch die unbewußte Botschaft des Vaters ausgelöst. Schwere Geschwisterrivalitäten verdanken sich nicht selten solchen verdeckten Ungerechtigkeiten, da Geld einen Maßstab zur Abschätzung des eigenen Wertes im Ansehen und in der Zuneigung des Vaters darstellt.[59] Deshalb gehört es zu den lästigen Pflichten jedes Vaters, seine Geldzuwendungen an die Geschwister grob zu bilanzieren. Solche Bilanzen liegen nicht nur im Interesse der Kinder, sondern nützen auch der besseren Kontrolle über eigene unbewußte Motive und Gefühlseinstellungen.

Die Kehrseite der übertriebenen Großzügigkeit ist eine zwanghafte Sparsamkeit, die bis zum Geiz reichen kann. Nach psychologischer Erfahrung ist die materiell nicht zu begründende Zurückhaltung von Geld und Geschenken fast immer mit Gefühlsblockaden verbunden, bei denen mit spontaner Herzlichkeit, Bestätigung und Freude «gegeizt» wird. Solche Väter können ihre Liebe zu den Kindern nur «sparsam» ausdrücken. Sie halten sie gleichermaßen materiell wie emotional kurz, worunter die gefühlsmäßige Bindung schwer leidet. Eine besondere Variante ist nach langjährigen therapeutischen Erfahrungen der

Sparzwang von Familien im Zusammenhang mit der Erreichung kostspieliger Ziele. Zum Beispiel machen der Bau oder die Anschaffung eines Eigenheimes oft langjährige, von Streit und Konflikten durchsetzte Sparmaßnahmen notwendig, unter denen Kinder erheblich leiden können. Neben dem materiellen Verzicht erlauben die permanenten Anstrengungen des Vaters in dieser Zeit kaum eine ausreichende Beschäftigung mit den Kindern. Der doppelte Mangel an Geld und Emotionalität fällt häufig in einen Entwicklungszeitraum, in dem die Kinder die gefühlsmäßige Präsenz des Vaters besonders brauchen. Hier stellt sich oft die schwierige Frage nach der Priorität zwischen den Besitzwünschen der Partner und der von Geldsorgen freien und väterlich mehr unterstützten Entfaltung der Kinder.

Im Zusammenhang mit der symbolischen Bedeutung des Geldes ist auch das Schicksal von Kindern zu bedenken, deren Väter nicht über den durchschnittlichen oder gar gehobenen Wohlstand verfügen. Sie erleben Armut nicht nur als materielle Not, sondern im Vergleich mit anderen Kindern ihres sozialen Umfeldes auch als emotionale Benachteiligung. Die daraus abgeleitete Enttäuschungswut richtet sich in erster Linie gegen die Väter. Ihr «Versagen» als Repräsentanten der Macht und des Geldes verhindert notwendige Identifikationen und führt zu ihrer Abwertung und Verachtung. Armut verzeihen Kinder ihren Vätern nur selten. Der familiäre und soziale Sprengstoff, der daraus erwächst, wird in seiner sozialpsychologischen Dimension immer stärker erkannt, wie die lebhaften Diskussionen über die «Neue Armut» und die «Zweidrittelgesellschaft» zeigen.

Armut ist eine Hypothek, die nicht nur den Kindern aufgelastet wird; die Väter sind noch ungleich härter von ihr betroffen. Der Verzicht auf Kaufkraft und Wohlstand wiegt für sie leicht gegen den Verlust an Macht, Selbstvertrauen, Identität und Ansehen sowohl in der Familie als auch im sozialen Umfeld. In unserer Gesellschaft als Vater arm zu sein, ist materielle, emotionale und kommunikative Katastrophe in einem. Ein armer Vater in unserer Zeit wird häufig zum ungeliebten Vater.

Die facettenreiche Macht des Geldes verwandelt sich nicht zuletzt in eine bestürzende Realität, wenn das Familiensystem zerbricht. Es gibt noch immer zu wenig geglückte Scheidungsverläufe, in denen von beiden Partnern die Frage des Geldes einvernehmlich gelöst wird. Weit mehr verbreitet ist der Streit ums Geld ohne Rücksicht auf Verluste, insbesondere ohne Rücksicht auf die Interessen der Kinder. In den meisten Fällen geht es dabei aus naheliegenden Gründen zunächst um den materiellen Lebenserhalt der Restfamilie. Neuere Statistiken kommen diesbezüglich zu einer skandalösen Bilanz: Ein Drittel aller Kinder unter zwölf Jahren, das sind zirka eine halbe Million Kinder in der Bundesrepublik Deutschland, die in einer Trennungssituation leben, bekommen keinen Unterhalt durch den unterhaltspflichtigen Elternteil, ganz überwiegend die Väter. Für sie zahlt der Ersatzvater Staat jährlich knapp 1,6 Milliarden Mark, mit steigender Tendenz. Nach Schätzungen des Familienministeriums sind allerdings nur ein Drittel der Schuldner echte «Unterhaltsentzieher»; zwei Drittel sind durch Neuverheiratung und weitere Kinder, durch Arbeitslosigkeit, Niedrigeinkommen oder Sozialhilfestatus zahlungsunfähig.[60]

Solche Statistiken sind hart und erlauben keine Beschönigung. Aber sie lassen auch nach der psychologischen Seite des Problems fragen. Sind alle diese Väter tatsächlich, wie ihnen nachgesagt wird, charakterlose Egoisten, die, vielleicht bestätigt durch die Versorgungsmentalität in unserem Sozialstaat, alle Verantwortung für ihre Kinder aufkündigen und an die Finanzkassen der Behörden delegieren? Solche Väter stehen für keine wissenschaftliche Untersuchung zur Verfügung. Insofern erlaubt die Frage keine verläßliche Antwort. Aber die bisherigen Überlegungen zur Rolle des Geldes lassen zumindest die Vermutung zu, daß bei vielen von ihnen der zunächst rein materiell erscheinende Grund der Zahlungsverweigerung durch zahlreiche psychologische Motive überlagert wird. Deren Hintergründe ließen sich bei der Vielzahl der Möglichkeiten nur im Einzelfall klären. Die Rache für Verlassenwerden oder für die Verweigerung des Besuchsrechts mit den Kindern, Eifersucht auf einen neuen Partner der Frau, Verzweiflung über den Verlust der Kinder, eine Selbstwertkrise im Zusammenhang mit der Zerstörung des Vater-Ideals oder Flucht oder totaler Kontaktabbruch nach der Erfahrung des Scheiterns an der Vaterrolle sind nur einige Gründe, unter denen das Geld zur realen wie symbolischen Waffe werden kann, um den Verlust an wechselseitiger Liebe und Zusammengehörigkeit auszugleichen. Solche seelischen Enttäuschungen rechtfertigen keineswegs das beschriebene Verhalten. Aber ihre Berücksichtigung könnte in vielen Fällen sicher helfen, neue Brücken zu bauen, wo die einseitige Schuldzuschreibung und Verdammung die betroffenen Väter nur noch weiter in die Isolation und Verweigerung treibt. Das entrechtete und entwürdigende Schicksal, ein «Zahlvater» zu sein, der sein Kind vielleicht nur kurze Zeit oder noch nie gesehen hat, stellt eine Kränkung der männlichen Gesamtidentität dar, die nicht ohne Folgen bleiben kann.

XII. Vaterschicksale nach der Scheidung

1. Die seelischen Reaktionen des Vaters auf die Scheidung

Die «Zahlungsunwilligkeit» vieler Väter, mit der das letzte Kapitel abschloß, gehört durch seine materiellen Auswirkungen sicher zu den gravierendsten Problemen im Zusammenhang mit Scheidungsfolgen. Das Thema Scheidung wird hier noch einmal gesondert aufgegriffen, weil ohne seine Berücksichtigung eine Darstellung über Väter in unserer Zeit kaum mehr möglich ist. Trennungen und Scheidungen sind durch die Umbrüche in der Familie in den letzten drei Jahrzehnten und die zahlreichen Alternativen zur Neugestaltung familienähnlicher Gemeinschaften zu einem Alltagsphänomen geworden. In ihm drückt sich die Kehrseite eines Gesellschaftsprozesses aus, bei dem der kollektive Drang zur Selbstverwirklichung und Individualisierung die moralische Struktur tradierter Loyalitätsbindungen an die Familie immer leichter zerbricht. Was früher als persönliche Schuld gebrandmarkt wurde, hat sich heute zu einer Zeiterscheinung ausgeweitet, die eine neue Wertung verlangt. Versuche dazu stammen von Soziologen, Psychologen, Familientherapeuten, Kirchenvertretern, Juristen und Gesetzgebern.

Es kann hier nicht der Ort sein, den interdisziplinären Diskussionsstand auch nur in Ansätzen referieren zu wollen. Ich nehme das Scheidungsthema aber auf, weil bei einem Überblick über die Literatur deutlich wird, wie wenig in ihr die psychische Realität des Vaters nach einem Trennungsverlust berücksichtigt wird. Sowohl im wissenschaftlichen wie im öffentlichen Diskurs stehen die seelische Situation der Mütter und das Leiden der Kinder nach einer Scheidung weit im Vordergrund. Fthenakis leitet das Kapitel «Nichtsorgeberechtigte Väter» in seinem Handbuch «Väter» mit folgendem Absatz ein:

«Die Scheidungsforschung stellt bis heute die sogenannte Restfamilie, bestehend aus dem sorgeberechtigten Elternteil und den Kindern, in den Mittelpunkt ihrer Betrachtung. Der nichtsorgeberechtigte Elternteil wird als nicht mehr zur Familie gehörig angesehen und erfährt nur dann Beachtung, wenn er etwa seinen Unterhaltszahlungen nicht nachkommt oder sein Umgangsrecht strittig wird. Er wird eher als störender Faktor angesehen denn als Elternteil, der auch nach einer Scheidung weiterhin Verantwortung trägt. Wie schon gezeigt, wird in über 87 % der unstrittigen Scheidungsfälle und zu 75–80 % in strittigen Fällen der Vater zum nichtsorgeberechtigten Elternteil. Nachdem die Bedeutung des Vaters für die Entwicklung der Kinder lange Zeit nicht angemessen beachtet wurde, ist es immer noch leicht, gerade ihn als nichtsorgeberechtigten Elternteil völlig zu übersehen oder ihn im Falle von Konflikten auszuschalten. So werden immer mehr Kinder von ihren Vätern und Väter von ihren Kindern getrennt, ohne daß beide dies wollen. Erst in jüngster Zeit beginnt sich die Ansicht durchzusetzen, daß sich die familiären Beziehungen in der Nachscheidungssituation zwar verändern, aber nicht aufhören zu bestehen, und daß es durchaus im Sinne des Kindeswohls ist, diese Beziehungen für das Kind zu erhalten und zu schützen.»[61]

Sein folgender Überblick über die Literatur verdeutlicht, daß die wenigen bisher vorliegenden Untersuchungen zu dieser Thematik lediglich äußere Verhaltensmerkmale von Vätern nach der Scheidung erfassen wie den Umgang mit Unterhaltszahlungen, die Wahrnehmung des Besuchsrechts, Pflege und Erziehung der Kinder, Kontaktformen mit der geschiedenen Frau, Erfahrungen mit einer Zweitfamilie, ob des Vaters selbst oder der leiblichen Mutter, sowie die Formen des Rückzugs von der Ursprungsfamilie. Die Mehrzahl der Untersuchungen ist dabei ausschließlich an Fragen des Wohles der Kinder orientiert; die psychischen Reaktionen des Vaters auf das Scheidungtrauma und der Verarbeitungsprozeß sind bisher kein Thema der Forschung.

Wie der Überblick von Fthenakis zeigt, sind die äußeren Verhaltensmerkmale in starkem Maße von der sozialen Schichtzugehörigkeit der Väter, von ihrem nationalen Kulturkreis und den dort gültigen Gesetzgebungen und dem jeweiligen Zeitgeist abhängig. Entsprechend unterliegen sie einem ständigen Wandel, so daß sich aus den vorliegenden Befunden kein einheitliches Bild gewinnen läßt. Dies gilt in besonderer Weise bei jedem Versuch, Aussagen zur psychischen Situation von Scheidungsvätern zu machen. Daß sie bisher kaum untersucht sind, hängt sicher nur zu einem Teil mit einem mangelnden Forschungsinteresse zusammen; die methodischen Probleme zur Erfassung der seelischen Konflikte an repräsentativen Stichproben von Scheidungsvätern werden die zukünftige Forschung noch lange beschäftigen. Diese Einschränkungen sind zu bedenken, wenn ich im folgenden dennoch den Versuch machen möchte, einige psychologische Zusammenhänge darzustellen, die nach meiner Einschätzung eine gewisse Verallgemeinerung erlauben.

Zunächst lassen sich fünf Variablen unterscheiden, die die seelischen Reaktionen des Vaters nach der Scheidung maßgeblich beeinflussen. Die erste Variable stellt die Struktur des Vaters selbst dar, wobei Faktoren wie psychische und soziale Stabilität, Verantwortungsbewußtsein, Kontakt- und Bindungsfähigkeit, Konflikttoleranz und Verläßlichkeit für die Bewältigung des Trennungstraumas zu den wichtigsten zählen. Die zweite Variable betrifft die entsprechende psychische Disposition der Mutter. Von ihr hängt es ab, wie sie die Scheidung verarbeitet und den Kontakt zu ihrem geschiedenen Mann gestaltet und ob sie die weitere Beziehung zwischen den Kindern und dem Vater fördert oder eher behindert. Die dritte wichtige Variable stellen die Kinder dar. Ihre Reaktion auf die Trennung, ihr Alter, ihre psychische Reife, ihre Entscheidungsfähigkeit und der Charakter der früheren Bindung an den Vater bestimmen darüber, in welcher Form sie freiwillig den Kontakt zu ihm aufrechterhalten wollen. Eine vierte, nicht unbedeutende Variable ist der Faktor Zeit. Der Scheidungsprozeß läuft in der Regel in verschiedenen Phasen ab. Für seine Bewältigung benötigt jeder der Beteiligten eine unterschiedlich lange Zeit. Häufig wird dieser Faktor nicht ausreichend bedacht. Dann versuchen der eine oder beide Partner, schnelle Lösungen, zum Beispiel für die Besuchs- und Ferienregelungen, den Finanzierungsmodus u. a., zu erzwingen. Dadurch werden die Widerstände zwangsläufig verstärkt und konstruktive Lösungen unnötig lange verzögert. Das Vertrauen darauf, daß «die Zeit Wunden heilt», und das geduldige Warten auf kommende günstige Entwicklungen sind die besten Ratgeber für eine heilsame Zukunft.

Ein häufiges Phänomen in diesem Zusammenhang ist die Angst vieler Väter, besonders von kleinen Kindern, daß sie diese für immer verlieren könnten, wenn der Kontakt mit ihnen für längere Zeit unterbrochen wird. Ihnen fehlt das sichere Gefühl, daß Kinder ihre Väter innerlich niemals aufgeben und den Kontakt auch äußerlich wiederherstellen, wenn sie mit zunehmendem Alter und wachsender Unabhängigkeit von der Mutter ihre diesbezüglichen Wünsche eindeutig artikulieren und selbständig durchsetzen können. Wie wir an früherer Stelle gesehen haben, kann die Erfahrung, den fast schon verlorengeglaubten Vater zurückzugewinnen und eine neue Beziehung mit ihm aufzubauen, frühe Defizite ausgleichen. Väter, die zu früh aufgeben, sich gekränkt zurückziehen, ihr Interesse durch Desinteresse tarnen und den fehlenden äußeren Kontakt nicht wenigstens durch gelegentliche Telefonate, Postkarten, Briefe oder durch Geburtstags- und Weihnachtsgeschenke überbrücken, verspielen oft auf tragische Weise die Chancen einer Wiederannäherung und verewigen dadurch für alle das Leiden unter dem Verlust. Denn auch Kinder verlieren, unabhängig davon, wie stark der Vater verinnerlicht wurde und die Sehnsucht nach ihm bestehen bleibt, auf Dauer das Vertrauen und das Interesse an einem Mann, der ihre Hoffnungen endgültig enttäuscht hat und der ihnen fremd geworden ist.

Schließlich ist noch eine fünfte Variable zu berücksichtigen, die Frage nämlich, wer von beiden Partnern den Stein zur Trennung ins Rollen gebracht hat. Dieser Umstand ist nicht gleichbedeutend mit der statistischen Angabe, daß zwei Drittel aller Scheidungen heute von Frauen eingereicht werden. Diese Zahl erfaßt nur einen juristischen Tatbestand. Die Statistik sagt nichts

214

darüber aus, wie viele Männer sich zum Beispiel durch permanente Untreue während der Ehe oder durch Auszug aus der Familie getrennt haben, lange bevor sich die Frau zur Scheidung entschließt. Neben groben Verletzungen der ehelichen Bindung gibt es zahlreiche subtile Formen der Trennung, ob bewußt oder unbewußt, die eine Ehe oder Partnerschaft auf Dauer zerrütten können. In diesen Fällen ist häufig die Frage schwer zu entscheiden, wer letztlich für die Trennung verantwortlich ist. Die Unentwirrbarkeit der Kollusion ist meist das Ergebnis zahlreicher Konflikte und wechselseitiger Beziehungsabbrüche, die schließlich zur Entzweiung führen. In solchen Situationen können sich Frauen heute leichter zur Scheidung entschließen. Auf einige Gründe wurde bereits an früherer Stelle hingewiesen. Letztlich muß die Frage, wer die entscheidenden Weichen zur Trennung gestellt hat, meistens offen bleiben, weil beide Partner ihren Anteil am Scheitern des Systems beigetragen haben. Ausschlaggebend für die hier diskutierte Variable ist das subjektive Gefühl der Partner, entweder der Verlassene oder der Verlassende zu sein. Auch wenn keinesfalls sicher ist, ob der Verlassene langfristig tatsächlich mit einer höheren Hypothek an Leid belastet bleibt, da die weiteren biographischen Lebensverläufe des getrennten Paares zu diesem Zeitpunkt völlig offen sind, macht es in der akuten Trennungssituation einen erheblichen Unterschied, zu welcher der beiden Gruppen man sich zählt.

Die fünf Variablen, die entscheidend in die psychischen Reaktionen des Vaters nach der Trennung eingreifen, wirken nicht jede für sich, sondern sind eng miteinander verzahnt. Ihr dialektisches Verhältnis ergibt sich aus dem systemischen Charakter der Familie. Ein konfliktträchtiges Verhalten eines Partners erhöht zwangsläufig die Spannungen des anderen, wodurch sich die Widersprüche zwischen ihnen wechselseitig aufschaukeln. Auch bei einer geschiedenen Ehe bleibt die Familie, ob gewollt oder nicht, als verändertes System erhalten, wobei eine gegenseitige Abhängigkeit aller Mitglieder bestehen bleibt, ob materiell oder psychisch. Selbst in den Fällen, in denen jede Verbindung für immer gekappt wurde, ist der Vater in seinem Selbstbild wie ein Prometheus auf ewig an seine Vergangenheit geschmiedet, und die inneren Bilder seiner Familie quälen ihn in seinen Erinnerungen. So existiert er auch in den Köpfen und Seelen seiner Kinder und seiner Frau als verinnerlichtes Objekt weiter.

Unter Berücksichtigung der fünf Variabeln erschließt sich auch am ehesten das Verständnis für die psychische Situation des Scheidungsvaters, soweit sie einige Verallgemeinerungen zuläßt. Da diese stärker einem Erfahrungswissen entstammen und sich nicht auf wissenschaftlich gesicherte Befunde stützen können, lassen sie sich auch als thesenhafte Formulierungen verstehen.

2. Das Gefühl des Scheiterns

Breite therapeutische und außertherapeutische Erfahrungen legen die Vermutung nahe, daß für viele geschiedene Väter ein Gefühl in besonderer Weise für die weitere Lebensgeschichte und die Dynamik der innerseelischen Balance bestimmend wird – das Gefühl des Scheiterns. Ob sie es verdrängen, verleugnen oder bewußt erleben, immer scheint sie dieses Gefühl zu verfolgen. Es färbt Stimmungen, Träume und zukünftiges Erleben von Glück, Leidenschaft, Liebe, Begeisterung und Erfolg mit graugetönten Farben. Warum? Scheitern ist die Folge einer nicht eingelösten Verantwortung. An früherer Stelle konnten wir die Verantwortung als einen Hauptbestandteil väterlicher Identität ausmachen. Es gibt verschiedene Verantwortungsbereiche, ob in der Partnerschaft, im Beruf oder in Freundschaften. Für den Vater, so lautete die These, gibt es keine wichtigere Verantwortung als die Behütung seiner Kinder. Im Unterschied zu allen anderen Verantwortlichkeiten bleibt sie unkündbar, da sie einen integralen Bestandteil des Vater-Ideals darstellt. Väterliche Verantwortung und Vater-Ideal bilden eine Einheit; sie etablieren sich als psychische Instanzen zeitlich parallel mit der Geburt des ersten Kindes und runden die männliche Identitätsbildung zur Ganzheit ab. So theoretisch dies klingt, so einleuchtend erscheint es uns, wenn wir das Gefühl des Scheiterns verstehen wollen. Das Scheitern an einer Aufgabe fällt in den Zuständigkeitsbereich des Ich, das sich als unfähig erwiesen hat, einen Konflikt zwischen widerstreitenden Interessen angemessen zu lösen. Damit ist es seiner Verantwortung nicht gerecht geworden. Dieses Versagen bedeutet aber gleichzeitig eine schwere Verletzung des Selbstgefühls, da es den Idealen des Ich widerspricht, an einer Aufgabe zu scheitern, die für die Selbstwertregulierung entscheidend ist.

3. Das Gefühl der Scham

Für den Vater, der seine zentrale Verantwortung nicht eingelöst hat und an seiner Aufgabe gescheitert ist, bedeutet daher sein Versagen in erster Linie eine tiefe Verletzung seines Selbst. Dadurch, daß er sein Vater-Ideal verraten hat, zerstört er sein eigenes Selbstkonzept. Dieser innerseelische Vorgang nun produziert schwerste Gefühle der Scham. Erst jetzt wird deutlich, warum das Gefühl des Scheiterns für Scheidungsväter ein solches zentrales Gewicht bekommen kann: Durch den Verrat am eigenen Vater-Ideal und das Versagen des eigenen Ich wird das Selbstgefühl von tiefer Scham überflutet. Und da der angerichtete Schaden nicht wiedergutzumachen ist, wird die Scham zum lebenslangen Verfolger.

Aber, so wird sich der Leser fragen, wo bleibt das Schuldgefühl? Ist es nicht in erster Linie das Schuldgefühl, das Väter (und Mütter) nach der Scheidung umtreibt? Das Schuldgefühl entsteht, wie wir wissen, aus dem Über-Ich. Unser Gewissen bestraft uns für das Unrecht, das wir an anderen begangen haben. Hier genau liegt der entscheidende Unterschied. Der Vater, der sich von seinen Kindern trennt und damit seine Loyalitätsverpflichtungen verletzt, fügt ihnen ein Unrecht zu, für das er mit

Schuldgefühlen bestraft wird. Der Verrat an seinem eigenen Selbst dagegen erfüllt ihn mit Scham. Die psychologische Erkenntnis, daß die Schädigung anderer Schuld, das Versagen an sich selbst aber Scham auslöst, ist in dieser pointierten Form noch nicht sehr alt und konnte erst durch die tiefere Erforschung des Narzißmus differenziert werden. Die Unterscheidung ist von großer Relevanz für das Verständnis vieler psychologischer Phänomene im Zusammenhang mit inneren und äußeren Konflikten.

Für den Scheidungsvater zum Beispiel mündet der doppelte Verrat an den Kindern und an sich selbst in einen schweren Schuld-Scham-Komplex. Dabei maskiert sich die Scham oft als Schuld, weil sie wegen ihrer narzißtischen Herkunft eine tiefe Kränkung ausdrückt, die weit belastender ist als die Schuld. Deswegen habe ich das Gefühl des Scheiterns bei den psychischen Reaktionen auf das Trennungstrauma hier vorangestellt, da seine Herkunft aus der Selbst-Verletzung und der damit verbundenen Scham mit mehr Schmerz verbunden ist als das Schuldgefühl. Dessen Entstehung im Rahmen von Trennungskonflikten ist so verständlich und einleuchtend, daß sie hier nicht weiter begründet werden muß.

Zur Illustration der theoretischen Zusammenhänge mögen einige Begriffe, Bilder und Phantasien dienen, die Väter häufig zur Beschreibung ihrer Gefühle nach der Trennung von der Familie wählen, und zwar unabhängig von dem zeitlichen Abstand und von der Frage, ob sie ihre Kinder weiterhin regelmäßig sehen. Zunächst einige Formulierungen, die die Entwertung und Zerstörung des Selbstgefühls betreffen: «Etwas ist in mir für immer zerbrochen; in mir ist ein tiefes Loch; eine absolute Leere; als wenn eine Feder gesprungen wäre; es hat mich verändert; ich bin nicht mehr ich selbst; die Leute sehen mir an, daß ich geschieden bin; ich kann mich nirgendwo mehr blicken lassen; habe Angst, verheirateten Paaren zu begegnen; wenn mich jemand auf die Kinder anspricht, könnte ich vor Scham im Boden versinken; etwas nagt ständig an meinem Selbstbewußtsein; meine Sicherheit hat einen schweren Knacks bekommen; ich fühle mich als Versager; der frühere Stolz auf meine Kinder hat sich in nichts aufgelöst; ich bin nichts mehr wert; der Gedanke an meine Kinder frißt mich auf; manchmal bin ich dem Selbstmord nahe.»

Alle diese Gefühle umschreiben den Zusammenbruch des Selbstwertsystems; das Vater-Ideal ist der Zerstörung des Selbst zum Opfer gefallen. Die narzißtischen Kränkungen hinterlassen dauerhafte Wunden und überfluten die gesamte Person mit Affekten der Scham. Die Katastrophe der Scheidung wirkt sich am stärksten als Katastrophe für das Gleichgewicht des eigenen Selbst aus. In diesem Zusammenhang ist an die sprachliche Herkunft des Begriffes Scheitern zu erinnern. Er leitet sich von dem Substantiv «Scheit» ab und bedeutet «in Stücke gehen» und im übertragenen Sinn «Schiffbruch erleiden». Damit bezeichnet der Begriff sehr plastisch, was in der Fachsprache «Fraktionierung» genannt wird. Sie bezieht sich auf den Zustand des Selbst, das unter dem Anprall schwerer narzißtischer Traumata auseinanderbricht, «in Stücke geht».

4. Das Gefühl der Schuld

Schuldgefühle dagegen werden anders formuliert: «Ich fühle mich ständig schuldig; was ich meinen Kindern angetan habe, ist nicht wiedergutzumachen; ich denke immer an die Kinder und wie sie es verkraften; wenn ich nur wüßte, wie ich ihnen ihre Situation erleichtern kann; kann man solche Schuld jemals ausgleichen? Es liegt wie ein Felsbrocken auf mir; mein Gewissen läßt mir keine Ruhe mehr; ob meine Kinder mir jemals verzeihen werden? Ich habe sie oft um Entschuldigung gebeten; ich fühle mich von allen verurteilt; komme mir wie ein Gesetzesbrecher vor; ich quäle mich mit der Frage, ob es nicht doch eine bessere Lösung gegeben hätte; es tut mir leid.»

Das Schuldgefühl betrifft den Verrat, den man an den Kindern begangen hat. Für diese Schuld muß man büßen. Das Gewissen ist unnachgiebig. Aber sosehr das Über-Ich einen auch verfolgen und quälen mag, die Macht der Erinnyen ist vor dem Einspruch des Ich nie sicher. Dieses sucht nach Argumenten, Erklärungen, Entschuldigungen, sinnt auf Wege der Sühne, Versöhnung und Wiedergutmachung und entkräftet das Gewissen durch die Vernunft, die zumindest eine gerechtere Verteilung der Schuld aushandeln kann. Ohne den ewigen Stachel des Selbstzweifels und der Scham würde das Über-Ich und das Schuldgefühl auf Dauer an Kraft verlieren. So aber bilden sie eine verhängnisvolle Koalition, deren Einfluß das weitere Leben überschatten und ein dauerhaftes Gefühl der Entwurzelung und Einsamkeit hinterlassen kann.

5. Vom Protest zur Trauer

Die Gefühle des Scheiterns, der Scham und der Schuld bilden aber nur einen Teil der inneren Kämpfe und Konflikte des Vaters nach der Scheidung. Der Trennungsprozeß selbst löst in der Regel verschiedene Erlebnisphasen aus, die schrittweise bewältigt werden müssen: die Phase des Protestes, die Phase der Verzweiflung und des Trennungsschmerzes und die Phase der Depression. Auf diese Phase folgt ein längerer Trauerprozeß, der für die Verarbeitung des Scheidungsschicksals notwendig ist, bevor eine innere Versöhnung mit den wechselseitig zugefügten Verletzungen und ein anschließender Neubeginn möglich wird. Alle diese seelischen Vorgänge habe ich für beide Partner ausführlich in dem Buch «Verlassen und verlassen werden» untersucht, so daß ich sie in diesem Zusammenhang nicht erneut darstellen möchte.[62]

6. Die Situation der Kinder

Was mir im vorliegenden Text aber notwendig erscheint, ist ein breiterer Exkurs über die Situation der Kinder. Dabei beschränke ich mich auf einige Gefühlsqualitäten, die mir in der umfangreichen Scheidungsliteratur zu kurz zu kommen scheinen. Wenn im folgenden von «Eltern» statt von «Vätern» die Rede ist, wird damit die Tatsache berücksichtigt, daß grundsätzlich beide Partner von den Reaktionen der Kinder betroffen sind. Allerdings dürften sich viele der Aussagen stärker auf Väter beziehen, da sie in der Mehrzahl diejenigen sind, die sich von der Familie trennen oder von ihr getrennt werden und daher die zu beschreibenden Gefühle der Kinder besonders auf sich ziehen.

Das gängige Interpretationsmuster für das Schicksal der Kinder nach der Trennung oder Scheidung läßt sich folgendermaßen zusammenfassen: Kinder werden zu Opfern der unbewältigten Trennungskonflikte der Eltern. Ihr Leiden rührt nicht nur aus der Auflösung der familiären Einheit, sondern auch aus dem Mißbrauch ihrer Gefühle, weil sie im Trennungsdrama in verschiedener Weise von beiden Eltern instrumentalisiert werden. Die Rollen und Delegationen, die sie dabei übernehmen müssen, und die Kreidekreissituationen, in die sie geraten, sind nach den ausführlichen Beschreibungen von Richter und Stierlin hinlänglich bekannt.[63] Die in Folge dieses Mißbrauchs auftretenden psychischen, psychosomatischen und psychosozialen Probleme von Scheidungskindern bilden immer wieder den Anlaß, ihre Opferrolle zu beklagen und nicht selten im Rahmen restaurativer Tendenzen mit Schuldzuschreibungen an die Eltern zu verbinden.

Das oft bemitleidenswerte Schicksal von Scheidungskindern soll hier nicht geleugnet werden, auch nicht die Richtigkeit des verbreiteten Interpretationsmusters. Aber es ist nach meiner Einschätzung unvollständig und steht damit einer Neubewertung und Neuorientierung zukünftiger Familiengestaltung im Wege.

Kinder werden im Trennungsdrama nicht nur zu Opfern, sondern auch zu Tätern bzw. Mittätern. Diese Tatsache ist schockierend und wird in der Regel aus zwei Gründen geleugnet: Einerseits lassen die Schuldgefühle über das ihnen zugefügte Unrecht nicht zu, ihre aktive Beteiligung zu erkennen; andererseits hätten Scheidungseltern allen Grund zur Angst vor den destruktiven Kräften, die der Trennungsprozeß bei Kindern mobilisiert.

Der Haß und die Gewalt, die während des Trennungsdramas bei Kindern entfesselt werden, haben verschiedene Ursachen und Ausdrucksformen. Ganz unabhängig davon, in welcher Weise der Trennungskonflikt von den Eltern ausgetragen wird, bedeutet jedes Verlassenwerden eine Neuauflage früher, bis in das Geburtserlebnis zurückreichender Trennungserfahrungen, die regelhaft mit Angst verbunden sind. Angst aber löst Verteidigungsaggressionen aus – ein Grundsatz der Überlebensstrategie bei Mensch und Tier. Sie allein könnten viele der bei Kindern bekannten Reaktionen nach dem Verlust eines Elternteils erklären. Schwerwiegender aber erscheint mir das, was die Familienforscher Boszormenyi-Nagy und Spark als «Vergeltungsaggression» bezeichnen. Sie tritt immer dann auf, wenn Loyalitätsverpflichtungen und -bindungen verletzt werden. Loyalität beschreiben die Autoren als ein meist unbewußtes Ensemble verinnerlichter Wertmuster und Verhaltensnormen, die den Zusammenhalt einer Gruppe, ob als Familie oder größere Gemeinschaft, garantieren. Jede Scheidung bedeutet eine Aufkündigung des Loyalitätsprinzips und wird, besonders von Kindern, als tiefes Unrecht erlebt, das schwere Racheimpulse auslöst.[64]

Wut, Haß und Gewalt bei Scheidungskindern verdanken sich aber am stärksten einem dritten Faktor: der Gewalt der Eltern selbst. Jede Trennung löst, wenn auch in unterschiedlicher Intensität, bei beiden Partnern Gefühle von Hilflosigkeit, Ohnmacht, Verlassenheitsangst, Trennungsschmerz und Schuld aus, die wegen ihrer Unerträglichkeit in den vielfältigen Spielarten des Vor- und Nachscheidungskampfes abgewehrt oder zumindest gemildert werden sollen. Die dabei entfachten Tragödien zwischen den Partnern sind häufig mit einem Kontrollverlust über die eigene Gefühlswelt und das eigene Handeln verbunden. Eltern haben jedoch Kindern gegenüber die Funktion, ihnen durch Identifikation und eine schutzbietende äußere Kontrolle bei der Integration ihrer primär «sozialen» und ungeordneten

Trieb- und Gefühlswelt in stabile Ich- und Über-Ich-Strukturen zu helfen. Durch ihr eigenes inneres Chaos und ihre gewaltförmigen bis gewalttätigen äußeren Versuche zur Lösung des Trennungskonfliktes entziehen sie aber den Kindern den notwendigen äußeren Halt und die innere Orientierung, so daß diese unkontrolliert ihren Gefühlen von Haß, Wut und Rache ausgeliefert sind. Dieser Mechanismus wird besonders dann in Gang gesetzt bzw. verstärkt, wenn die Kinder in den Kampf der Eltern einbezogen werden, oder, was nicht selten der Fall ist, als Sündenböcke ihre direkte Gewaltausübung zu erleiden haben.

Die im Trennungsdrama entbundene Gewalt des Kindes – seine Mittäterschaft – zeigt ein breites Spektrum an Ausdrucksformen. Von den Wutausbrüchen und Besuchsverweigerungen gegenüber dem getrennten Elternteil über die mutwillige Zerstörung von Spielzeug und anderen Gegenständen – in der Psychoanalyse spricht man von Verschiebungen, in der Verhaltensforschung von Übersprungshandlungen – bis zur lustvollen Quälerei von Tieren und schwächeren Kindern reichen die vielfachen Erscheinungen offener Gewaltentladung. Viel verbreiteter aber sind die verdeckten Formen. Das heimliche Spiel mit der Macht über die oft hilflosen Eltern, das Schüren ihrer Schuldgefühle, die Ausnutzung ihrer dadurch bedingten Erpreßbarkeit und die Zerstörung neuer Partnerbeziehungen sind ebenso verschleierte, bewußte wie unbewußte Zeichen des Hasses wie der Widerstand gegen die erwünschten Normen des Zusammenlebens. Hier reicht die Palette von der Leistungsverweigerung in der Schule über Schulversagen und Herumstreunen bis zu schwereren Formen der Verwahrlosung und Kriminalität, wie sie sich in Drogensucht, Alkoholismus, Diebstählen und sozialem Scheitern ausdrücken. Der alarmierende Charakter dieses Verhaltens, der aggressive Appell, zeigt unverkennbar die darin eingebundene Gewalt.

Selbst dort, wo man es am wenigsten vermutet und am schwersten erkennt, lassen sich noch die Wurzeln des Hasses entdecken – hier allerdings in einer gegen die eigene Person gerichteten Weise. Viele psychische und psychosomatische Symptome, wie sie bei Kindern und Jugendlichen nach der Scheidung gehäuft auftreten, enthalten erhebliche Anteile einer unbewußten und unverarbeiteten Aggression. Am deutlichsten läßt sich diese in den verbreiteten Depressionen bis hin zum Selbstmordversuch und Selbstmord wiederfinden; letzteren liegt nach psychoanalytischer Erkenntnis häufig ein Mordimpuls gegen die im Trennungsdrama verwickelten Eltern zugrunde.

Solche nach innen gewendete und krankmachende Gewalt entwickelt sich besonders dann, wenn das Kind seine dem Trauma der Trennung angemessene Aggression nicht ausdrükken darf, entweder weil sie von außen verboten und unterdrückt wird, oder weil das Kind mit ihr die Angst verbindet, die im Trennungskonflikt geschwächten und hilflosen Eltern durch seinen Haß zusätzlich zu beschädigen oder gar zu zerstören.

Für eine offene Diskussion des Scheidungsthemas und für die konfliktärmere Entwicklung alternativer Familienmodelle scheint es mir wichtig zu realisieren, in welchem Ausmaß Eltern durch die verschiedenen Erscheinungsformen des Hasses von ihren Kindern bis an den Rand der Verzweiflung getrieben, ja, oft bis zur endgültigen Erschöpfung terrorisiert werden können. Wichtig zum einen, weil durch den kindlichen Haß und durch seine offenen und verdeckten Gewaltformen für die Eltern die Bewältigung des Trennungstraumas außerordentlich erschwert wird; zum anderen, weil viele Eltern, wenn sie die Hintergründe nicht erkennen, aus Hilflosigkeit, Ohnmacht und zur Abwehr von Schuldgefühlen mit Gegengewalt reagieren, durch die das Kind in doppelter Weise zum Opfer wird. Dadurch entsteht eine sich wechselseitig hochschraubende Haßspirale, in die alle Beteiligten als Opfer und Täter zugleich rettungslos verwickelt sind.

→ Eine Verhinderung oder Auflösung solcher Gewaltzirkel wird durch eine Aufklärung erleichtert, die die Dialektik der Täter-Opfer-Dynamik im Trennungsdrama zwischen Eltern und Kindern stärker transparent macht. In den Kindern nur die Opfer zu sehen, verstellt den Blick auf ihre Kraft und ihren Widerstand, mit denen sie sich zunächst mit einem «gesunden» Haß gegen die Verletzungen wehren. Konstruktiv und innovativ kann diese Kraft, familiär und gesellschaftlich, nur wirksam werden, wenn die Aggression der Kinder nicht aus Angst und Schuldgefühlen tabuisiert und geleugnet werden muß. Wenn sie sich ausdrücken darf, um erlittenes Unrecht auch als solches kenntlich zu machen, kann ihre Energie schrittweise integriert und für eine kreative Gestaltung der neuen Lebenssituation und der Zukunft nutzbar gemacht werden.

Für Eltern könnte diese Einsicht bedeuten, mit weniger Schuldgefühlen den Formen kindlicher Aggression zu begegnen, d. h. sie zuzulassen und zu akzeptieren, statt ihrerseits die Gewalt weiter eskalieren zu lassen. Dazu wäre jedoch zusätzlich eine Entlastung von einem noch immer existenten gesellschaftlichen Strafdruck notwendig, der die Eltern zu Tätern macht und sie in ihren Schuldgefühlen gefangen hält, während die Kinder durch übertriebenes Mitleid stigmatisiert und dadurch ihre gesunden Anpassungskräfte an eine veränderte familiäre Umwelt geschwächt werden.

In diesem Zusammenhang erscheint es mir auch wichtig, die Rolle der Schuld und des Schuldgefühls neu zu bewerten. Bekanntlich geben sich Kinder häufig die Schuld am Scheitern der Ehe und an dem langen nachehelichen Streit ihrer Eltern. Den verbreiteten Ratschlag, Kindern solche Schuldgefühle auszureden, halte ich für eine Vereinfachung des Problems. Wie aus der Beschreibung ihrer Täter- und Mittäterschaft hervorgeht, haben Kinder allen Grund, mit Schuldgefühlen zu reagieren. Sie scheinen dies auch genauer wahrzunehmen, als Eltern es erkennen können. In den Rollen, in die Kinder im Trennungsdrama geraten, und in ihrem darin entfesselten Haß werden sie unweigerlich schuldig. Ihnen die Schuld ausreden zu wollen birgt die Gefahr, sie noch tiefer in ihre Schuld zu verstricken. Was für Erwachsene gilt, gilt auch für Kinder: Erst wenn das Gefühl für die eigene Schuld angenommen und die Schuld als solche anerkannt werden kann, besteht die Chance, sie zu betrauern, sich mit ihr zu versöhnen und dadurch zu verarbeiten und an ihr zu reifen. Die Trauer vieler Kinder nach einer Scheidung ist nach psychoanalytischer Erkenntnis nicht nur die Trauer über den Verlust eines geliebten Objektes, sondern auch die Trauer darüber, im Trennungsdrama zum Mittäter und dadurch schuldig geworden zu sein.

Die Gefühlstrias von Haß, Schuld und Trauer gehört bei Kindern als Reaktion auf das Scheidungstrauma eng zusammen. Sie sagt noch nichts darüber aus, wie das Trauma langfristig verarbeitet wird. Viele therapeutische Erfahrungen und Langzeitbeobachtungen von geschiedenen Kindern deuten jedoch darauf hin, daß die Verarbeitung um so besser gelingt, je intensiver diese Gefühle erlebt und durchlitten werden können und – dürfen. Jede Beschwichtigung, jedes Verbot, jede Verleugnung, jede Verwöhnung, d. h. jeder Versuch, solche Gefühle abzuschwächen, bedeutet einen Verlust an gegenwärtiger und zukünftiger Lebendigkeit.[65]

7. Väter und Kinder nach der Trennung

Nach diesem Perspektivenwechsel auf den Blickwinkel der Kinder kehren wir zur Sichtweise des Vaters zurück. Dabei müssen wir einsehen, wie leicht wohlmeinende Ratschläge gegen die Schwierigkeit wiegen, sie auch einzulösen. Denn nachdem der getrennte Vater seine Autorität vor den Kindern verloren hat und sie in den Nachscheidungskämpfen von der Mutter häufig noch weiter demontiert wird, kehrt sich seine ursprüngliche Stärke in Schwäche um. In Verbindung mit seinen Schuld- und Schamgefühlen liefert sie ihn einem Zustand der Verletzlichkeit aus, die ihn gegen Angriffe jeder Art durch die Kinder immer wehrloser machen kann. Ihre Rache unterminiert sein ohnedies geschwächtes Selbstgefühl und seine Selbstachtung zusätzlich. Sie ahnen, daß er nach Möglichkeit Versagungen, Härte und Strenge vermeiden will, um ihnen keinen weiteren Schaden zuzufügen und seine Wiedergutmachungsschuld einzulösen. Die häufig beklagte Verwöhnung der Kinder durch Scheidungsväter rührt aus dieser widerspruchsreichen Konfliktsituation. Sie macht viele Väter für überzogene Liebesbeweise erpreßbar und fordert von ihnen Verständnis und Verzeihung, wo klare Abgrenzungen gefragt wären. Innere Verstrickung und äußere Belagerung machen den Vater zu einem Gefangenen seiner selbst und seiner Kinder – ein Zustand, der eine gewaltsame Sprengung der Fesseln geradezu vorprogrammiert. Die explosionsartige Entladung als Ungerechtigkeit, brennende Wut, körperliche Gewalt oder Flucht sind bei längerer Dauer der Konflikte verbreiteter als die masochistische Einigelung und das stumme Erdulden, weil sie männlichen Aktions- und Aggressionsbedürfnissen mehr entsprechen. Besonders wenn das Drama des eigenen Scheiterns durch das phantasierte, befürchtete oder gar reale soziale Scheitern der Kinder summiert wird, droht der väterliche Kontrollverlust. So kontraproduktiv er sich für eine Lösung der Beziehungskonflikte auswirkt, so sinnvoll kann er für den eigenen Selbst-Rettungsversuch sein, um der Entgrenzung und endgültigen inneren Selbstzerstörung zu entgehen.[66]

Es muß hier nicht ausdrücklich betont werden, daß Kinder, besonders im jungen Alter, ihre Vergeltungsaggression nicht bewußt inszenieren; der tyrannische Anteil ihrer Natur bleibt ihnen meist verborgen. Dadurch entgeht ihnen aber oftmals das Gefühl für die Grenzen väterlicher Belastbarkeit. Auch reagieren nicht alle Kinder mit Rache. Viele entwickeln im Gegenteil ein ausgeprägtes Mitleid, Sorge und Mitgefühl für den getrennten Vater und versuchen, ihn zu schonen, wo immer es in ihrer Macht steht. Wichtige Voraussetzung dafür ist eine zärtliche und verläßliche Vaterbindung vor der Trennung. Kinder reagieren in dieser Weise besonders in Situationen, in denen die verlassene und verletzte Mutter ihren Haß an dem Vater unnachgiebig auslebt und ihn als Entschädigung für ihr Leid auszubeuten versucht. In solchen Fällen können sich Kinder heimlich mit dem Vater verbünden. Im Einzelfall ist oft schwer zu entscheiden, wodurch das Kind mehr belastet wird, ob durch seine Wildheit oder seine versöhnliche Milde. Denn in jedem Fall gerät es in einen schweren Loyalitätskonflikt einem der beiden Elternteile gegenüber und begeht dabei einen Verrat, der zu heftigen Schuldgefühlen führt.

Die Trauer über den Verlust der Kinder und des eigenen Vater-Ideals, das Gefühl des eigenen Scheiterns und die damit verbundene Scham, das Schuldgefühl über das Unrecht an den Kindern, ihr Leiden und ihre Rache, sowie der Schmerz, die Trauer und der Haß der Mutter sind die wohl wichtigsten Ursachen für die seelische Not des Vaters nach der Scheidung. Hinzu kam in früherer Zeit allgemein, heute noch vereinzelt, die soziale Ächtung. Wie bereits ausführlich erörtert, gehören der Aufbau, der Schutz und der Erhalt der Familie nicht nur zu einem persönlichen, sondern auch gesellschaftlich verinnerlichten Auftrag des Mannes. Die weitgehende Akzeptanz von Trennungen und Scheidungen in unserer Zeit täuscht darüber hinweg, daß in vielen Gesellschaftsgruppen noch starke Ressentiments gegen diese Entwicklung bestehen. Gerade in Zeiten des Zerfalls der Familie bekommt der Status «verheiratet» wieder einen höheren Kurs. Aber wichtiger als die möglichen äußeren Sanktionen sind die inneren Reaktionen des Scheidungsvaters auf den gesellschaftlichen Erwartungsdruck. Seine Scham- und Schuldgefühle erzeugen soziale Ängste und irrationale Projektionen, wegen seines Scheiterns auch im sozialen Umfeld nicht mehr akzeptiert zu werden. Nahrung erhalten solche Phantasien durch die Tatsache, daß mit jeder Scheidung ein mehr oder weniger großer Verlust des bisherigen Freundes- und Bekanntenkreises verbunden ist. Auch wenn dieser durch die grundlegend veränderte Lebenssituation beider Partner objektiv begründet ist, so kann er noch die Selbstzweifel und Selbstanklagen vertiefen. Außerdem bedeutet der Verlust, nachdem schon die Familie entfallen ist, eine oft schmerzhafte Einbuße des bisherigen sozial unterstützenden Umfeldes.

Abgesehen von den Fällen, in denen schon vor der Trennung eine außereheliche Beziehung bestand, die oft den Scheidungsgrund bildet, häufen sich in der Gegenwart die Situationen, in denen Väter mit ihrem plötzlichen Alleinsein konfrontiert sind. Ihre oft schnelle Flucht in neue Partnerschaften entspringt nicht nur dem Versuch zu einer emotionalen und sexuellen Bindung, häufig gekoppelt mit regressiven Rettungsphantasien, sondern dient auch der Wiederherstellung eines sozialen Umfeldes gegen die Vereinsamung. Für Männer, denen aus unterschiedlichen Gründen auch dieser Weg versperrt ist und die oft lange partnerlos leben, ist ein Beruf, der genügend libidinös besetzt ist und der das Selbst mit ausreichender Befriedigung gratifiziert, der letzte Anker, um einer Katastrophe zu entgehen. Sollte auch dieser nicht mehr halten, was unter der Bedingung einer stark entfremdeten Arbeit oder in Zeiten wachsender Arbeitslosigkeit zu befürchten ist, stürzen auch die letzten Fassaden zusammen, es gibt keine Masken mehr, hinter denen sich der Zusammenbruch des Selbst verbergen kann.

Dieses Szenario schlägt sich im öffentlichen Diskurs meist nur in dürren statistischen Zahlen nieder, die nichts von den psychischen Dimensionen ahnen lassen, die sich in all ihrer Verzweiflung, Ratlosigkeit, Einsamkeit, Verwirrung und Ohnmacht hinter ihnen auftürmen.

Aber die Zahl der Väter wächst, die mit dem hier beschriebenen Schicksal nach der Scheidung konfrontiert sind. Durch den Zerfall der traditionellen Familie und die Zunahme alternativer Elternschaften wird ihre Situation immer prekärer. Dabei sind zwei Entwicklungen besonders bedenklich. Erstens werden laut Statistik Ehen heute früher geschieden als in der Vergangenheit. Die betroffenen Kinder erleben daher die Trennung der Eltern in einem jüngeren Alter, oft kurz nach der Geburt oder noch als Kleinkinder. Dieser Trend fällt in eine Zeit, in der objektiv die Bedeutung des Vaters für die frühen Entwicklungsjahre stärker erkannt wird und in der subjektiv auch mehr Väter ihre Verantwortung schon ab der Geburt der Kinder begreifen und sich entsprechend emotional und aktiv engagieren. Bei Trennungen wirken sich diese Widersprüche nicht nur für die Kinder, sondern auch für die Väter immer belastender aus. Die Kinder müssen den Vater oftmals bereits in der Triangulierungsphase vermissen, deren vielfältige Funktionen ausführlich erörtert wurden. Dadurch können sie nur ein stark gespaltenes Vaterbild in sich errichten, das positive Identifizierungen außerordentlich erschwert. Für die Scheidungsväter vermehren sich die beschriebenen seelischen Spannungen in dem Maße, wie ihr Bewußtsein über die wichtigen Aufgaben ihrer frühen Vaterrolle wächst.

Die zweite bedenkliche Entwicklung betrifft die steigende

Zahl nichtehelicher Väter im Rahmen alternativer Familienformen. Im Fall der Trennung sind sie zu einem absolut rechtlosen Zustand verurteilt. Wenn die Entscheidung dazu von der Mutter ausgeht, was mit steigender Tendenz zu beobachten ist, erleben diese Väter noch schmerzlicher als die aus einer ehelichen Gemeinschaft das Hinausgestoßenwerden aus dem sozialen Verband als definitive Absage an ihre Vaterschaft. Ihre väterliche Identität zerrinnt in ein scheinbares Nichts, wodurch auch ihre gesamte soziale Identität einen schweren Einbruch erleidet. Andererseits begünstigt der Status des nichtehelichen Vaters dessen Willkür und mangelndes Verantwortungsbewußtsein. Er kann sich jederzeit aus dem Staub machen, ohne nach den Folgen zu fragen. Diese Väter dürften auch für den eingangs geschilderten Skandal der «Zahlungsunwilligkeit» entscheidend mitverantwortlich sein. Keiner kennt ihre Motive, keiner hat ein Bild über sie als Gesamtgruppe; aber daß es sie gibt, ist leider kein Gerücht. Soweit sie in psychiatrischen Einrichtungen oder in der psychotherapeutischen Praxis auftauchen, verbergen sich hinter ihrem scheinbar unverständlichen Verhalten der Familie und den Kindern gegenüber meist schreckliche Einzelschicksale, die in eine vielfach traumatisierte Kindheit zurückreichen. Die meisten tarnen sich hinter einer sozial angepaßten Fassade. Charakterlosigkeit hat verschiedene Gesichter. Kindern gegenüber tritt sie bei beiden Geschlechtern auf. Diese Erscheinung tendenziell auf die Gesamtheit der Väter zu übertragen hieße, eine ganze Herde zu schwarzen Schafen zu stempeln, wenn sich einige von diesen in ihr verirrt haben.

Deswegen wurde diese Gruppe von Vätern aus der vorliegenden Studie weitgehend ausgeklammert. Es ging in ihr nicht um die Beschreibung psychopathologischer Einzelfälle, zumal darüber kaum gesicherte Kenntnisse vorliegen, sondern um den Versuch, kollektive Vaterschicksale zu untersuchen, soweit dies bei der Heterogenität der verschiedenen Vatergenerationen und der Gesamtpopulation «Väter» mit einiger Plausibilität und unter Berücksichtigung seines thesenhaften Charakters möglich erschien.

Die Trennungs- und Scheidungsprobleme, die durch die Umbrüche in der Familie entstanden sind, haben die Gesetzgeber wachgerüttelt. Sie beginnen langsam, sich auf die veränderten Strukturen in der Familienlandschaft einzustellen. Dabei geht es nicht nur, wie früher ausschließlich, um eine Verbesserung des «Kindeswohls»; gesetzliche Neuregelungen streben auch eine gerechtere Verteilung nicht nur von Pflichten, sondern auch von Rechten beider Elternteile an. In diesen Bemühungen schlägt sich langsam ein Denken in systemischen Zusammenhängen nieder: Das «Kindeswohl» läßt sich nur fördern, wenn die Lage beider Elternteile ausreichend berücksichtigt wird. Damit werden zumindest auf der Gesetzesebene neue Zeichen für eine bessere Kooperation zwischen den getrennten Partnern gesetzt, um die Balance des veränderten Familiensystems auch nach der Scheidung zu stabilisieren. Das «gemeinsame Sorgerecht», ob für verheiratete oder unverheiratete Paare, scheint, von groben Ausnahmen abgesehen, für die Zukunft die einzige Perspektive zu sein, um die Konflikte der Scheidungssituation für alle Betroffenen gerechter, verantwortlicher und menschlicher zu lösen.

XIII. Vom Glück des Vaters

Die Väter mit ihren spielenden Kindern am Strand von Marina di Castagneto waren glücklich. Das sah man ihnen an. Ob sie mit ihnen beim Spielen lachten und scherzten, ob sie ruhig mit ihnen in den heranschwappenden Wellen saßen und aufs Meer hinausblickten oder gemeinsam an einer Sandburg bauten – immer wirkten sie gelöst und frei, konzentriert auf das Spiel, das Zusammensein mit dem Kind; die Welt ringsum war ohne Gewicht. So etwa beschreiben Forscher, die die Entstehung der Gefühle von Glück und Freude untersuchen, Augenblicke oder Zustände von Glück, in denen das Erlebnis der Einheit mit sich oder einem anderen alles ausschließt, was sich störend einmischen könnte.[67]

Das Glück, Vater zu sein. Warum dieses Thema am Ende eines Buches, dem man vielleicht diesen Titel gewünscht hätte? Weil «positives» Denken und Fühlen sich der Kunst der Überredung entziehen. Vater sein heißt nicht in erster Linie glücklich, sondern Mann sein. Was dies bedeutet, und wie die Teilidentität als Vater in die Gesamtidentität des Mannes integriert wird und sich in ihr behaupten muß – diesen Prozeß in seinen wichtigsten Stufen mit all seinen Hindernissen zu beschreiben, schafft erst die Voraussetzung dafür, über wahres Vaterglück nachdenken zu können. Weiter noch: Wahres Glück als Vater im eben genannten Sinne kann nur erleben, wer sich auch mit den Schattenseiten väterlicher Existenz auseinandersetzt und versöhnt. Diese Schattenseiten verleugnen zu wollen, verstellt den Weg zum Glück.

«Dieses unglaubliche Gefühl von Glück.» So lautete ein Satz zur Einleitung des Kapitels «Väter und Söhne». Die Geburt eines

Kindes als Auslöser dieses Gefühls und gleichzeitig als Beginn der väterlichen Liebe. Diese Liebe, wurde behauptet, werde nie vergehen, was immer auch geschehe. Liebe und Glück als geeintes Paar in der Gefühlsbeziehung zu den Kindern. Auf dem langen Weg, auf dem wir das Vaterschicksal bis hierher verfolgt haben, tauchte es am deutlichsten in den Jahren der frühen Kindheit auf, in denen das Spiel Vater und Kind verbindet. Wenn danach Liebe und Glück weitgehend aus dem Blickfeld geraten sind, hatte dies in erster Linie didaktische Gründe. Die Absicht, Vaterprobleme in ihrer ganzen Tragweite darzustellen und das Bewußtsein für sie zu schärfen, wäre durch den wiederholten Hinweis auf das tragende Element der Liebe in beschwichtigender Form unterlaufen worden. Gerade die Antinomie widerstreitender Kräfte gilt es zu begreifen, ob in der Vater-Kind- oder in anderen Beziehungen, um aus ihnen heilsame Lösungen entwickeln zu können. Ohne das Grundgefühl der Liebe, trotz aller auftretenden Spannungen, würden viele Vater-Kind-Beziehungen zu Bruch gehen, bevor sie in reifer Form entstanden sind.

Andererseits ist es kein Zufall, daß die Glücksgefühle hauptsächlich im Zusammenhang mit dem Vaterwerden und der frühen Spielzeit auftauchten. Peter Handke beschreibt in seiner autobiographischen «Kindergeschichte» den Moment, in dem er seine Tochter nach der Geburt zum erstenmal sieht: «Der Gedanke des Mannes war: Es ist zufrieden. Es ist gern auf der Welt. Allein die Tatsache Kind, ohne besonderes Kennzeichen, strahlte Heiterkeit aus – die Unschuld war eine Form des Geistes! – und ging wie etwas Diebisches auf den Erwachsenen draußen über, so daß die beiden dort, ein für alle Male, eine verschworene Gruppe bilden. Die Sonne scheint in den Saal, und sie befinden sich auf einer Hügelkuppe. Es war nicht nur Verantwortung, was der Mann bei dem Anblick des Kindes fühlte, sondern auch Lust, es zu verteidigen, und Wildheit: die Empfindung, auf beiden Beinen dazustehen und auf einmal stark geworden zu sein.» Und wenige Zeilen später schreibt er: «Es war die letzte Einheit für lange.»[68]

Für Handke wird die anfängliche Glückserfahrung als Vater schon bald durch andere Realitäten überschattet – durch Partnerkonflikte, durch die alltagsbestimmende Anwesenheit des Kindes, durch Dissonanzen in der beruflichen Arbeit und Standortschwierigkeiten im Feld gesellschaftlicher und politischer Auseinandersetzungen. Und in einer Offenheit, wie sie bisher kaum ein Autor über sich selbst zuwege gebracht hat, beschreibt er die explosionsartige Entladung der angesammelten Spannungen, die eines Tages aus nichtigem Anlaß das Kind trifft: «Und es kam der Tag der Schuld, und die Stunde des Kindes . . . Von oben rief wieder und wieder das Kind, welches mit etwas nicht zu Rande kam, und wurde immer dringlicher; schließlich ein Katastrophenton. Da verlor der knietief in dem Naß stehende Erwachsene die Besinnung, stürmte hinauf gleich einem Totschläger und schlug das Kind mit aller Gewalt, so wie er wohl noch nie einen Menschen geschlagen hatte, in das Gesicht. Das Entsetzen des Täters war fast gleichzeitig. Er trug das weinende Kind, selber bitter ermangelnd der Tränen, in den Räumen umher, wo überall die Tore des Gerichts offenstanden, mit den schalltoten Hitzestößen der Posaunen.»[69]

Erst die langsame Verarbeitung dieser Schuld läßt den Autor am Schluß wieder Momente des Glücks erleben. An einem regnerischen Morgen begleitet er die Tochter ein Stück zur Schule. Sie schließt sich anderen Schülern an, und von hinten sieht er «die Metallverschlüsse und Namensschilder der Taschen auf dem Rücken der gehenden Kinder». Bei diesem Anblick wird etwas in ihm erlöst. «Und der Augenzeuge denkt hier und später immer wieder den Satz des Dichters nach, der für jede Geschichte eines Kindes gelten sollte, nicht nur für eine geschriebene: ‹Cantilene: die Fülle der Liebe und jedes leidenschaftlichen Glücks verewigend›.»[70]

Die Darstellung Handkes läßt sich in die Frage kleiden: Wie können Glücksgefühle des Vaters in der Einheit mit dem Kind Bestand haben, wenn sie nicht nur durch Belastungen unterminiert werden, wie sie in den verschiedenen Teilbereichen seines Lebens auftreten, sondern auch durch das unvermeidbare Versagen, mit dem man am Kind schuldig wird? Je älter die Kinder werden, um so mehr nehmen lebensgeschichtliche Belastungen und die Schuld gegenüber den Kindern zu, und diese selbst tragen häufig durch ihre mit dem Alter zunehmenden Schwierigkeiten dazu bei.

Unter solchen Umständen kann Glück im Verhältnis zu den Kindern, wie in allen anderen Lebenssituationen und engen Beziehungen auch, niemals einen Dauerzustand darstellen, sosehr wir ihn auch immer herbeisehnen. Aber es gibt mehr Erfahrungen, Augenblicke und Zustände von Glück, als uns oft bewußt ist. Wir müssen sie nur suchen und zulassen und gegen die Realität des Alltags verteidigen. In der Vater-Kind-Beziehung führen viele Wege dahin, das Glück von seinen Fesseln zu befreien und an der Freude zu wachsen.

Ein erstes Geheimnis des Glücks ist die Kunst des Erinnerns. Und das Erinnern beginnt bei der Geburt des Kindes. Wie fühlte sich die Haut des Babys an, wie hat es gerochen? Das wilde Strampeln der fettgepolsterten Beinchen, das Herumfuchteln der Arme, das Quietschen und Juchzen, wenn es nackt auf dem Wickeltisch lag und am Bauch gekitzelt wurde. Und später ging der Wind durch das Kornfeld, damals, als man am Wiesenrand lag und gemeinsam die Libellen beobachtete, deren Flügel in der Sonne leuchteten. Das Glucksen der Bäche, Vogelgezwitscher, vorbeiziehende Wolken und das Kind an der Hand. Glück. An die Phantasie des Kindes, seine ersten Sätze, die Komik der entstellten Worte und Sinnzusammenhänge erinnert man sich nur selten, aber an die Heiterkeitsausbrüche und das Lachen, die sie bei den Erwachsenen auslösten. «Papa ist fertig gebügelt»; «Vom Himmel fallen Schneekrümel»; «Maria ist eine Königsfrau» und ein Haken ein «Hängedings». Wohl dem, der früh angefangen hat, über diese faszinierende Entfaltung der seelischen, intellektuellen und philosophischen Kräfte des Kindes Tagebuch zu führen – ein Schatz, den man später in jeder Lebensepoche wieder heben kann, um die Erinnerung dem endgültigen Vergessen zu entreißen. Auch Fotografien und Filme leisten diesen Dienst, sie bringen Stimmungen zurück und äußere Atmosphäre, die im Erinnern zusammenfließen. Aber man muß sich erinnern wollen! Erst dann kann man sich Zeit nehmen, die Ruhe zulassen, die Gedanken zurück und in die Zukunft schicken und diese Kontemplation als Glück erleben.

236

Wenn Erinnern eine Kunst ist, läßt sie sich erlernen. Es gehört zu einer immer wieder frappierenden Erfahrung in der psychotherapeutischen Praxis, daß viele Patienten zu Beginn einer Behandlung behaupten, sie träumten «nie». Die meisten von ihnen haben inzwischen von den Traumphasen gehört, die jeder Mensch in der Nacht durchläuft, und so ist ihr Einverständnis mit der Vermutung schnell einzuholen, daß sie zwar träumen, aber den Inhalten keine Wichtigkeit beimessen. Meist schon der erste dringende Hinweis, sie mögen sich einen Traum der nächsten Nacht merken und nach Möglichkeit aufschreiben, führt zur prompten Aufhebung der Verdrängung. Man kann lernen, sich Träume zu merken, und oftmals sogar, ihre Inhalte zu bestimmen. «Denken Sie am Abend gezielt an glückliche Momente mit Ihren Kindern!» Da wir nach einer Formulierung Freuds den Traum als die «via regia zum Unbewußten» auffassen, als Königsweg, der Erinnerungen aus dem Gefängnis des Vergessens befreit, zaubert eine solche Empfehlung häufig Bilder der nahen und fernen Vergangenheit hervor, die bis dahin gelöscht schienen.

Aber auch im Wachzustand läßt sich Erinnern üben. Die Konzentration, das Verweilen bei einem bestimmten Thema – «Wie war es damals, als meine Tochter zur Schule kam?» – holt zuerst Bruchstücke der Situation zurück, dann größere Fetzen, die sich langsam zu einem bunten Patchwork-Teppich zusammenfügen.

«Einmal, als ich sie zur Schule brachte, hatte sie große Angst, in das Gebäude zu gehen. Sie konnte nicht sagen, warum.»

«Und dann?»

«Ich erinnere mich nicht mehr.»

«Denk nach!»

«Wir waren zeitig da. Ich glaube, wir haben einen Spaziergang um das Gebäude gemacht.»

«Wo lag das Gebäude?»

«An einem Kanal.»

«Was war dann?»

«Wir sind an den Kanal gegangen.»

Und plötzlich fällt dem Vater ein, wie er mit der Tochter auf den bemoosten Stufen der Kanalmauer saß, die direkt ans Wasser reichten. Zwischen dem Moos und den kleinen Mauerpflanzen krochen winzige rote Käfer. Das Wasser hatte eine leichte Strömung und trieb Herbstblätter mit sich. Der Vater fischte einige heraus, setzte die Käferchen darauf und ließ die Blätter wieder schwimmen. Fasziniert schaute die Tochter zu; sie lehnte sich an den Vater und träumte den kleinen Flößen nach. Plötzlich sprang sie auf, lachte: «Ich muß doch in die Schule!» und zog den Vater mit sich bis zum Toreingang. Den Rest des Weges ging sie allein.

Erinnerung als Film, als Roman. Man kann auch gemeinsam solche Filme rekonstruieren und Romanfragmente zu einem Ganzen zusammenfügen. Dabei hilft einem die begeisterte Vorliebe kleiner wie großer Kinder, in der Kiste der Erinnerung zu kramen. «Wie war ich damals, als ich klein war?» «An was erinnerst du dich besonders?» «Und du, was fällt dir noch ein?» Natürlich bringen solche Dialoge nicht nur klare Sternenhimmel und lange Sonnenuntergänge zurück, sondern auch Wolkenbrüche und kalte Jahreszeiten. Aber es gehört zur glücklichen Natur der meisten Menschen, soweit sie das Erinnern nicht gänzlich verlernt oder sich zu chronischen Nörglern entwickelt haben, daß im Laufe der Zeit die positiven Erfahrungen die negativen verdrängen. Der Reichtum an Glück zeichnet tiefere Engramme in unser Gedächtnis, weil es dem Lustprinzip folgt und dieses trotz aller Unbill seine Macht gegenüber dem Realitätsprinzip behauptet.

Eine zweite Quelle des Glücks ist das Geben und Nehmen. Das scheinbare Gegensatzpaar bildet in Wahrheit eine Einheit in der menschlichen Kommunikation. Jede Einseitigkeit zerbricht die Regeln des harmonischen Ausgleichs. Sogar sprachlich läßt sich dieses verinnerlichte Gesetz unseres Handelns nachweisen. «Das mittelhochdeutsche Verb geben geht auf die indogermanische Wurzel ghabd – ‹fassen, ergreifen› zurück. Das germanische Verb ist in der Lautung von der Wortgruppe von ‹nehmen› beeinflußt worden. Die Bedeutung ‹darreichen, schenken› hat sich aus ‹fassen, greifen, reichen› entwickelt.»[71] Diese Übereinstimmung spiegelt Geben und Nehmen als Urformen menschlicher Befriedungs- und Versöhnungsgesten wider. Die Verletzung dieses Rituals ist mit schweren Kränkungen verbunden. Noch heute gehört es zur Sitte, ob zwischen befreundeten oder fremden Menschen, bei bestimmten Anlässen ein «Gastgeschenk» mitzubringen. Die Unterlassung ist ebenso verletzend, wie es die Zurückweisung wäre. Umgekehrt erzeugt eine ausgewogene Balance zwischen Geben und Nehmen ein tiefes Gefühl von Glück. Wohl am eindeutigsten ist dieser Zusammenhang in der Liebe.[72]

Das Geben und Nehmen in der Liebe zwischen Eltern und Kindern gehört zu den schönsten Glückserfahrungen, die, neben der Partnerschaft, zwischen Menschen möglich sind. Es scheint wie ein Gesetz, das mit der Geburt des Kindes in Kraft tritt und erst mit dem eigenen Tod endet. Die Eltern «schenken» dem Kind das Leben, und dieses bietet sich als Geschenk ihres Lebens an. Dieser Kreislauf wird fortan bestimmend für das Maß familiärer Harmonie. Ab jetzt beginnt ein lebhafter Austausch von wechselseitigem Geben und Nehmen. Das erste Antwortlächeln des Babys, sein Lallen, sein gestillter Hunger, sein seliger Schlaf. Und später die ersten koordinierten Bewegungen, sein Krabbeln, die ersten Laufschritte, die ersten Worte. Diese kontinuierliche Entwicklung aus der absoluten Hilflosigkeit zu einer immer höheren Kompetenz ist ein einziges großes Geschenk an die Eltern, das alle ihre Wünsche, Hoffnungen und Anstrengungen belohnt. Und sie schenken in Fülle zurück: Nahrung, Freude, Zärtlichkeit, Fürsorge, Sprache. Das Kind empfängt sie, wird durch sie getragen und zur Weiterentwicklung stimuliert. Mit der Zeit wird der emotionale Austausch durch materielle Werte ergänzt. Der erste Teddybär, die erste Puppe, die ersten Bausteine gegen das erste gepflückte Blümchen, die erste Krakelzeichnung, gegen Kastanien, Muschelschalen, bunte Kiesel.

Eltern und Kinder könnten große Container mit Geschenken füllen, die sie sich im Laufe ihres Lebens gegenseitig gemacht haben. Einige davon kann man für immer an die Wände hängen, in Regale stellen oder in alten Kramkisten aufbewahren. Erinnerungsstücke. Weihnachten und Geburtstage werden zu heiligen Festen, in denen sich die Liebe im reichlichen Geben und Nehmen offenbart. Wenn man in späteren Jahren Tagebücher, meist von Müttern geschrieben – warum nur von ihnen? –, über die ersten Kindheitsjahre liest, oder Briefe an die Verwandtschaft, werden die Geschichten wieder lebendig, die vom Glück erzählen. Darin waren die Väter besonders in früherer Zeit insofern häufig bevorzugt, als sie wenig anwesend waren – «Papa ist arbeiten» – und somit die ganze Freude der Kinder auf sich zogen, wenn sie abends nach Hause kamen, an den Wochenenden mit der Familie Unternehmungen starteten oder in den Ferien endlich eine ausgedehnte Zeit mit den Kindern verbrachten. Deren Freude entlud sich in einem ständigen Geben – Kuchen aus Sand, Tannenzapfen, eigene Basteleien und Schmusen und Kuscheln und Küßchen am Morgen, am Abend und während des Tages. Und die Väter gaben zurück, womit auch immer sie die Kinder erfreuen konnten, erfanden Kosenamen und zeigten ihnen die große weite Welt. Durch die zunehmende Berufstätigkeit der Mütter hat sich diese Situation gewandelt. Auch sie werden jetzt zu den begehrten Objekten und kommen stärker in den gerechten und glücklichen Genuß des Gebens und Nehmens.

Die frühen Kinderjahre sind noch von einer anderen Art dieses kommunikativen Austauschs geprägt, dem Fragealter. Kinder fragen von morgens bis abends: «Warum ist die Kirsche rot?», «Warum sind Tiger so wild?», «Warum können Engel Posaune spielen?» Das Fragen ist nicht nur Neugier, Wissensdrang und dient nicht allein dem erweiterten Weltverständnis. Primär ist es die geistig sublimierte Form der frühen Oralität. Der Fragende will etwas bekommen, um es in Besitz zu nehmen. Die Formulierung «jemandem Löcher in den Bauch fragen» drückt noch deutlich die Einverleibungstendenz der oralen Lust aus. Eltern «geben» pausenlos Antwort, «füttern» die Kleinen mit Wissen und stopfen die hungrigen Mäuler mit Informationen. Die ritualisierte Form von Frage und Antwort ist Ausdruck wechselseitigen Nehmens und Gebens. Denn auch die Eltern fragen viel, wollen Antworten bekommen, fragen Kinder aus und drücken darin ihre eigenen oralen Wünsche nach Haben und Inbesitznahme aus. Die wechselseitige Kommunikation dient dazu, das Wesen des anderen zu begreifen, sich ihm zu nähern, um ihn schließlich auf diese Weise in sich aufzunehmen, zu verinnerlichen. Dieser normale Prozeß kennt viele Abweichungen. So-

wohl Eltern als auch Kinder können durch eine quälende Frage-
sucht ausgesprochen ausbeuterisch sein; durch zu viele Fragen
fühlen sich die anderen «aufgefressen». Wenn Kinder nur noch
selten und wenig über sich erzählen, ist dies häufig ein Signal dafür, daß sie sich «überfragt» fühlen.

Die späte Kindheit, die Jugend und Adoleszenz ändern, unter
der Voraussetzung eines annähernden Gleichgewichts in den Fa-
milienbeziehungen, nichts Grundsätzliches an dem Prinzip von
Geben und Nehmen. Es drückt sich weiterhin in materiellen Geschenken als Symbole wechselseitiger Bezogenheit und Zuneigung aus, nimmt aber auch abstraktere Formen an. Ein ernstes
Gespräch, eine heitere Unterhaltung, ein Briefwechsel, ein konkreter Erfolg auf der Stufenleiter zum Erwachsenwerden, verständnisvolle Anteilnahme in Zeiten von Krisen und wechselseitige Hilfe, ob in Notlagen oder im Alltag, alle diese Gesten tragen
den Stempel der Nähe und Verbundenheit, die sich über den
ewigen Kreislauf von Nehmen und Geben artikulieren.

Ein drittes Geheimnis des Glücks ist die Dankbarkeit. Während das Erinnern und die Einheit von Geben und Nehmen in
der Beziehung zu den Kindern von beiden Eltern wohl in ähnlicher Weise erlebt werden, scheint das Gefühl der Dankbarkeit
eher geschlechtsspezifische Unterschiede aufzuweisen, weil es
die tieferen Schichten der eigenen Identität berührt. In den Kapiteln «Väter und Söhne» und «Väter und Töchter» haben wir bereits einige Elemente davon kennengelernt. Der Stolz des Vaters
auf seinen Sohn bezieht sich auf den Umstand, daß er sich in ihm
noch einmal reproduziert hat. Sein Spiegelbild enthält alle realen
und phantasierten Selbstentwürfe, die trotz der bestehenden Wesensunterschiede für immer in Spuren erhalten bleiben. Aus dieser narzißtischen Spiegelung, die wir als normalen Anteil der
Identifizierungsprozesse verstehen gelernt haben, zieht der Vater
eine mächtige Kraft zum Ausbau und zur Stabilisierung seiner
männlichen wie väterlichen Identität. Dabei wird der Sohn als
Objekt verinnerlicht und zu einem Teil des eigenen Selbst. Der
Sohn trägt seinerseits zu diesem Prozeß bei, indem er den Vater
in seiner Männlichkeit bewundert und bestätigt. Aus der Wechselseitigkeit von Identifizierung, äußerer und innerer Spiegelung

und schließlich der Verinnerlichung bildet sich im Vater eine Einheit mit dem Sohn, die seine Gesamtpersönlichkeit unauslöschlich prägt. Auch wenn der Sohn, aus welchen Umständen auch immer, als äußere Stütze entfällt, bleibt er innerlich erhalten und bereichert und stärkt auf diese Weise das väterliche Ich.

Die Tochter, so sahen wir, wird in anderer Form für den Vater bedeutsam. Sein Erstaunen über das ganz andere Wesen bringt Gefühlsseiten in ihm zum Schwingen, die die weichen, sanften, zärtlichen, das heißt die weiblichen Anteile in ihm wiederbeleben, die der Verdrängung anheimgefallen waren. Dieser Gefühlsreichtum rundet die Persönlichkeit des Vaters zur Ganzheit ab. Indem die Tochter diesen Zauber vollbringt, heilt sie den Vater von frühen Verletzungen. Aber sie tut noch mehr. Um eine frühere Formulierung hier noch einmal aufzugreifen: Sie besänftigt, beruhigt und befriedet die aggressive Kraft des Vaters. Das Mädchen, die Frau in ihr hilft ihm, sein männliches Aggressionspotential abzumildern, unter Kontrolle zu halten und durch Neutralisierung die liebevollen Seiten stärker zur Geltung zu bringen.

Zu diesen inneren Bereicherungen kommen alle neuen Erfahrungen und Erlebnisse, die einem die Kinder vermitteln, und die man ohne sie nie machen würde. Die andersartigen Interessen, die Kinder entwickeln, ihre individuellen Begabungen und ihre Sensibilität, ihre neue Sicht auf Lebenszusammenhänge und gesellschaftliche Prozesse, ihre politischen Ideale, ihre abweichenden Zukunftsentwürfe und ihre ungewohnte praktische Lebensgestaltung verändern das Bild, das der Vater von seinen Kindern hat, und fordern seine bisherige Weltsicht heraus. Wenn er nicht in seinen Auffassungen und Rollen bereits erstarrt ist und alle diese Chancen zu neuen Erkenntnissen nicht blind verwirft, wird er von ihnen in einer Weise lernen können, die ihm ein gemeinsames Wachsen mit den Kindern möglich macht. Nur durch die ständige Korrektur vorgefaßter Urteile und Meinungen kann er sich den Reifungsschritten der Kinder und dem Wandel der Zeit konfliktfreier anpassen. Diese Flexibilität eröffnet ihm neue Horizonte und eine innere Lebendigkeit, die er für immer seinen Kindern verdankt.

Bei der Dankbarkeit als Quelle des Glücks, so zeigt sich, geht es nicht um den äußeren Dank, den man von den Kindern als Ausgleich für die Bemühungen um sie erwartet und in mehr oder weniger großem Ausmaß auch erhält. In erster Linie bezieht sich das Gefühl der Dankbarkeit auf eine tiefere Dimension der Erfahrung – auf den inneren Reichtum, den man durch Kinder erfährt. Was Väter in diesem Sinne von ihren Kindern bekommen, grenzt an ein mythisches Glück, das sie für Momente mit unaussprechbarer Dankbarkeit erfüllen kann, wenn sie es mit vollem Bewußtsein wahrnehmen. In solchen Augenblicken des Glücks, in denen man ganz mit sich und den Kindern eins ist und die Welt draußen ihr Gewicht verliert, findet das Vatersein – mit allem, was es einschließt – seine höchstmögliche Erfüllung.

Anmerkungen

1 Der Autor muß bekennen, daß er die Geschichte der ehemaligen DDR bis 1989 aus persönlicher Erfahrung zu wenig kennt, als daß die Ausführungen über die Kindheit der Väter und die Zeiten ihrer Vaterschaft ein Bild Gesamtdeutschlands widerspiegeln könnten. Aus der Perspektive der ehemaligen DDR stellen sich die Zeitverläufe sicher anders dar. Darin wird aber nochmals deutlich, daß Vaterbilder sich nicht ohne ihren historischen Kontext entwerfen lassen. Dies gilt in gleicher Weise für andere Länder, deren unterschiedliche Gesellschaftsstrukturen Väter in spezifischer Weise prägen. Diese Einschränkungen betreffen jedoch nicht die grundsätzlichen Aussagen der vorliegenden Studie zur Psychologie der Vaterpersönlichkeit.

2 Untersuchungen über die Auswirkung atomarer und ökologischer Bedrohungen auf Kinder und Jugendliche und ein Überblick über die Literatur finden sich in meinem Buch «Umweltzerstörung und die seelische Entwicklung unserer Kinder» (1992).

3 Jacobson, E.: Das Selbst und die Welt der Objekte, 1973. S. 154.

4 Fthenakis, W. E.: Väter, 1988, Bd. I, S. 143.

5 Vergl. Abelin, E. 1975; Rotmann, M., 1978.

6 Mahler, M. S., 1972; Mahler, M. S. u. a., 1978.

7 Die Spaltung in ein «gutes» und ein «böses» Mutterobjekt wurde zuerst von Melanie Klein (1960) beschrieben. Solche Spaltungsprozesse sind ubiquitär und betreffen daher auch den Vater.

8 Erikson, E. H.: Identität und Lebenszyklus, 1966.

9 Musil, R.: Die Verwirrungen des Zöglings Törless, 1992.

10 Mitscherlich, M.: Die friedfertige Frau, 1987, S. 19.

11 Jonas, D. F., 1980, S. 159 ff.

12 Zusammenfassung eines persönlichen Telefonats am 1. 7. 1996.

13 Mit dieser Thematik habe ich mich ausführlich in dem Essayband «Lieblose Zeiten» (1996) auseinandergesetzt.

14 Paglia, C.: Die Masken der Sexualität, 1995, S. 22.

15 Jonas, D. F., a.a.O., S. 22.

16 Paglia, C., a.a.O., S. 34.

17 Freud, S. (1908), Bd. VII, S. 150.

18 Vergl. die eindrucksvolle Reportage von Buford, B. (1992) über englische Fußballfans.

19 Sloterdijk, P.: Sendboten der Gewalt, 1994, S. 25.

20 Erikson, E. H.: Das Problem der Ich-Identität. In: Ders. a.a.O.

21 Fthenakis, W. E., a.a.O., Bd. I, S. 116 ff.

22 Die «Hör zu» (Nr. 27 vom 28. 6.96, S. 109) berichtet in einem kurzen Artikel «Wenn Babys ihren Vätern ähnlich sehen» von einer kuriosen Untersuchung zweier Psychologen der Universität von Kalifornien, nach deren Ergebnis Kleinkinder ihren Vätern angeblich ähnlicher sehen als ihren Müttern. «Der Psychologe Nicholas Christenfeld hält die Vater-Kleinkind-Ähnlichkeit für eine sinnvolle ‹Erfindung› der Natur. Er vermutet, daß sie den Vater davon überzeugen soll, daß es tatsächlich sein Kind ist und er seine Vaterrolle wirklich übernimmt. (Im Unterschied zu Müttern, H. P.) können sich Väter nie ganz sicher sein. Die Ähnlichkeit soll, so will's die Natur, Zweifel beseitigen.»
    Da es sich bei Fragen der Vaterschaft meist um irrationale Ängste handelt, werden komplizierte und kostspielige Vaterschaftsgutachten nahezu ausschließlich in strittigen Fällen auf Anordnung des Gerichts durchgeführt. Serologische Tests mit geringem Aussagewert erfolgen erst im Alter von acht Monaten des Kindes; zuverlässiger sind erbbiologisch-morphologische Untersuchungen nach dem dritten Lebensjahr.

23 Freud, S. (1909) Bd. VIII, S. 227–231. Zitat S. 229 lautet frei übersetzt: «Wer der Vater ist, bleibt immer ungewiß, während die Abstammung von der Mutter absolut sicher ist.»

24 Petri, H.: Erziehungsgewalt (1989), S. 68–71. Die Swift-Zitate sind den Seiten 120–123 der im Literaturverzeichnis zitierten Swift-Ausgabe entnommen.

25 Vergl. das kenntnisreiche Buch des Literaturwissenschaftlers Peter von Matt «Verkommene Söhne, mißratene Töchter» (1995). Außerdem «Vater-Sohn-Konflikte» in der Literatur bei Elisabeth Frenzel «Motive der Weltliteratur» (1988).

26 Im vorliegenden Kapitel war ich zur Veranschaulichung theoretischer Zusammenhänge öfter versucht, den literarischen Propheten der Moderne, Franz Kafka, zu zitieren, insbesondere aus «Brief an den Vater» und aus der biographisch eng verwandten Erzählung «Das Urteil». Bei beiden Texten handelt es sich um in ihrer psychologischen Schärfe nicht zu übertreffende Analysen der tragischen Ungleichheit eines Vater-Sohn-Verhältnisses. Ich habe darauf verzichtet, weil meine Darstellung die Wiedergabe längerer, z. T. auseinandergerissener Passagen notwendig gemacht hätte. Die Lektüre der Originaltexte erscheint mir deswegen sinnvoller.

27 Haustein, J.: Briefe an den Vater (1987).

28 Goethe, J. W.: Faust, Teil I, Studierzimmer, S. 44.

29 Freud, S.: Totem und Tabu (1912/13).

30 Glaser, H.: Literatur des 20. Jahrhunderts in Motiven. 1978, S. 202.

31 Matt, P. v., a.a.O., S. 348.

32 Vergl.: Der große Duden. Etymologie, Stichworte «Stolz» und «staunen».

33 Die Anspielung bezieht sich auf die Erzählung «Der kleine Prinz» von A. Saint-Exupéry (1943), eine der symbolischsten Liebesgeschichten, die Kinder von ihren Eltern vorgelesen bekommen. Die Liebe und Sorge des kleinen Prinzen für die einzige Rose auf seinem kleinen Planeten sind in ihrer Vielschichtigkeit so beschrieben, daß sie sich leicht auf die Vater-Tochter-Beziehung übertragen lassen.

34 Gidion, H.: Was sie stark macht, was sie kränkt. 1993.

35 Unter Kollusion versteht man in der psychoanalytischen Familientheorie die wechselseitige Verklammerung unbewußter Strukturanteile und Erwartungen in den Bindungsmustern einer Beziehung, die zu unauflösbaren Gefühlsspannungen und Konflikten führen kann, weil sie von den Beteiligten nicht erkannt werden. Vergl.: Willi, J. (1975).

36 Jung, C. G. (1913). O'Neill (1931) hat mit seiner Trilogie «Trauer muß Elektra tragen» die psychologischen Implikationen des Dramas in unsere Moderne fortgeschrieben. In anderem Zusammenhang habe ich die enge Verzahnung des Ödipus- und Elektrakomplexes ausführlich beschrieben (Petri, H., 1991, S. 151 ff.).

37 Moses 1, 19, 30–38.

38 Die Tatsache, daß Väter, in früherer Zeit mehr als heute, ihre Töchter möglichst lange vor der Entjungferung bewahren möchten, hat vielschichtige Gründe. Früher waren es die verletzte Familienehre und die Probleme der anschließenden Verheiratung. Heute wollen Väter ihre Töchter beschützen, weil sie am besten wissen, wozu Männer fähig sind, und weil sie die Folgen für die Töchter kennen. Schon immer haben aber sicher auch Motive der Eifersucht in die Sorge hineingespielt, wobei es der tiefste und unbewußte Wunsch des Vaters sein könnte, als erster die männlich-weibliche Einheit mit der Tochter zu vollziehen. «Dem Motiv des frühen Sexualwunsches (des Vaters gegenüber der Tochter, H. P.) scheint die Sitte der Primitiven Rechnung zu tragen, welche die Defloration einem Ältesten, Priester, heiligen Mann, also einem Vaterersatz, überträgt. Von hier aus scheint mir ein gerader Weg zum vielbestrittenen Ius primae noctis des mittelalterlichen Gutsherrn zu führen . . . Es entspricht dann nur unserer Erwartung, wenn wir unter den mit der Defloration betrauten Vatersurrogaten auch das Götterbild finden.» (Freud, S., (1918), Bd. XII, S. 174 f.).

39 Vergl. Fthenakis, W. E., a.a.O.

40 Möhrmann, R.: Verklärt, verkitscht, vergessen. 1996, S. 17.

41 Vergl. Matt, P. v., a.a.O.
42 Fachlich interessierten Lesern sei hier ausdrücklich die fundierte Studie «Masken der Scham» von Wurmser, L., 1990 empfohlen.
43 Fthenakis, W. E., a.a.O., Bd. 1, S. 127.
44 Am Beispiel der Umweltzerstörung bin ich diesen Zusammenhängen ausführlich nachgegangen, in: Petri, H., a.a.O., 1992.
45 Watzlawick, P., u. a.: Menschliche Kommunikation, 1969, S. 53.
46 Ders., a.a.O., S. 51
47 Maron, M., im Gespräch mit dem Nestlé-Verwaltungsratspräsidenten H. Maucher über «Macht und andere Gefühlsempfindungen», in: Tages-Anzeiger, Zürich, vom 19./20. 10.1996.
48 Mitscherlich, A.: Auf dem Weg zur vaterlosen Gesellschaft, 1963, S. 180.
49 Ders., a.a.O., S. 186 f.
50 Ders., a.a.O., S. 197 f.
51 Ders., a.a.O., S. 342.
52 Federn, P.: Zur Psychologie der Revolution: Die vaterlose Gesellschaft, 1918.
53 Vergl. Fthenakis, W. E., a.a.O, Bd. 1, Kap. 10 «Auswirkungen der Vaterabwesenheit auf die Entwicklung der Kinder».
54 Strasser, J.: Wenn der Arbeitsgesellschaft die Arbeit ausgeht, 1996, S. 1051.
55 Vergl. Adorno, T. W. u. a., 1950; Mantel, D. M., 1972; Milgram, S., 1974.
56 Vergl. besonders Beck-Gernsheim, E., 1984.
57 Canetti, E.: Die Provinz des Menschen, 1986. Zitate aus S. 9 und 78.
58 Freud, S. (1904), Bd. IV, S. 175.
59 Petri, H.: Geschwister – Liebe und Rivalität, 1994. Geschwisterkonflikte, die aus der symbolischen Bedeutung des Geldes resultieren, habe ich dort ausführlich am Beispiel des elterlichen Erbes beschrieben.
60 Gaserow, V.: Wenn Papa nicht zahlt. DIE ZEIT, Nr. 51 vom 13.12.1996.
61 Fthenakis, W. E., a.a.O., Bd. II, S. 54.
62 Petri, H.: Verlassen und verlassen werden, 1991.
63 Vergl. Richter, H. E., 1963, 1970; Stierlin, H., 1978.
64 Boszormenyi-Nagy, I., Spark. G. M.: Unsichtbare Bindungen, 1981.
65 Wallerstein, J., Blakeslee, S.: Gewinner und Verlierer, 1989.
66 Jahrelange Supervisionserfahrungen in psychiatrischen Kliniken haben mich in der Vermutung bestärkt, daß viele Väter das Trauma der Scheidung nie verwinden und die traumatische Erfahrung maßgeblich, wenn nicht an der Entstehung, so doch an dem Ausbruch einer Psychose oder ihr nahestehender Krankheitsbilder beteiligt sein kann.

In der psychotherapeutischen Praxis zeigen sich die seelischen Auswirkungen in weniger dramatischer Form; aber auch hier wird deutlich, daß die Scheidung zum Auslöser schwerer psychischer und psychosomatischer Störungen werden kann.

67 Vergl. Csikszentmihalyi, M.: Flow. Das Geheimnis des Glücks, 1992.
68 Handke, P.: Kindergeschichte, 1984, S. 11 und 12.
69 Ders., a.a.O., S. 42.
70 Ders., a.a.O., S. 104 f.
71 Der große Duden: Herkunftswörter, Etymologie. Stichwort «geben».
72 Besonders am Schicksal vieler Scheidungsväter läßt sich nachweisen, wie sie quasi an ihrer Liebe «ersticken», wenn keiner mehr da ist, der dieses «Geschenk» annimmt. Ganz wörtlich bezieht sich dies zum Beispiel auf Geschenke, die man Kindern machen möchte, ob in Form von Sachgütern, Briefen, Postkarten oder Geld, deren Annahme aber aus unterschiedlichen Gründen verweigert wird. Nicht geben zu können ist unter solchen Umständen oft ebenso schmerzhaft wie der Liebesverlust.

Literatur

Abelin, E. L.: Some further observations and comments on the earliest role of the father. Int.J.Psycho-Anal. 56, 293–302, 1975.

Adorno, T. W., Frenkel-Brunswik, E., Levonson, D. F., Standford, R. N.: Der autoritäre Charakter. Harper and Bros., New York, 1950.

Beck-Gernsheim, E.: Vom Geburtenrückgang zur Neuen Mütterlichkeit? Fischer, Frankfurt/M., 1984.

Boszormenyi-Nagy, I., Spark. G. M.: Unsichtbare Bindungen. Klett-Cotta, Stuttgart, 1981.

Buford, B.: Geil auf Gewalt. Hanser, München, Wien, 1992.

Canetti, E.: Die Provinz des Menschen. Fischer, Frankfurt/M., 1986.

Csikszentmihalyi, M.: Flow. Das Geheimnis des Glücks. Klett-Cotta, Stuttgart, 1992.

Erikson, E. H.: Identität und Lebenszyklus. Suhrkamp, Frankfurt/M., 1966.

Federn, P.: Zur Psychologie der Revolution: Die vaterlose Gesellschaft. Anzengruber, Wien, 1919.

Frenzel, E.: Motive der Weltliteratur. Kröner, Stuttgart, 1988.

Freud, S.: Zur Psychopathologie des Alltagslebens. GW. Bd. IV (1904), Fischer, Frankfurt/M., 1973.

Ders.: Die «kulturelle» Sexualmoral und die moderne Nervosität. GW. Bd. VII (1908), Fischer, Frankfurt/M., 1966.

Ders.: Der Familienroman der Neurotiker. GW. Bd. VII (1909), Fischer, Frankfurt/M., 1966.

Ders.: Totem und Tabu. GW. Bd. IX (1912/13), Fischer, Frankfurt/M., 1973.

Ders.: Beiträge zur Psychologie des Liebeslebens. III. Das Tabu der Virginität. GW. Bd. XII (1918), Fischer, Frankfurt/M., 1966.

Ders.: Das Unbehagen in der Kultur. GW Bd. XIV. (1930), Fischer, Frankfurt/M., 1963.

Fthenakis, W. E.: Väter. 2 Bd., Deutscher Taschenbuch Verlag, München, 1988.

Gidion, H.: Was sie stark macht, was sie kränkt. Töchter und ihre Väter. Herder, Freiburg i. Br., 1993.

Glaser, H.: Literatur des 20. Jahrhunderts in Motiven. Bd. I: 1870–1918. Beck, München, 1978.

Goethe, J. W. v.: Faust. Herausgegeben und bearbeitet von E. Trunz, Ch. Wegner, Hamburg, 1957.

Handke, P.: Kindergeschichte. Suhrkamp, Frankfurt/M., 1984.

Haustein, J. (Hg.): Briefe an den Vater. Insel, Frankfurt/M., 1987.

Jacobson, E.: Das Selbst und die Welt der Objekte. Suhrkamp, Frankfurt/ M., 1973.

Jonas, D. F.: Aufstieg und Niedergang weiblicher Macht. In: Fester, R., König, M. E. P., Jonas, D. F., Jonas, A. D.: Weib und Macht. Fünf Millionen Jahre Urgeschichte der Frau. Fischer, Frankfurt/M., 1980.

Jung, C. G.: Versuch einer Darstellung der psychoanalytischen Theorie. Jb. f. psychoanal. und psychopath. Forschungen, Bd. 5, 1913.

Kafka, F.: Brief an den Vater. In: Ders.: ER. Suhrkamp, Frankfurt/M., 1975.

Ders.: Das Urteil. In: Ders.: ER. Suhrkamp, Frankfurt/M., 1975.

Klein, M.: Das Seelenleben des Kleinkindes und andere Beiträge zur Psychoanalyse. Klett, Stuttgart, 1983.

Mahler, M. S., Pine, F., Bregmann, A.: Die psychische Geburt des Menschen. Fischer, Frankfurt/M., 1978.

Mantell, D. M.: Familie und Aggression. Fischer, Frankfurt/M., 1972.

Matt, P. v.: Verkommene Söhne, mißratene Töchter. Familiendesaster in der Literatur. Hanser, München, Wien, 1995.

Milgram, St.: Das Milgram-Experiment. Zur Gehorsamsbereitschaft gegenüber Autorität. Rowohlt, Reinbek, 1974.

Mitscherlich, A.: Auf dem Weg zur vaterlosen Gesellschaft. Ideen zur Sozialpsychologie. Piper, München, 1963.

Mitscherlich, M.: Die friedfertige Frau. Fischer, Frankfurt/M., 1987.

Möhrmann, R. (Hg.): Verklärt, verkitscht, vergessen. Die Mutter als ästhetische Figur. Metzler, Stuttgart, Weimar, 1996.

Musil, R.: Die Verwirrungen des Zöglings Törless. Rowohlt, Reinbek, 1978.

O'Neill, E.: Trauer muß Elektra tragen. Fischer, Frankfurt/M., 1990.

Paglia, C.: Die Masken der Sexualität. Deutscher Taschenbuch Verlag, München, 1995.

Petri, H.: Erziehungsgewalt. Zum Verhältnis von persönlicher und gesellschaftlicher Gewaltausübung in der Erziehung. Fischer, Frankfurt/M., 1989.

Ders.: Verlassen und verlassen werden. Angst, Wut, Trauer und Neubeginn bei gescheiterten Beziehungen. Kreuz, Zürich, 1991.

Ders.: Umweltzerstörung und die seelische Entwicklung unserer Kinder. Kreuz, Zürich, 1992.

Ders.: Geschwister – Liebe und Rivalität. Kreuz, Zürich, 1994.

Ders.: Lieblose Zeiten. Psychoanalytische Essays über Tötungstrieb und Hoffnung. Vandenhoeck, Göttingen, 1996.

Richter, H. E.: Eltern, Kind und Neurose. Klett, Stuttgart, 1963.

Ders.: Patient Familie. Rowohlt, Reinbek, 1970.

Rotmann, M.: Die «Triangulierung» der frühkindlichen Sozialbeziehung. Psyche, 32, 1105–1147, 1978.

Saint-Exupéry, A. de: Der kleine Prinz. Rauch, Düsseldorf, 1961.

Sloterdijk, P.: Sendboten der Gewalt. Zur Metaphysik des Action-Kinos. Am Beispiel von James Camerons «Terminator 2». In: Fischer, R., Sloterdijk, P., Theweleit, K.: Bilder der Gewalt. Verl. der Autoren, Frankfurt/M., 1994.

Stierlin, H.: Delegation und Familie. Suhrkamp, Frankfurt/M., 1978.

Strasser, J.: Wenn der Arbeitsgesellschaft die Arbeit ausgeht. Universitas, 51, 1050–1059, 1996.

Swift, J.: Gullivers Reisen. Winkler, München, o. J.

Wallerstein, J., Blakeslee, S.: Gewinner und Verlierer. Droemer Knaur, München, 1989.

Watzlawick, P., Beavin, J. H., Jackson, D. D.: Menschliche Kommunikation. Huber, Bern, Stuttgart, Wien, 1969.

Willi, J.: Die Zweierbeziehung. Rowohlt, Reinbek, 1975.

Wurmser, L.: Die Maske der Scham. Springer, Berlin, Heidelberg, New York, 1990.

Quellennachweis

Handke, Peter: aus: Kindergeschichte (S. 11 und 12), © Suhrkamp Verlag, Frankfurt am Main 1984.

Jacobson, Edith: aus: Das Selbst und die Welt der Objekte (S. 154), © Suhrkamp Verlag, Frankfurt am Main 1973.

Matt, Peter von: aus: Verkommene Söhne, mißratene Töchter, © Carl Hanser Verlag München/Wien.

Mitscherlich, Alexander: aus: Auf dem Weg zur vaterlosen Gesellschaft (S. 176/177, 183, 193/94, 338), © Piper Verlag GmbH, München 1963.

Mitscherlich, Margarete: aus: Die Friedfertige Frau, © S. Fischer Verlag GmbH, Frankfurt am Main 1985.

Sloterdjik, P.: Sendboten der Gewalt. Zur Metaphysik des Action-Kinos. Am Beispiel von James Camerons «Terminator 2». Vortrag 1993. Abgedruckt in: Rost, Andreas (Hg.): Bilder der Gewalt. Verlag der Autoren, Frankfurt am Main 1994.